市场营销实验实训教程

王 亮 陈兆荣 主编

图书在版编目(CIP)数据

市场营销实验实训教程/王亮,陈兆荣主编.—2版.—合肥:安徽大学出版社,2019.10
安徽省高等学校"十三五"规划教材
ISBN 978-7-5664-1923-1

Ⅰ.①市… Ⅱ.①王… ②陈… Ⅲ.①市场营销学－高等学校－教材 Ⅳ.①F713.50

中国版本图书馆 CIP 数据核字(2019)第 192508 号

市场营销实验实训教程（第 2 版）　　　王　亮　陈兆荣 主编
SHICHANG YINGXIAO SHIYAN SHIXUN JIAOCHENG

出版发行：	北京师范大学出版集团
	安 徽 大 学 出 版 社
	(安徽省合肥市肥西路3号 邮编230039)
	www.bnupg.com.cn
	www.ahupress.com.cn
经　　销：	全国新华书店
印　　刷：	合肥创新印务有限公司
开　　本：	184mm×260mm
印　　张：	16
字　　数：	332 千字
版　　次：	2019 年 10 月第 2 版
印　　次：	2019 年 10 月第 1 次印刷
定　　价：	42.00 元

ISBN 978-7-5664-1923-1

策划编辑：方　青　　　　　　　　　　　　装帧设计：陈　耀　李　军
责任编辑：方　青　邱　昱　姚　宁　　　　美术编辑：李　军
责任印制：陈　如　孟献辉

版权所有　侵权必究

反盗版、侵权举报电话：0551－65106311
外埠邮购电话：0551－65107716
本书如有印装质量问题，请与印制管理部联系调换。
印制管理部电话：0551－65106311

编委会

主　编　　王　亮　陈兆荣

副主编　　王　敏　张保花　王翠翠

编　委（以姓氏笔画为序）
　　　　　　王　亮　王　敏　王翠翠　张保花
　　　　　　华欢欢　陈兆荣　陈忠明　葛晨冉

前 言

市场营销学是一门建立在经济科学、行为科学和现代管理理论基础之上的新兴应用科学,是教育部高教司指定的高等院校工商管理类专业核心课程之一。市场营销学的研究对象是以满足消费者需求为中心的企业市场营销活动过程及其规律性,越来越多的企业、非营利组织,乃至政府部门,正以空前的热情,创新、开拓和深化企业营销、行业营销、城市营销以及国家营销等领域。在这个充满机遇和挑战的时代,系统地学习掌握现代市场营销理论知识,娴熟地运用市场营销实践技能,对于经济管理类专业人才及事业开拓者来说,显得尤为重要。

本教材是安徽省"十三五"规划教材(2017ghjc204),也是安徽省重大教学研究项目《安徽省应用型本科高校校企合作绩效评价及长效机制研究》(2017jyxm0468)及安徽省大规模在线开放课程(MOOC)示范项目《市场营销学》(2018mooc023)的阶段性成果。本教材以高等院校市场营销专业的培养目标为导向,以市场营销专业应用基础知识,以及职业综合素质为要求,以岗位实践技能为主线,由专业资深教师联合企业营销主管,总结多年市场营销实践经验编写而成。

全书按照市场营销实践应知应会的基础应用知识与基本技能设计编排,共分为6章18个训练模块。第一章为营销认知,包括"营销理念认知写作"和"营销重要性认识交流"2个训练模块;第二章为营销调研,包括"营销调研立项及制定调研计划""调查问卷设计"及"撰写市场调查报告"3个训练模块;第三章为营销数据分析,包括"描述统计分析""推断统计分析""聚类分析"和"因子分析"4个训练模块;第四章为营销战略,包括"市场细分表设计及分析""市场定位图设计及分析"和"撰写市场开发分析报告"3个模块;第五章为营销策略,包括"商品感官质量审评""CIS设计""广告创意设计""分销策略设计"及"模拟商务谈判"5个训练模块;第六章为营销综合模拟实验,主要利用市场营销模拟平台软件,培养大家对营销实践的认识从而提高动手操作能力。

本教材涵括市场营销职业岗位群所需掌握的主要基础知识与适用实践技能,力图使学生在理实一体的岗位情景中,主动学习、合作学习,从而提高自己发现、分析、解决问题能力,知识整合能力及创新应用能力。教材特色主要反映在全面性、系统性和应用性三个方面。

1. 全面性

本教材按照市场营销实践的基本逻辑进行设计,兼顾实验和实训,涵盖了市场营销职业岗位群所需要掌握的主要实践技能,可满足高校经管类专业学生市场营销实验实训的需要。本教材能够全面地介绍市场营销的基本思想、基本原理和基本方法,并抓住在现代科学技术飞速发展条件下市场营销的发展趋向,适时增添前沿最新知识。

2. 系统性

本教材在内容结构和章节安排上,力求系统、严密,条理清楚、层次清晰。每个训练项目的内容编撰包括准备、实施、示范及评价等各方面,符合市场营销实践操作的内在逻辑。第一,每个训练开篇均安排"实训任务"及"实训要求",有助于教师及学生明确实训目标;第二,每个训练开始之前安排"理论指导",撷取相关理论基础知识,帮助学生温故而知新,有助于为实训夯实基础;第三,每个训练中安排"实训操作"及"实训范例",为实训的科学开展提供可以参考的模板;第四,在每个训练中编撰"实训评价",为评估实训结果及评定学生成绩提供科学的依据。

3. 应用性

教材编写团队为安徽省高校联盟经管类专业资深教师,这些实训项目是广大师生长期教学实践的体会,是校企合作长期开展的结晶。实训项目的实施也将在教师指导、学生团队配合,并依托现实的企业背景下完成,真正做到学以致用,理论与实践相结合,培养学生不断强化自我学习能力、思维能力和创造性解决问题的能力以及自我更新知识的能力,培养学生的团队协作意识和能力。

本教材简明实用、通俗易懂,可作为高等院校相关课程的实验实训教材,也可作为营销人员培训教材及有意从事营销职业的人员的自学用书。

编 者

2019 年 10 月

目 录

第一章　营销认知 …………………………………………………… (1)
　　训练一　营销理念认知写作 ………………………………………… (1)
　　训练二　营销重要性认识交流 ……………………………………… (11)

第二章　营销环境 …………………………………………………… (17)
　　训练一　营销调研立项及制定调研计划 …………………………… (17)
　　训练二　调查问卷设计 ……………………………………………… (30)
　　训练三　撰写市场调查报告 ………………………………………… (39)

第三章　营销数据分析 ……………………………………………… (48)
　　训练一　描述统计分析 ……………………………………………… (48)
　　训练二　推断统计分析 ……………………………………………… (63)
　　训练三　聚类分析 …………………………………………………… (84)
　　训练四　因子分析 …………………………………………………… (98)

第四章　营销战略 …………………………………………………… (116)
　　训练一　市场细分表设计及分析 …………………………………… (116)
　　训练二　市场定位图设计及分析 …………………………………… (123)
　　训练三　撰写市场开发分析报告 …………………………………… (131)

第五章　营销策略 …………………………………………………… (145)
　　训练一　商品感官质量审评 ………………………………………… (145)
　　训练二　CIS 设计 …………………………………………………… (159)
　　训练三　广告创意设计 ……………………………………………… (177)

训练四　分销策略设计 ………………………………………………（199）

　　训练五　模拟商务谈判 ………………………………………………（207）

第六章　营销综合模拟实验 …………………………………………（224）

　　训练一　市场营销综合模拟实验 ……………………………………（224）

参考文献 …………………………………………………………………（245）

后记 ………………………………………………………………………（247）

第一章 营销认知

内容简介

市场营销学自20世纪初在美国诞生以来,随着经济形势和科学技术的发展、企事业单位市场营销实践的不断丰富而逐步完善。

本章通过营销理念认知写作和营销重要性认识交流2项训练,引导学生重视市场营销学课程的学习,提高对营销重要性的认识,增强自己的学习、写作和交流技能。

训练一 营销理念认知写作

一、实训任务

1. 帮助学生树立正确的市场营销观念

要求学生通过市场营销学课程的理论学习,掌握市场营销的含义与作用、企业营销观念及营销管理的方法,了解市场营销学的形成与发展等基本内容。

要求学生查阅资料,对各种营销观念及其实现方式进行拓展学习,并结合企业实际案例加深理解,形成营销理念的认知,树立正确的市场营销观念。

2. 帮助学生掌握"认识体会"写作技能

学生应在全面、正确理解"市场营销""营销观念""营销管理"概念和基本内容的基础上,通过查阅资料,联系企业实际,完成一篇1000字左右关于营销理念认知的"认识体会"。"认识体会"的写作,要求结构合理、内容完整;理论联系实际,以实例论证观点(要上升为自我认识);观点正确、鲜明;分析紧扣主题,条理清楚。

学生应通过"营销理念认识"的写作训练,更好地理解市场营销观念,掌握"认识体会"文章写作的基本技能。通过本项训练,使学生懂得文章的写作要有合理的结构,要有鲜明的论点(要上升为自我观点),要有合乎逻辑的科学分析并提出解决问题的方案与措施。掌握文章写作技能对学生独立撰写各类营销报告非常重要,也是学生将来从事管理或创业所必须的基础技能。

二、实训要求

第一,要求教师对学习《市场营销学》的实践应用价值给予说明,调动学生学习的积极性。

第二,要求学生根据要求,收集有关营销理念及其表现形式的资料,结合企业营销的实例,完成"认识体会"写作。

第三,要求教师对学生市场营销、营销观念、营销管理及其实践意义和"认识体会"写作进行具体指导。

三、理论指导

(一)市场营销及相关概念

1. 市场

(1)市场的传统概念。

①市场是商品交换的场所,也就是买主和卖主发生交易的地点或地区。这种从空间形式来考察的市场是个地理概念,也就是人们通常所说的"狭义市场"。

②市场是指某种或某类商品需求的总和。

③市场是买主、卖主力量的集合,是商品供求双方的力量相互作用的总和(以上 2 种理解是从供求关系的角度提出来的)。

④市场是指商品流通领域交换关系的总和,这是从交换关系的角度提出的一个"广义市场"的概念。

(2)市场的现代概念。现代市场营销观点认为,现代市场已超出了时空和地域,由传统的交换场所演变为某种营销行为。从经营者的角度看,"市场是具有现实需求和潜在需求的消费者群";从消费者的角度看,"市场是经营者为满足消费需求所提供的一切营销行为的总和"。

2. 市场要素

市场＝人口＋购买力＋购买动机

3. 市场分类

(1)生活资料市场。它是指为了生活需要而购买或准备购买生活资料的消费者群体。

(2)生产资料市场。它是指为了生产或再生产的需求而购买或准备购买生产资料的消费者群体。

4. 市场营销的基本概念

市场营销有两层含义,一是指企业依据消费者需求,生产适销对路的产品,扩大市场销售所进行的一整套经营活动;二是指一门研究营销活动、营销规律的学科。

市场营销是企业以消费者需求为出发点,有计划地组织各项经营活动,为消费者提供令其满意的商品或服务从而实现企业目标的过程。市场营销研究的不仅是流通环节的经营活动,还包括产品进入流通市场前的活动(如市场调研、市场机会分析、市场细分、目标市场选择、产品定位等),以及产品退出流通市场后的许多营销活动(如产品使用状况追踪、售后服务、信息反馈等)。可见,市场营销活动涉及生产、分配、交换、消费的全过程。

随着市场经济的不断发展、经营者指导思想的不断演变,营销方式也在不断变革。这里介绍几种新的营销方式:

(1)绿色营销。"绿色营销"是指企业在绿色消费的驱动下,从保护环境、充分利用资源的角度出发,通过研制、开发绿色产品、保护自然、变废为宝等措施,来满足消费者的绿色需求,从而实现营销目标的全过程。

(2)直复营销。"直复营销",源于英文"Direct Marketing",即"直接回应的营销"。它是以盈利为目标,通过个性化的沟通媒介向目标市场成员发布信息,以寻求对方直接回应的营销过程。

(3)合作营销。"合作营销"是指两个或两个以上相互独立的企业为增强竞争力,实现企业营销战略目标,在资源或项目上开展一系列互利合作的营销活动方式。

(4)网络营销。"网络营销"的实质是以计算机互联网技术为基础,通过顾客在网上直接订购的方式,向顾客提供产品和服务的营销活动。

(5)关系营销。"关系营销"是指企业与其顾客及中间商等建立、保持并加强关系,通过互利交换及共同履行诺言,使有关各方实现各自目标的营销活动。企业与顾客之间的长期关系是关系营销的核心。

还有一些方式,诸如"整合营销""定制营销"等,它们都是企业经营者指导思想演变的产物,今后还会出现一些新的方式,但其核心都是市场营销。

5. 与市场营销相关的概念

有些概念与市场营销紧密相关,了解这些概念,对于学好市场营销是十分必要的。

(1)企业、公司与营销者。

①企业。它是以盈利为目的而参与市场竞争的组织,从事生产或流通等经营活动,为社会提供商品或劳务,从而获取利润的独立核算、自负盈亏的法人。

②公司。英文原意为"合伙"。在西方国家包括个人合伙和企业合伙两种形式。营销学中的公司与企业区别不大,都是营销者。

③营销者。它是指希望从别人那里取得资源并愿意以某种有价之物作为交换的人,主要指盈利性的企业、公司或个人。

(2)用户、顾客、客户与消费者。用户、客户、顾客与消费者是指对某种商品或劳务占有、使用并从中受益的团体或个人,都是营销者的营销对象。因为他们对商品的使用和接受形式不同,所以使用时要注意区别。用户是产品或服务的使用者;顾客是购买产品或服务的人;客户也是购买产品或服务的人,但更加强调未来长远的交易和合作;消费者是产品或服务的最终使用者,可以兼具多种身份,即消费者可以是用户、顾客或客户。

(3)需要、欲望和需求。

①需要。所谓"需要",是指没有得到某些满足的感受状态。如人们需要食品、空气、衣服等以求生存,人们还需要娱乐、教育和文化生活。

②欲望。所谓"欲望",是指想得到某种东西或想达到某种目的的要求。如当一个美国人需要食品时,欲望是想得到一个汉堡包、一块法国烤肉和一杯可口可乐;而在我国,人们需要食品时,欲望是想得到馒头、米饭和炒菜。

③需求。所谓"需求",是指对于有购买能力并且愿意购买某个具体产品的欲望。如许多人都想拥有一辆奔驰轿车,但只有少数人能够并且愿意购买,也就是说,只有少数人有购买奔驰车的需求。

区分需要、欲望和需求的意义在于:第一,人类的需要在一定层次上是有限的,但其欲望却很多。当具有购买能力时,欲望才能转化成需求;第二,市场营销者并不创造需要,需要早就存在于市场营销之前;第三,市场营销活动可以影响人们的欲望,因而在某种程度上可以引导并创造需求。

(4)交换和交易。

①交换。所谓"交换",是指通过提供某种东西作为回报,从对方取得所需物品的行为。交换的发生必须具备三个条件:每一方都能沟通信息和传送物品;每一方都可以自由接受或拒绝对方的物品;每一方都认为双方交换是适当的或称心如意的。

②交易。交易是交换活动的一种形式,而且是基本形式,是由双方之间的价值交换所构成的行为。一次交易包括三个实质性内容:两个及以上有价值的实物;交易双方所同意的条件;能为双方所接受的时间和地点。

(二)营销理念的基本知识

1. 什么是营销理念

营销理念(Marketing Philosophy)是指企业在组织和筹划企业的经营管理实践活动中所依据的指导思想和行为准则,是企业经营哲学和思维方法的体现。

2. 营销理念的特征

(1)营销理念具有历史性特征。营销理念来源于长期的营销实践,一种营销理念的形成有其历史的必然性。在20世纪20年代以前,由于社会生产力水平的限制,产品的供给不能完全满足社会的需求,社会经济生活处在卖方市场的境况下,企业只需要大规模地生产产品并降低成本,就能获取满意的利润。在这种情况下,"以企业利润为中心"的营销理念应运而生。自20世纪20年代以来,尤其是二战以来,由于科学技术的迅猛发展,社会生产条件有了极大的改变,社会提供产品的能力较过去增大了许多倍,企业之间的竞争日趋激烈。所以,许多企业逐渐认识到,顾客的需求是企业的利润源泉。研究、发现顾客的需求,设法去满足这个需求,企业才能获得生存与发展。否则,它将在残酷的竞争中被淘汰。于是,一种崭新的"以消费者利益为中心"的营销理念产生了。

(2)营销理念具有时代性特征。在某个时代只能产生某类营销理念,某类营销理念一定会出现在某个时代。在当今的世界经济一体化与中国社会市场经济化的时代,社会经济运行的各项因素必然形成"以消费者利益为中心"的营销理念。所以,这个"以消费者利益为中心"的营销理念也是现代营销者应把握的根本营销理念。

(3)营销理念具有共存性特征。现代企业经营者把握"以消费者利益为中心"的营销理念是历史的必然。但并非每个企业都已把握了此营销理念。这里有两方面的原因:一是客观原因,中国幅员辽阔,地理、人文条件差异很大,尤其是经济发展有着很大的不平衡性,在某些地区,市场发育程度低,某些产品仍然存在供不应求的现象。因而,有的企业仍然用"以企业利润为中心"的理念来指导营销;二是主观原因,处在某些垄断行业中的一些企业,还有一些在完全买方市场上的企业,仍然沿袭"以企业利润为中心"的理念来进行营销(特别是某些国有企业更为典型)。在同一时间与空间层面上,两类不同的营销理念并存着,这就是营销的共存性。

3. 营销理念的作用

营销理念对营销实践的作用是举足轻重的。这种作用可以概括为:从市场营销的整体来看,它具有"灵魂"的功能;从市场营销过程来看,它处在"龙头"的位置。

(1)营销理念在营销实践中决定了企业的价值导向,也决定了企业经营的方向。

(2)营销理念是全部营销实践过程的龙头。

(3)营销理念对企业员工的思想和行为具有指导作用。

(4)营销理念在市场营销学理论中同样具有龙头的地位。

4. 营销理念的实施

我们必须使用系统方法来实施营销理念,企业的所有部门都应协调一致,所有员工必须领悟市场营销准则,并通过以下途径来实施营销理念。

(1)注重商誉。应该经常了解客户方面所反映出来的企业商誉。应该问自己:客户能得到他们想要的东西吗?他们什么时候需要,在哪里需要,竞争价格如何?

(2)用户至上。客户关心的问题是商品是否安全、能否充分了解和自由选择商品,这就要求企业对他们负责,给予合理、公平的处理。企业可以通过完善产品质量检测、制定明确的销售条款和承诺、做真实守信的广告宣传等措施来维护客户利益。

(3)寻找危险信号。当营销理念不能被遵守时,就会出现许多危险信号。如果企业出现了预示销售问题的危险信号时,就应该意识到企业已经出现了问题。对企业没有兴趣的员工或管理者会把客户赶走。

5. 营销理念的演变历程

从历史与现实看,企业和其他组织无不是在以下理念的指导下从事营销活动的。

(1)生产导向型——生产观念。生产观念产生于19世纪末20世纪初。由于社会生产力水平还比较低,商品供不应求,市场经济处于卖方市场状态,所以企业生产什么产品,市场上就销售什么产品。在这种营销观念指导下,企业的经营重点是努力提高生产效率、增加产量、降低成本,生产出让消费者买得到和买得起的产品。因此,生产观念也称为"生产中心论"。生产观念是指导企业营销活动最古老的观念。当年,美国汽车大王亨利·福特为增加T型车的生产,采取流水线的作业方式,以扩大市场占有,至于消费者对汽车款式、颜色等主观偏好,他全然不顾,车的颜色一律是黑色。这就形成了企业只关心生产而不关心市场的营销理念。

(2)产品导向型——产品观念。该理念认为,消费者或用户最喜欢质量好、性能佳、有特色的产品,只要质量好,顾客就会上门,顾客也愿意为高质量付出更高的价钱。"酒香不怕巷子深""皇帝女儿不愁嫁"就是这种指导思想的生动写照。这一理念概括为一句话就是"只要产品好,不怕卖不掉"。

(3)推销导向型——推销观念。第二次世界大战后,资本主义工业化大发展,使社会产品日益增多,市场上许多商品开始供过于求。企业为了在竞争中立于不败之地,纷纷重视推销工作,如:组建推销组织,培训推销人员,研究推销术,大力进行广告宣传等,以诱导消费者购买产品。这种营销观念是"我们会做什么,就努力去推销什么"。由生产观念、产品观念转变为推销观念,是企业经营指导思想上的一大变化。但这种变化没有摆脱"以生产为中心""以产定销"的范畴。前者强调生产产品,后者强调推销产品。不同的是,前2种观念是等顾客上门,而推销观念是加强对产品的宣传和推广。

(4)营销导向型——营销理念。该种理念认为,实现企业目标的关键是切实掌握目标顾客的需要和愿望,并以顾客需求为中心集中企业的一切资源和力量,设计、生产适销对路的产品,安排适当的市场营销组合,采取比竞争者更有效的策略,满足消费者的需求,取得利润。

营销理念与推销理念的根本不同是:推销理念以现有产品为中心,以推销和销售促进为手段,刺激销售,从而达到扩大销售、取得利润的目的。市场营销理念是以企业的目标顾客及其需要为中心,并且以集中企业的一切资源和力量、适当安排市场营销组合为手段,从而达到满足目标顾客的需要、扩大销售、实现企业目标的目的。

营销理念彻底颠覆了推销理念的思维逻辑,不是生产出什么就卖什么,而是首先发现和了解顾客的需要,顾客需要什么就生产什么、销售什么。顾客需求在整个市场营销中始终处于中心地位。它是一种以顾客的需要和欲望为导向的经营哲学,是企业经营思想的一次重大飞跃。

(5)社会营销导向——社会营销理念。当前,企业社会形象、企业利益与社会利益、顾客利益的冲突等问题越来越引起政府、公众及社会舆论的关注。环境污染、价格大战、畸形消费等不良现象,使近年来对"理性消费""回归俭朴""人类观念"的呼声越来越高。相应地,"绿色营销""从关心顾客到关心人类,从关注企业到关注社会"等一系列新的营销观念,也为越来越多的企业所接受,企业正从营销理念向社会营销理念转变。

(6)大市场营销理念。20世纪70年代末期,企业跨国经营迅速发展,市场竞争波及全球,资本主义经济出现了不景气和持续性"滞胀"。一些主要西方国家政府为免遭外来产品冲击,纷纷采取贸易保护主义措施,政府对经济的干预致使贸易的政治色彩不断加重。为了突破目标市场的环境障碍,美国营销学家菲利普·科特勒在20世纪80年代初提出了大市场营销观念。这种观念认为,在贸易保护主义思潮日益增长的条件下,从事国际营销的企业为了成功进入待定市场从事经营活动,除了运用好产品、价格、渠道、促销等传统的营销策略外,还必须依靠权力和公共关系来突破进入市场的障碍。

依靠权力是指企业由自己或其代表国家采用政治或其他策略及技巧,从目标市场所在国政府、立法机构和企业那里取得进入该市场的特权,以及取得这种特权所采取的强制性手段。依靠公共关系是指企业通过各种方法和途径增强有利于企业的舆论力量以影响公众的态度并取得支持,从而树立良好的企业及产品形象,获得广泛而持久的支持。权力的运用是指一种"推"的硬策略,而公共关系的运用是一种"拉"的软策略,二者结合,可促使企业进入并保持某个特定市场。大市场营销理念,对于从事国际营销的企业来说,具有一定的现实意义,重视和恰当地运用这一观念,有益于企业突破贸易保护障碍,占据市场。

四、实训操作

(一)学习营销原理,联系营销实践,提高"营销重要性"认识

1. 只有理解营销的真正含义,企业才能开发市场、占领市场

市场营销实质是满足消费者需要,运用有效的营销策略来开发市场、占领市场。总结企业营销成败的经验教训都集中在能否真正理解"营销"两字。营销不是推销,更不是坑蒙拐骗。营销就是企业以满足消费者需求作为营销的出发和归宿点,准确确定自己的目标市场;生产出适销对路的产品,建立合理的分销渠道方便顾客购买;并制定适当的价格,运用有效的促销手段吸引消费者。

2. 只有树立现代营销理念,企业才能赢得市场、引导市场

现代营销理念是企业有效开展市场营销活动的指导思想。现代营销理念的核心就是以消费者为中心,把"顾客满意"、实现"顾客让渡价值最大化"作为营销追求的目标。现代营销理念要求与时俱进,体现时代特征、迎合发展潮流。企业营销成败的事例,都证明了将正确的、积极的营销理念作为营销指导是至关重要的。只有树立了现代营销理念,企业才能在市场上立于不败之地。

3. 只有实施科学营销管理,企业才能真正实现营销目标

科学营销管理是制定正确营销策略,实现企业营销目标的保障。科学营销管理要求在对企业营销机会分析的基础上,正确选择目标市场,制定战略性市场营销规划。对

营销规划实行有效管理,也就是拟订营销计划、对计划的实施进行有效组织与控制。许多企业营销成败的事例,都证明了科学的营销管理对制定正确的营销策略,实现企业的营销目标是至关重要的。只有实施科学的营销管理,才能真正实现企业的营销目标。

(二)"营销理念认识"写作要求

要想写好一篇体会文章,掌握文章写作的结构和要求是非常重要的。一般来说,体会文章分为三个部分,即开头、正文和结尾。其基本写作要求如下:

1. 开头

文章的开头应该是提出问题,说明体会文章要解决的是什么问题,论述的观点是什么。如提出:"树立以消费者为中心的现代营销观念是实现企业营销目标的重要保障。"这就是一个论点。这个论点提出的要求是:

(1)概念要准确。
(2)要符合客观事物的发展规律。
(3)符合人们对客观事物的认识习惯。

2. 正文

文章的正文应该是分析提出的问题,说明为什么文章要确立这样一个论点,也就是推理。如分析"树立以消费者为中心的现代营销观念是实现企业营销目标的重要保障"这一论点时,就可以结合理论与实践,以理论观点和实例资料为论据,来论述现代营销观念为什么能保障企业营销目标的实现。正文论述的要求是:

(1)紧扣主题(以论点为中心)。
(2)言之有序(分析条理分明)。
(3)言之有理(分析要正确,符合逻辑)。
(4)言之有据(理论依据和实例资料)。

3. 结尾

文章的结尾应该是文章的结论部分。其可以从正文论述中进行归纳和总结得出结论或联系现实存在的客观问题,提出自己的观点、见解与建议。结论表达了作者自己对论点的见解,是文章的精髓。结论要求:

(1)上升为自我认识。
(2)观点、见解与建议要鲜明。
(3)结论要概括、简短。

五、实训评价

表1-1 "营销理念认知"实训评价表

评估项目 \ 评估标准	训练任务基本完成 （40分）	文章符合要求 （60分）	考评成绩∑100
1."实践教学"认识和建议∑25	准时完成得10分 （没有准时完成酌情扣分）	1. 对实践教学的自我认识(8分) 2. 对实践教学的坦诚建议(7分) （没有达到酌情扣分）	
2."营销内涵"重要性认识∑25	准时完成得10分 （没有准时完成酌情扣分）	1. 联系企业实践(5分) 2. 能上升为自我认识(5分) 3. 认识观点的正确性(3分) 4. 观点表达的条理性(2分) （没有达到酌情扣分）	
3."营销观念"重要性认识∑25	准时完成得10分 （没有准时完成酌情扣分）	1. 联系企业实践(5分) 2. 能上升为自我认识(5分) 3. 认识观点的正确性(3分) 4. 观点表达的条理性(2分) （没有达到酌情扣分）	
4."营销管理"重要性认识∑25	准时完成得10分 （没有准时完成酌情扣分）	1. 联系企业实践(5分) 2. 能上升为自我认识(5分) 3. 认识观点的正确性(3分) 4. 观点表达的条理性(2分) （没有达到酌情扣分）	
评估考核总成绩∑100			

六、实训范例

（一）生产观念

美国福特汽车公司的创办人福特曾经说过："不管顾客的需要是什么，我们的汽车就是黑色的。"因为，在那个时代，福特汽车公司通过采用流水线的生产组织形式，提高了汽车的生产效率，降低了汽车的生产成本，最终大大降低了福特汽车的售价，使福特汽车供不应求，清一色的黑色汽车畅销无阻，无须讲究市场需求特点和推销方法。显然，整个市场的需求基本上是被动的，消费者没有多大的选择余地。

(二)产品观念

美国爱尔琴钟表公司自1869年创立到20世纪50年代,一直被公认为美国最好的钟表制造商之一。该公司在市场营销管理中强调生产优质产品,并通过由著名珠宝商店、大百货公司等构成的市场营销网络分销产品。1958年之前,公司销售额始终呈上升趋势,但此后其销售额和市场占有率开始下降。造成这种状况的主要原因是市场形势发生了变化:这一时期的许多消费者对名贵手表已经不感兴趣,而趋于购买那些经济、方便、新颖的手表;而且,许多制造商为迎合消费者需要,已经开始生产低档产品,并通过廉价商店、超级市场等大众分销渠道积极推销,从而夺走了爱尔琴钟表公司的大部分市场份额。爱尔琴钟表公司没有注意到市场形势的变化,依然迷恋于生产精美的传统样式手表,并且仍旧借助传统渠道销售,认为自己的产品质量好,顾客必然会找上门。结果,企业经营遭受重大挫折。

(三)推销观念

一家美国皮尔斯堡的面粉公司20年代以前的口号是:"本公司旨在制造面粉。"30年代,它的口号改为:"本公司旨在推销面粉。"这表明,一些存货待售的企业更加重视推销技巧。

(四)市场营销观念

美国的迪斯尼乐园,欢乐如同空气一般无所不在。它使来自世界各地的每一位儿童的美梦得以实现,使各种肤色的成年人产生忘年之爱。因为,迪斯尼乐园成立之时便明确了它的目标:它的产品不是米老鼠、唐老鸭,而是快乐。人们来到这里是享受欢乐的,公园提供的全是欢乐,公司的每一个人都要成为欢乐的灵魂。游人无论向谁提出问题,对方都必须用"迪斯尼礼节"回答,绝不能说"不知道"。因此,游人们一次又一次地重返这里,享受欢乐。

(五)社会营销观念

汉堡包快餐行业提供了美味可口的食品,但却受到了批评。原因是它们的食品虽然可口却没有营养。汉堡包脂肪含量太高,餐馆出售的油煎食品和肉馅饼都被反映含有过多的淀粉和脂肪。其在出售时采用方便包装,还产生了很多的包装废弃物。在满足消费者需求方面,这些餐馆可能损害了消费者的健康,同时污染了环境,忽略了消费者和社会的长远利益。

(六)大市场营销观念

美国一家制鞋公司正在寻找国外市场,公司总裁首先派出了自己的财务经理到非洲某国,让他去了解那里的市场。几天以后,该经理发回一封电报:"这里的人根本不穿鞋,此地不是我们的市场。"于是,该公司又把自己最好的推销员派到那里以证实这一点。这位推销员在那里待了一个星期后,发回了电报:"这里的居民没有一个人有鞋,这里是巨大的潜在市场。"该公司最后又把自己的市场营销副经理派去考察。他在非洲呆了3个星期,发回电报:"这里的人不穿鞋,但有脚疾,需要鞋;不过我们现在生产的鞋太瘦,不适合他们,我们必须生产肥些的鞋。我们要教给他们穿鞋的方法并告诉他们穿鞋的好处。这里的部落首领不让我们做买卖,只有向他的金库里进一些贡,才能获准在这里经营。我们需要投入大约1.5万美元,他才能开放市场。他们没有钱,但这里盛产菠萝。我测算了3年内的销售收入以及我们的成本,包括把菠萝卖给欧洲的超级市场连锁集团的费用。我得出的结论是我们的资金回报率可达30%。因此,我建议公司应开辟这个市场。"

训练二 营销重要性认识交流

一、实训任务

第一,每个学生在完成营销理念认知写作基础上体会营销的重要性,同时查阅企业案例,辅助说明营销的重要性,并在课堂上组织或参加"营销重要性认识"的交流活动。

第二,先组织小组讨论,小组成员把个人完成的体会文章、企业案例,在小组内交流;在组内交流的基础上,汇总出团队的体会文章。

第三,组织全班交流,各小组派出一名代表,交流小组体会文章;并对各小组交流情况进行点评考核,要求师生联手评出小组集体成绩。

第四,通过"认识体会"交流训练,更好地认识团队意识、合作能力的重要性,掌握人际交往和信息交流所需的沟通、表达技能与技巧。

二、实训要求

第一,要求教师对交流所需的"表达能力""沟通能力"培养的实践应用价值给予说明,调动学生参加交流训练的积极性。

第二,要求学生根据本项目训练要求,组织好小组讨论,发挥团队作用,完成全部学习交流任务。

第三,要求教师对学习交流所需的"表达能力"培养进行重点指导。

三、理论指导

(一)掌握学习交流的内容

交流效果首先来自于交流的内容。作为"认识体会"交流要掌握其内容有效性:

第一,要注重理论联系实践。
第二,交流观点要上升为自我认识。
第三,交流内容的表达要完整。
第四,交流观点的表达要准确。

(二)掌握学习交流的技巧

1. 交流表达

要有较强的语言能力作为基础。交流中要注意:
(1)表述清楚、声音响亮。
(2)表达流畅、内容熟悉。
(3)语速要控制。
(4)语音要动听。

2. 交流表情

面部表情表现如何,在很大程度上影响着交流效果。要注意:
(1)自然、舒展。
(2)富有表情。
(3)具有吸引力。

3. 交流姿态

交流的姿态也很重要,也会影响交流的效果。在交流中要注意:
(1)姿态要大方、得体。
(2)要善于表现自我。
(3)要具有感染力。

四、实训操作

(一)分组

按照教学班级学生人数、营销理念认识差异等因素合理确定若干小组,每一小组以5~8人为宜,注意小组成员在知识、性格、技能方面的互补性,并进行合理的分工。选举小组长,以协调小组的各项工作。

(二)教师指导

教师负责理论指导,统一认识,统一口径,基本统一判断标准。每完成一个环节,指导教师应及时检查学生完成的进度和实际完成情况,提供必要的指导和建议,针对共性问题在交流活动结束后于课堂上进行专门的讲解。

（三）小组交流

组织小组讨论，小组成员把个人完成的体会文章、企业案例在小组内交流。在小组内部交流的基础上，汇总出团队的体会文章，说明营销的重要性。

（四）全体交流

组织全班交流，要求各小组派出一名代表，交流小组体会文章。要求师生联手对各小组交流情况进行点评考核，评出小组集体成绩。

（五）指导教师进行归纳总结

通过"营销重要性"交流训练，使学生了解如何组织小组讨论，如何将个人体会汇总为团队文章。掌握交流的表达、表情和姿态技巧，使交流更富有吸引力、感染力，更具有效果。指导老师还应针对学生交流中比较典型的问题进行针对性指导，引导学生树立正确的营销观念，加深学生对于营销重要性的认知。

五、实训评价

表1-2 "营销重要性"交流训练评价表

评估项目 \ 评估标准	训练任务基本完成（60分）	训练任务中表现突出（40分）	考核成绩（100分）
1. 内容（合计50分）	1. 内容基本完整(15分) 2. 观点正确(15分) （总分30分，没有达到酌情扣分。）	1. 理论联系实际(10分) 2. 能够上升为自我认识(10分) （总分20分，没有达到酌情扣分。）	
2. 表述能力（合计30分）	1. 内容基本表述清楚(10分) 2. 声音洪亮(5分) （总分15分，没有达到酌情扣分。）	1. 条理清晰(5分) 2. 流畅、熟练(5分) 3. 语速适中、语言动听(5分) （总分15分，没有达到酌情扣分。）	
3. 交流表情（合计10分）	表情基本自然(5分) （总分5分，没有达到酌情扣分。）	1. 富有表情(3分) 2. 具有吸引力(2分) （总分5分，没有达到酌情扣分。）	
4. 交流姿态（合计10分）	姿态基本得体(5分) （总分5分，没有达到酌情扣分。）	1. 善于表达(3分) 2. 具有感染力(2分) （总分5分，没有达到酌情扣分。）	
个人成绩		小组总评成绩	

六、实训范例

创立于1984年的海尔集团,现已成为享誉海内外的大型国际化企业集团。1984年,海尔只生产单一的电冰箱,而到2003年它拥有白色家电、黑色家电、米色家电在内的96大门类15100多个规格的产品群。海尔的产品出口到世界160多个国家和地区。2003年,海尔全球营业额实现806亿元。2003年,海尔蝉联中国最有价值品牌第一名。2004年1月31日,世界五大品牌价值评估机构之一的世界品牌实验室编制的《世界最具影响力的100个品牌》报告揭晓,海尔排在第95位,是唯一入选的中国企业。2003年12月,全球著名战略调查公司Euromonitor公布了2002年全球白色家电制造商排序,海尔以3.79%的市场份额跃升至全球第二大白色家电品牌。2004年8月号《财富》中文版评出最新"中国最受赞赏的公司",海尔集团紧随IBM中国有限公司之后,排名第二位。冰箱、空调、洗衣机等产品属于白色家电。作为在白色家电领域最具核心竞争力的企业之一,海尔有许多令人感动的营销故事。

1996年,四川成都的一位农民投诉海尔洗衣机排水管老是被堵,服务人员上门维修时发现,这位农民用洗衣机洗地瓜(南方又称红薯),泥土大,当然容易堵塞。虽然这不是海尔产品的问题,但服务人员依然帮顾客加粗了排水管。顾客在感激之余,抱歉自己给海尔添了麻烦,还说如果能有洗红薯的洗衣机,就不用烦劳海尔公司服务人员了。农民兄弟的一句话,被海尔人记在了心头。海尔营销人员调查四川农民使用洗衣机的状况时发现,在盛产红薯的成都平原,每当红薯大丰收的时节,许多农民除了卖掉一部分新鲜红薯,还要将大量的红薯洗净后加工成薯条。但红薯上沾带的泥土洗起来费时费力,于是农民就动用了洗衣机。更深一步的调查发现,在四川农村有不少洗衣机用过一段时间后,电机转速减弱、电机壳体发烫。向农民一打听,才知道他们冬天用洗衣机洗红薯,夏天用它来洗衣服。这让海尔集团总裁张瑞敏萌生一个大胆的想法:发明一种洗红薯的洗衣机。1997年海尔为该洗衣机立项,成立以工程师李崇正为组长的4人课题组,1998年4月投入批量生产。洗衣机型号为XPB40—DS,不仅具有一般双桶洗衣机的全部功能,还可以洗地瓜、水果甚至蛤蜊,价格仅为848元。首次生产了1万台投放农村,立刻被一抢而空。

一般来讲,每年的6~8月是洗衣机销售的淡季。每到这段时间,很多厂家就把促销员从商场里撤回去了。张瑞敏纳闷儿:难道天气越热,出汗越多,老百姓越不洗衣裳?调查发现,不是老百姓不洗衣裳,而是夏天里5公斤的洗衣机不实用,既浪费水又浪费电。于是,海尔的科研人员很快设计出一种洗衣量只有1.5公斤的洗衣机——小小神童。小小神童投产后先在上海试销。结果该产品在上海试销后,很快又风靡全国,在不到两年的时间里,海尔的小小神童在全国卖了100多万台,并出口到日本和韩国。张瑞敏告诫员工说:"只有淡季的思想,没有淡季的市场。"

在西藏，海尔的洗衣机甚至可以合格地打酥油。2000年7月，海尔集团研制开发的一种既可以洗衣又可打酥油的高原型"小小神童"洗衣机在西藏市场一上市，便受到消费者欢迎，从而开辟出自己独有的市场。这种洗衣机3个小时打制的酥油，相当于一名藏族妇女三天的工作量。藏族同胞购买这种洗衣机后，从此可以告别手工打酥油的繁重家务劳动。在2002年举办的第一届合肥"龙虾节"上，海尔推出的一款"洗虾机"引发了难得一见的抢购热潮，上百台"洗虾机"不到一天就被当地消费者抢购一空，更有许多龙虾店经营者纷纷交定金预约购买。这款海尔"洗虾机"因其巨大的市场潜力被安徽卫视评为"市场前景奖"。

每年5月，是安徽龙虾上市的季节，龙虾是许多消费者喜爱的美味。每到这个季节，各龙虾店大小排挡生意异常火爆，仅合肥大小龙虾店就有上千家，每天要消费龙虾近5万斤。龙虾好吃但清洗难的问题一直困扰着当地龙虾店的经营者。因为龙虾生长在泥湾里，捕捞时浑身是泥，清洗异常麻烦，一般的龙虾店一天要用2～3人专门手工刷洗龙虾，但常常一天洗的虾，不及几个小时卖的多，并且，人工洗刷费时又费力，还增加了人工成本。针对这一潜在的市场需求，海尔洗衣机事业部利用自己拥有的"大地瓜洗衣机"技术，迅速推出了一款采用全塑一体桶、宽电压设计的可以洗龙虾的"洗虾机"，不但省时省力、洗涤效果非常好，而且价格定位也较合理，充分满足了当地消费者的需求。过去洗2公斤龙虾一个人需要10～15分钟，现在用"龙虾机"只需三分钟就可以完成。"听说你们的洗衣机可以为牧民打酥油，还给合肥的饭店洗过龙虾，真是神了！能洗荞麦皮吗？"2003年的一天，一个来自北方某枕头厂的电话打进了海尔总部。海尔洗衣机公司在获知用户需求后，仅用了24小时，就在已有的洗衣机模块技术上，创新地推出了一款可洗荞麦皮枕头的洗衣机，受到用户的极力称赞，更成为继海尔"洗地瓜机""打酥油机""洗龙虾机"之后，在满足市场个性化需求上的又一经典之作。明代医学家李时珍在《本草纲目》中有一则"明目枕"的记载："荞麦皮、绿豆皮、菊花同作枕，至老明目。"在我国，人们历来把荞麦皮枕芯视为枕中上品。荞麦皮属生谷类，具有油性，而且硬度较高，如果不常洗或者晒不干又容易滋生细菌，但荞麦皮的清洗与干燥特别费劲，因为荞麦皮自身体积微小，重量极轻，很难晾晒，如果在户外晾晒容易被风刮走。荞麦皮的清洗和晾晒问题就成了荞麦皮枕头厂家及消费者的一大难题。海尔开发的这款既可以家庭洗衣，又可以用来洗荞麦皮枕头的"双神童"洗衣机，除了洗涤、脱水等基本功能外，还独有高效的PTC转动烘干、自然风晾干两种干燥技术，同时专门设计了荞麦皮包装洗涤袋，加上海尔独有的"抗菌"技术，非常圆满地解决了荞麦皮枕头的清洗、干燥难题。

专家指出，目前洗衣机市场已进入更新换代、需求快速增长期。始终靠技术创新领先市场的海尔，通过多年以来的技术储备，在快速启动的洗衣机市场上占尽先机。世界第四种洗衣机——海尔"双动力"是海尔根据用户需求，为解决用户对波轮式、滚筒式、搅拌式洗衣机的抱怨而创新推出的一款全新的洗衣机,由于集合了洗得净、磨损低、不缠绕、15分钟洗好大件衣物、"省水省时各一半"等优点于一身,迎合了人们新的洗衣需求,产品上市一个月就创造了国内高端洗衣机销量、零售额第一名的非常业绩,成为国内市场上升最快的洗衣机新品,在第95届法国列宾国际发明展览会上一举夺得了世界家电行业唯一发明奖。

在赛诺市场研究公司2004年4月份统计数据中显示,海尔洗衣机市场份额继续高居全国第一,尤其在我国华北、东北、华东、西北、中南、西南6大地区市场上分别稳居第一,且与竞争对手的距离进一步拉大。在西北地区,海尔洗衣机的市场份额已接近40%,超出第二名近3倍;在其他地区,海尔洗衣机市场份额也都有明显上升,均超出了第二名近两倍。

(资料来源:根据网络相关资料整理)

第二章 营销环境

内容简介

市场营销环境是存在于企业营销系统外部不可控制或难以控制的因素和力量,它包括宏观环境和微观环境,这些因素和力量是影响企业营销活动及其目标实现的外部条件,充分把握市场营销环境是企业营销战略设计和营销策略实施的重要前提。本篇包括3个训练项目,分别为营销调研立项及拟订调研计划、调查问卷设计、调查问卷分析、SPSS软件模拟训练和撰写市场调查报告。

训练一 营销调研立项及制定调研计划

一、实训任务

第一,掌握市场营销活动的内容。
第二,掌握市场调查的基本步骤。
第三,掌握市场调查计划书的含义。
第四,掌握市场调查计划书的基本内容。

二、实训要求

根据班级人数给定若干选题,首先,让学生根据自己的兴趣选择题目并分组。各组就选择的题目设计项目调查方案,具体包括:调查目的、研究方法、调查设计、资料分析、成果提交、经费预算、调查时间及进度安排、调查的组织实施计划等;然后,让每组代表讲述该组所设计的方案;最后,其他各组成员就上一组讲解的方案评点优点与不足,从而培养学生根据市场调研目的撰写立项单和调研计划书的能力。

三、理论指导

理论知识一　市场营销活动调查及营销立项

（一）市场营销活动调查

市场营销活动调查要围绕营销活动展开。其内容主要包括：竞争对手状况调查、产品实体和包装调查、价格调查、销售渠道调查、产品寿命周期调查和广告调查等，现分述如下：

1. 竞争对手状况调查

调查内容主要包括：

第一，有没有直接或间接的竞争对手，如果有，是哪些？

第二，竞争对手的所在地和活动范围；

第三，竞争对手的生产经营规模和资金状况；

第四，竞争对手生产经营产品的品种、质量、价格、服务方式及在消费者中的声誉和形象；

第五，竞争对手技术水平和新产品开发经营情况；

第六，竞争对手的销售渠道；

第七，竞争对手的宣传手段和广告策略；

第八，现有竞争程度（市场占有率、市场覆盖面等）、范围和方式；

第九，潜在竞争对手状况。

通过调查，可将本企业的现有条件与竞争对手进行对比，为制定有效的竞争策略提供依据。

2. 产品调查

市场营销中的产品是一个整体的概念，不仅包括产品实体，还包括包装、品牌、装潢、商标、价格以及和产品相关的服务等。例如，我国许多出口产品质量过硬，但往往由于式样、工艺、装潢未采用国际标准，或未用条形码标价等原因，所以在国际市场上的售价远低于具有相同内在质量和使用价值的外国产品的价格，造成了严重的经济损失。

（1）产品实体调查。产品实体调查是对产品本身各种性能的好坏程度所作的调查，它主要包括以下几个方面：

①产品性能调查。产品的有用性、耐用性、安全性、维修方便性等方面都是人们在购买产品时经常考虑的因素。通过调查可以了解哪些问题是最主要的，是生产经营中应该解决的重点。

②产品的规格、型号、式样、颜色和口味等方面的调查。通过调查，了解消费者对上述方面的意见和要求。例如，在国际市场上，各国对颜色有各种喜厌。在法国和德国，人们一见到墨绿色就会联想起纳粹，因而许多人厌恶墨绿色；而在利比亚、埃及等伊斯兰

国家则将绿色视为高贵色;在我国,红色象征着欢快、喜庆。可见,消费者对产品属性的偏好是有差异的,企业只有在对此了解的基础上,投其所好,避其所恶,才能使产品为消费者接受。

③产品制作材料调查。主要是调查市场对原料或材料的各种特殊要求。如近年来美国许多年轻人喜欢穿纯棉制作的衬衫,而不喜欢穿化纤类衬衫;我国的不少消费者喜欢喝不含任何添加剂的饮料等。

(2)产品包装调查。

表2—1　产品包装调查

包装种类		调查内容
销售包装	消费品包装	①包装与市场环境是否协调;②消费者喜欢什么样的包装外形;③包装应该传递哪些信息;④竞争产品需要何种包装样式和包装规格。
	工业品包装	①包装是否易于储存、拆封;②包装是否便于识别产品;③包装是否经济,是否便于退回、回收和重新利用等。
运输包装		①包装是否能适应运输途中不同地点的搬运方式;②是否能够保证防热、防潮、防盗以及适应各种不利的气候条件;③运输的时间长短和包装费用为多少等。

(3)产品生命周期调查。任何产品从开始试制、投入市场到被市场淘汰,都有一个诞生、成长、成熟和衰亡的过程,这一过程称为"产品的寿命周期",它包括导入期、成长期、成熟期和衰退期4个阶段。因此,企业应通过对销售量、市场需求的调查,判断和掌握自己所生产和经营的产品处在什么样的寿命周期阶段,并作出相应的对策。

3. 价格调查

从宏观角度看,价格调查主要是对市场产品的价格水平、市场零售物价指数和居民消费价格指数等方面进行调查。居民消费价格指数与居民购买力成反比,当居民的货币收入一定时,价格指数上升,购买力就相对下降。

从微观角度看,价格调查的内容可包括:其一,国家在产品价格上有何控制和具体规定;其二,企业产品的定价是否合理,如何定价才能使企业增加盈利;其三,消费者易于接受什么样的价格以及接受程度如何,消费者的价格心理状态如何;其四,产品需求和供给的价格弹性有多大、影响因素是什么等。

4. 销售渠道调查

企业应善于利用原有的销售渠道,并不断开拓新的渠道。对于企业来讲,目前可供选择的销售渠道有很多,虽然有些工业产品可以对消费者采取直销方式,但多数产品要由一个或更多的中间商转手销售(如批发商、零售商等);对于销往国际市场的产品,还要选择进口商。为了选好中间商,有必要了解以下几方面的情况:

第一,企业现有销售渠道能否满足销售产品的需要?

第二,企业是否有通畅的销售渠道?如果不通畅,则阻塞的原因是什么?

第三,销售渠道中各个环节的产品库存是否合理?能否满足随时供应市场的需要?有无积压和脱销现象?

第四,销售渠道中的每个环节对产品销售提供哪些支持?能否为销售提供技术服务或开展推销活动?

第五,市场上是否存在经销某种或某类产品的权威性机构?如果存在,则他们促销的产品目前在市场上所占的份额是多少?

第六,市场上经营本产品的主要中间商,对经销本产品有何要求?

上述调查有助于企业评价和选择中间商,开辟合理的、效益最佳的销售渠道。

5. 促销调查

(1)广告调查。广告调查是用科学的方法了解广告宣传活动的情况和过程,为企业和广告制作者作出决策、达到预定的广告目标提供依据。广告调查的内容包括广告诉求调查、广告媒体调查和广告效果调查等。

广告诉求调查也是消费者动机调查,包括消费者收入情况、知识水平、广告意识、生活方式、情趣爱好以及结合特定产品了解消费者对产品接受程度等。只有了解消费者的喜好,才能制作出打动人心的好广告。

广告媒体调查的目的是使广告宣传能达到理想的效果,广告媒体是广告信息传递的工具,目前各种媒体广告种类繁多,大致可归纳为以下 4 类:

①视听广告,包括广播、电视和电影等。

②阅读广告,包括报纸、杂志和其他印刷品。

③邮寄广告,包括产品目录、说明书和样本等。

④户外广告,包括户外广告牌、交通广告、灯光广告等。

同时,每一类媒体中又有许多具体的媒体机构,如目前全国电视台就有上百家,有覆盖全国的,也有地区的,其声望、可靠性、覆盖面等各不相同。广告约有 2/3 的费用要花在媒体机构上。因此,如何能以最低的广告费用求得最大的媒体影响力,是企业和广告制作者密切关注的问题,这就需要通过调查了解情况,将各种媒体的优劣点进行比较,包括各种媒体的经济性、各种媒体相互组合的广告效果变化等。

(2)人员推销调查。

①人员推销基本形式的调查。

上门推销:这是一种向顾客靠拢的积极主动的"蜜蜂经营法",也是被企业和公众广泛认可和接受的一种推销方式。在进行调查时,应重点进行这一促销方式。

柜台促销:营业员在与顾客当面接触和交谈中,介绍产品、回答询问、促成交易,这也是一种"等客上门"的促销形式。

会议推销:它是指利用各种会议的形式介绍和宣传产品,开展推销活动,如推销会、订货会、物资交流会、展销会等。这种推销形式具有接触面广、易于推销普及、成交额大的特点。在各种推销会议上,往往会有多家企业同时参加推销活动,买卖双方能够广泛接触。

②推销人员的调查。

推销人员应该具备的素质：热忱、坚定、勤劳、无畏；服务精神好、富有进取心；求知欲强；良好的个性、娴熟的技巧。

推销人员的选拔：通过表格筛选，由应征人员先填写应征表格；经过表格筛选出来的符合基本条件的人员，由企业的销售主管或人事经理与其面谈，这样可以了解其语言能力、仪表仪态、面临困境的处理方法以及知识的深度和广度等。

进行心理测验：包括智力和特殊资质测验、态度个性兴趣测验和成就测验等。

(3)营业推广调查。营业推广是指企业通过直接显示、利用产品、价格、服务、购物方式与环境的优点、优惠或差别性，以及通过推销、经销奖励来促进销售的一系列方式方法的总和。它能迅速刺激需求，鼓励购买。主要包括以下两方面调查：

①营业推广对象的调查。企业营业推广的对象主要有三类：消费者或用户、中间商和推销人员。

②营业推广形式的调查。包括赠送产品、有奖销售、优惠券、"VIP 制"、附赠产品、推销奖金、竞赛、演示促销、交易折扣、津贴、红利提成、展销会、订货会等。

(4)公共关系调查。公共关系促销是企业的一种"软推销术"，它在树立企业形象和产品形象时，能促进产品的销售，满足消费者高层次的精神需要，从而赢得新老顾客的信赖。因此，在进行市场调查时应重点调查公共关系的作用以及哪种公共关系形式对企业产品销售所起的作用最大。通常所用的公共关系促销形式有：创造和利用新闻、举行各种会议、参与社会活动和建设企业文化等。

(二)营销活动立项

针对营销活动任何一项内容都可根据需要进行市场调研。市场营销调查活动如果在企业内部进行，一旦项目确认就可由本企业的调研部门撰写立项报告。而如果市场营销调研活动由专业的市场调研公司进行，调研公司人员就要与营销客户不断洽谈，对于委托客户的基本需求有一定的了解与掌握，同时与高层进行实质性的接触，使客户认识到营销调查的价值，愿意与调研项目人员共同进入下个环节。进一步探讨解决方案后，与客户正式签订营销调研活动合同，最后由市场调研公司研究部门制定立项单。

营销活动立项单的内容主要包括：项目名称、项目编号、客户方负责人、预计签约金额、项目毛利率估计、销售费用预算、项目分类、预计签约时间等。也可根据公司内部的固定格式制定简要立项单。

立项单的意义主要在于：

第一，规范营销调研项目管理，明确立项程序和执行流程。

第二，保证调研活动前技术力量和商务人员的有效投入，确保资源的合理配置和公司风险的有效控制。

第三,规范和考核销售步骤和行为,做好项目跟踪,降低执行风险,提高项目成功率。

理论知识二　市场调查计划书

(一)市场调查含义及步骤

市场调查是以提高营销效益为目的,有计划地收集、整理和分析市场信息资料,提出解决问题方案的一种科学方法。市场调查也是一种以顾客为中心的研究活动。

市场调查的全过程可划分为调查准备、调查实施和结果处理三个阶段,每个阶段又可分为若干具体步骤。

1. 调查准备阶段

本阶段主要明确调查目的、范围和调查力量的组织等问题,并拟订出切实可行的调查计划。具体工作步骤是:

(1)确定调查目标,拟订调查项目。

(2)确定收集资料的范围和方式。

(3)设计调查表和抽样方式。

(4)拟订调查计划。

2. 调查实施阶段

这个阶段是整个市场调查过程中最关键的阶段,对调查工作能否满足准确、及时、完整及节约等基本要求有直接的影响。

这个阶段有两个步骤:

一是对调查人员进行培训。让调查人员理解调查计划,掌握调查技术及与调查目标有关的经济知识。

二是实地调查。调查人员按照计划规定的时间、地点及方法收集有关资料,不仅要收集第二手资料(现成资料),而且要搜集第一手资料(原始资料)。实地调查的质量取决于调查人员的素质、责任心和组织管理的科学性。

3. 结果处理阶段

这个阶段的工作可以分为以下几个步骤:

(1)资料的整理与分析。对收集的资料进行"去粗取精、去伪存真、由此及彼、由表及里"的处理。

(2)撰写调查报告。市场调查报告一般由引言、正文、结论及附件四个部分组成。其基本内容包括开展调查的目的、被调查单位的基本情况、所调查问题的事实材料、调查分析过程的说明及调查的结论和建议等。

(3)追踪与反馈。提出了调查的结论和建议,不能认为调查过程就此完结,而应继续了解其结论是否被重视和采纳、采纳的程度和采纳后的实际效果以及调查结论与市场发展是否一致等,以便积累经验,不断改进和提高调查工作的质量。

(二)市场调查计划书的意义

市场调查是一项复杂的、严肃的、技术性较强的工作,一项全国性的市场调查往往要组织成千上万人参加。为了在调查过程中统一认识、统一内容、统一方法、统一步调,圆满完成调查任务,必须事先拟订一个科学、严密、可行的工作计划和组织措施,让所有参加调查工作的人员都依此执行。这就需要市场调研计划书来作为指导,拟订市场调研计划书的过程又称"市场调查方案设计"。市场调查方案设计的意义有以下三点:

第一,从认识上讲,市场调查方案设计是从定性认识过渡到定量认识的开始阶段。虽然市场调查所搜集的许多资料都是定性资料,但应该看到,任何调查工作都是先从对调查对象的定性认识开始的,没有定性认识就不知道应该调查什么和怎样调查,也不知道要解决什么问题和如何解决问题。例如,要研究某一工业企业的生产经营状况,就必须先对该企业生产经营活动过程的性质、特点等有详细的了解,设计出相应的调查指标以及搜集、整理调查资料的方法,然后再去实施市场调查。可见,调查设计正是定性认识和定量认识的连接点。

第二,从工作上讲,调查方案设计起着统筹兼顾、统一协调的作用。现代市场调查可以说是一项复杂的系统工程(对于大规模的市场调查来讲尤为如此)。在调查中会遇到很多复杂的问题,其中一些是调查本身的问题,但还有一些并非是调查的技术性问题,而是与调查相关的问题。例如,抽样调查中样本量的确定,按照抽样调查理论,可以根据允许误差和把握程度大小,计算出相应的必要抽样数目,但这个抽样数目是否可行,要受到调查经费、调查时间等多方面条件的限制。

第三,从实践要求上讲,调查方案设计能够适应现代市场调查发展的需要。现代市场调查已由单纯的搜集资料活动发展到把调查对象作为整体来反映的调查活动。与此相适应,市场调查过程也应被视为市场调查设计、资料搜集、资料整理和资料分析的一个完整工作过程,调查设计正是这个全过程的第一步。

(三)市场调查方案设计的主要内容

市场调查方案设计是对调查工作各个方面和全部过程的通盘考虑,包括整个调查工作过程的全部内容。调查方案是否科学、可行,是整个调查成败的关键。市场调查方案设计主要包括下述几个内容。

1. 确定调查目的

明确调查目的是调查设计的首要问题,只有确定了调查目的,才能确定调查的范围、内容和方法,否则就会列入一些无关紧要的调查项目,而漏掉一些重要的调查项目,无法满足调查的要求。例如,1990年我国第4次人口普查的目的就规定得十分明确,即"准确地查清第3次人口普查以来我国人口在数量、地区分布、结构和素质方面的变化,为科学地制定国民经济和社会发展战略与规划,统筹安排人民的物质和文化生活,检查人口政策执行情况提供可靠的依据"。可见,确定调查目的,就是明确在调查中要解决哪些问题,通过调查要取得什么样的资料,取得这些资料有什么用途等问题。衡量一个调查设计是否科学的标准,主要是看方案的设计是否体现调查目的的要求,是否符合客观实际。

图 2-1 市场调查方案设计的主要内容

2. 确定调查对象和调查单位

明确了调查目的之后,就要确定调查对象和调查单位,这主要是为了解决向谁调查和由谁来具体提供资料的问题。调查对象就是根据调查目的、任务,确定调查范围以及所要调查的总体(它是由某些性质上相同的许多调查单位所组成的)。调查单位是所要调查的社会经济现象总体中的个体,即调查对象中的一个个具体单位,它是调查中要调查登记的各个调查项目的承担者。例如,为了研究某市各广告公司的经营情况及存在的问题,需要对全市广告公司进行全面调查,那么,该市所有广告公司就是调查对象,每一个广告公司就是调查单位。又如,在某市职工家庭基本情况一次性调查中,该市全部职工家庭就是这一调查的调查对象,每一户职工家庭就是调查单位。

在确定调查对象和调查单位时,应该注意以下四个问题:

第一,由于市场现象具有复杂多变的特点,所以在许多情况下,调查对象也是比较复杂的,必须以科学的理论为指导,严格规定调查对象的含义,并指出它与其他有关现象的界限,以免造成调查登记时由于界限不清而出现的差错。如:以城市职工为调查对象,就应明确职工的含义,划清城市职工与非城市职工、职工与居民等概念的界限。

第二,调查单位的确定取决于调查目的和对象,调查目的和对象变化了,调查单位也要随之改变。例如,要调查城市职工本人基本情况时,这时的调查单位就不再是每一户城市职工家庭,而是每一个城市职工了。

第三,调查单位与填报单位是有区别的,调查单位是调查项目的承担者,而填报单位是调查中填报调查资料的单位。例如,对某地区工业企业设备进行普查,调查单位为该地区工业企业的每台设备,而填报单位是该地区每个工业企业。但在有的情况下,两者又是一致的,例如,在进行职工基本情况调查时,调查单位和填报单位都是每一个职工。在调查方案设计中,当两者不一致时,应当明确从何处取得资料并防止调查单位的重复和遗漏。

第四,不同的调查方式会产生不同的调查单位。如果采取普查方式,则调查总体内所包括的全部单位都是调查单位;如果采取重点调查方式,则只有选定的少数重点单位是调查单位;如果采取典型调查方式,则只有选出的有代表性的单位是调查单位;如果采取抽样调查方式,则用各种抽样方法抽出的样本单位是调查单位。

3. 确定调查项目

调查项目是指对调查单位所要调查的主要内容。确定调查项目就是要明确向被调查者了解些问题,调查项目一般就是调查单位的各个标志的名称。例如,在消费者调查中,消费者的性别、民族、文化程度、年龄、收入等。标志可分为品质标志和数量标志,品质标志是说明事物质的特征,不能用数量表示,只能用文字表示,如上例中的性别、民族和文化程度;数量标志表明事物的数量特征,它可以用数量来表示,如上例中的年龄和收入。标志的具体表现是指在标志名称之后所表明的属性或数值,如上例中消费者的年龄为30岁或50岁,性别是男性或女性等。

在确定调查项目时,除要考虑调查目的和调查对象的特点外,还要注意以下几个问题:

第一,确定的调查项目应当既是调查任务所需,又是能够取得答案的。凡是调查目的需要又可以取得的调查项目要充分满足,否则不应列入。

第二,项目的表达必须明确,要使答案具有确定的表示形式,如数字式、是否式或文字式等,避免由于被调查者理解差异而作出不同类别的答案,造成汇总时的困难。

第三,确定调查项目应尽可能做到项目之间相互关联,使取得的资料相互对照,以便了解现象发生变化的原因、条件和后果,便于检查答案的准确性。

第四,调查项目的含义要明确、肯定,必要时可附以调查项目解释。

4. 制定调查提纲和调查表

当调查项目确定后,可将调查项目科学地分类、排列,构成调查提纲或调查表,方便调查登记和汇总。调查表一般由表头、表体和表脚3个部分组成。

表头包括调查表的名称、调查单位(或填报单位)的名称、性质和隶属关系等。表头上填写的内容一般不作统计分析之用,但它是核实和复查调查单位的依据。

表体包括调查项目、栏号和计量单位等,它是调查表的主要部分。

表脚包括调查者或填报人的签名和调查日期等,其目的是为了明确责任,一旦发现问题,便于查寻。

调查表分单一表和一览表两种。单一表是每张调查表只登记一个调查单位的资料,常在调查项目较多时使用。它的优点是便于分组整理,缺点是每张表都注有调查地点、时间及其他共同事项,造成较大人力、物力和时间的耗费。一览表是一张调查表可登记多个单位的调查资料,它的优点是当调查项目不多时,应用一览表能使人一目了然,有利于调查表中各有关单位资料的相互核对,其缺点是对每个调查单位不能登记更多的项目。

调查表拟好后,为便于正确填表、统一规格,还要附填表说明。内容包括调查表中各个项目的解释,有关计算方法以及填表时应注意的事项等,填表说明应力求准确、简明扼要、通俗易懂。

5. 确定调查时间和调查工作期限

调查时间是指调查资料所属的时间。如果所要调查的是时期现象,就要明确规定调查时间从何时起到何时止。如果所要调查的是时点现象,就要明确规定统一的标准调查时点。

调查期限是规定调查工作的开始时间和结束时间,包括从调查方案设计到提交调查报告的整个工作时间,也包括各个阶段的起始时间,其目的是使调查工作能及时开展、按时完成。为了提高信息资料的时效性,在可能的情况下,调查期限应适当缩短。

6. 确定调查地点

在调查方案中,还要明确规定调查地点。调查地点与调查单位通常是一致的,但也有不一致的情况,当不一致时,有必要规定调查地点。例如,人口普查,规定调查登记常住人口,也就是人口的常住地点。若登记时不在常住地点,或不在本地常住的流动人口,则均须明确规定处理办法,以免调查资料出现遗漏或重复。

7. 确定调查方式和方法

在调查方案中,还要规定采用什么组织方式和方法取得调查资料。搜集调查资料的方式有普查、重点调查、典型调查、抽样调查等。具体调查方法有文案法、访问法、观察法和实验法等。在调查时,采用何种方式、方法不是固定和统一的,而是取决于调查对象和调查任务。在市场经济条件下,为准确、及时、全面地取得市场信息,应注意多种调查方式的结合运用。

8. 确定调查资料整理和分析方法

采用实地调查方法搜集的原始资料大多是零散、不系统的,只能反映事物的表象,无法深入研究事物的本质和规律性,这就要求对大量原始资料进行加工汇总,使之系统化、条理化。目前,这种资料处理工作一般由计算机进行,因此,对于采用何种操作程序以保证必要的运算速度、计算精度及特殊目的等,也应在设计中予以考虑。

随着经济理论的发展和计算机的运用,越来越多的现代统计分析手段可供我们在分析时选择,如回归分析、相关分析、聚类分析等。每种分析技术都有其自身的特点和适用性,因此,应根据调查的要求,选择最佳的分析方法并在方案中加以规定。

9. 确定提交报告的方式

主要包括报告书的形式和份数、报告书的基本内容、报告书中图表量的大小等。

10. 拟订调查的组织计划

调查的组织计划,是指为确保实施调查的具体工作计划。主要是指调查的组织领导、调查机构的设置、人员的选择和培训、工作步骤及其善后处理等。必要时,还必须明确规定调查的组织方式。

四、实训操作

本实训为集体团队讨论实训,在理论课讲授的前提下开设此实训课程,使学生能够将理论与实践相结合,从而更好地训练学生理论联系实际并解决现实问题的能力。

本实训采用集中授课形式进行,每人一台电脑,在收集相关选题资料的基础上就方案设计展开讨论。

具体步骤:

第一步,根据班级人数给出若干个选题,让学生根据自己的兴趣爱好自由选择题目并分组,选出组长负责协调整个项目的分工。

第二步,就每组选择的题目,收集相关的资料,确定调查方案中要涉及的所有内容,并撰写市场调查方案书。

第三步,各组派出代表讲解自己小组撰写的市场调查方案书。

第四步,其他组在听取上组讲解的市场调查方案书后就其优点和缺点展开讨论。

五、实训范例

根据上述理论知识的介绍及实训任务要求,给出调研项目的案例,根据案例来理解调研计划书的撰写。

市场调研计划书,在实际市场应用中表现为项目提案书、项目申报书和正式市场调查方案等类型。下面主要介绍两种:

(一)项目提案书

在市场经济条件下,公司企业要进行某项市场调查经常采用招标的方式。委托方先向有关市场调查机构或咨询公司提出"项目提案书",再由各相关机构根据"提案书"的要求进行竞标。下面列出的是一份"提案书"的样式。

采乐洗发水市场调查方案

(一)调研背景

近年来,宝洁公司凭借其强大的品牌运作能力以及资金实力,在洗发水市场牢牢地坐稳了第一把交椅。但是随着竞争加剧,局势慢慢发生了变化,联合利华强势跟进,夏士莲、力士等多个洗发水品牌从宝洁手中夺走了不少消费者。花王旗下品牌奥妮和舒蕾占据了中端市场,而低端的市场则归属了拉芳、亮庄、蒂花之秀、好迪等后起之秀。至此,中国洗发水行业呈现了一个典型的金字塔型品牌格局。通过市场细分,西安杨森于2002年推出了采乐,在药品和洗发水两个行业找到了一个交叉点。为了提高其在全国重点城市中的占有率,并为其今后的营销发展计划提供科学的依据,六人行市场调查公司将在全国范围的重点城市进行一次专项市场营销调查。

(二)调研目的

本次市场调研工作的主要目标是:

1. 分析采乐洗发水的前期营销计划(包括其销售渠道、媒体投放、产品终端和产品情况)以及消费者的产品期望,明确其自身的优势和劣势,以及面临的机会和威胁。

2. 了解消费者对去屑洗发药的认知,探察对去屑洗发药的接受程度。

3. 了解产品的知名度以及美誉度,确定今后营销计划的重点。

(三)调研内容

根据上述调研目的,我们确定本次调研的内容主要包括:

1. 针对其营销计划进行全面的分析,从而为其今后的营销计划提供科学的依据。本部分所需要的主要信息点是:

(1)消费者对于采乐洗发药的使用情况——是否用过、满意度以及认为产品的哪方面更加吸引消费者。

(2)对采乐在前期营销计划情况的了解——怎样知道采乐的,通过什么渠道购买到采乐的,是否遇到买不到采乐的情况,使用采乐过后的感觉,以及认为可以在产品上改进的地方。

(3)消费者对于去头屑这方面的认知。

2. 了解消费者的观念,以及对采乐前期推广的深入程度做一个调查。

3. 对产品前期的销售宣传做一个调查,主要须掌握的信息点有:

(1)对于采乐的了解程度——是否知道以及是否使用过。

(2)对于采乐印象的评价(五分法)

此外,我们还将收集包括消费者的年龄、性别、收入、职业以及包括消费者的发质在内的背景资料以备统计分析之用。

(四)目标被访者定义

因本次调查是针对其前期的营销计划实施情况的效果回馈,我们在样本定义时遵循以下原则:一是样本要有广泛的代表性,以期能够基本反映消费者对采乐洗发药的看法,以及能反映采乐前期营销计划的实施情况;二是样本要有针对性。由于采乐属于日用品,而且它主要是针对有头屑的人,还有它的价格也较高,所以就需要有一定的购买和支付能力。因此此次调查主要是针对有使用经验的人,主要在全国的重点城市做调查。

基于以上原则,我们建议采用如下标准甄选目标被访者:

1. 20~45 周岁的城市居民。

2. 本人及亲属不在相应的单位工作(如市场调查公司、广告公司以及洗发水行业等)。

3. 在过去的六个月内未接受或参加过任何形式的相关市场营销调研。

(五)数据收集方法

本项目的资料收集方法如下:

问卷长度控制在半个小时左右,问卷经双方商讨确定之后正式启用。

问卷抽样方法:在北京、哈尔滨、上海、广州、长沙、成都、西安 7 个城市中各选择 400 人作为调查对象,在每个城市的电话簿中随机选择 400 个号码,打电话核实受访者。在不断淘汰受访者的情况下,多次随机选择,直到选够 400 人为止。

采用结构性问卷进行入户调查。

(六)样本量

根据以往经验,最大允许误差应控制在小于±2%,考虑到统计分析对样本量的要求和成本方面的经济性,我们建议本次研究所需要的样本量为每个城市 400 个。

(七)质量控制与复核(复核就是再一次检查问卷的真实性)

1. 本次访问复核率为 30%,其中 15% 电话复核,15% 实地复核;

2. 我们将实行一票否决权,即发现访问员一份问卷作弊,该访问员的所有问卷作废。

(八)数据录入与处理

参与此项目的所有数据录入及编码人员将参与问卷的制作与调查培训;在录入过程中需抽取 10% 的样本处理采用进行录入复核,以保证录入质量;数据处理采用 SPSS 软件进行。

(九)研究时间安排见表 2—2(自项目确定之日起)

表 2—2 时间安排表

具体事项	一周	二周	三周	四周	五周	六周	七周	八周
方案与问卷设计								
问卷试访								
调查实施								
数据处理								
报告撰写与发布								

(十)报告提交

由六人行市场调查公司向西安杨森公司提交调研报告一份及所有的原始问卷,并根据市场调研报告和数据分析。如有需要,我们将向西安杨森公司作口头汇报。

(十一)费用预算

项目费用预算约为(6.7万元),其用途分别如表2—3所示:

表2—3 费用预算表 (单位:万元)

1	问卷设计,问卷印刷	2.0
2	调查与复核费用	1.0
3	数据处理(编码,录入,处理,分析)	1.5
4	地区市调公司代理费用	1.4
5	差旅及其他杂费	0.8
合计		6.7

(二)正式市场调查计划书

正式市场调查计划书是指调查研究的正式文本,它主要包括调查课题的具体操作、调查内容及问卷设计、抽样方案、资料分析方法、调查人员组织与培训、工作计划、经费预算等。项目申报书与正式市场计划书的内容基本上是相似的。但前者常带有论证性质,调查者的某些设想都是基于文献资料,认识也较抽象;后者则将设想和假设具体化,计划也更为周密,更具操作性。而且在正式调查方案中,有时还必须根据实际情况对原先项目申报书的设想进行修正。

训练二 调查问卷设计

一、实训任务

第一,掌握问卷的基本结构。
第二,掌握问卷的答案设计形式以及问题答案设计技巧。
第三,根据调研目的,在调研计划书的基础上设计出完整的问卷。

二、实训要求

根据班级人数给定若干选题,让学生根据自己的兴趣选择题目并分组,各组就选择的题目展开项目调查问卷设计。也就是在上一个调研方案设计实训的基础上设计出调研问卷,然后让每组代表讲述该组所设计的问卷,最后其他各组成员就上一组讲解的问卷分析优点与不足,从而让学生能够根据市场调研目的撰写出完整合理的问卷。

三、理论指导

理论知识一　问卷的基本结构

一份完整的调查问卷通常包括标题、问卷说明、被调查者基本情况、调查内容、编码、调查者情况等内容。

1. 问卷的标题

问卷的标题是概括说明调查研究主题,使被调查者对要回答什么方面的问题有一个大致的了解。标题应简明扼要,易于引起回答者的兴趣。例如,"大学生消费状况调查""我与广告——公众广告意识调查"等。应避免采用"问卷调查"这样的标题,它容易引起回答者的怀疑甚至拒答。

2. 问卷说明

问卷说明旨在向被调查者说明调查的目的、意义。有些问卷还有填表须知、交表时间、地点及其他事项说明等。问卷说明一般放在问卷开头,可以使被调查者了解调查目的,消除顾虑,并按一定的要求填写问卷。问卷说明既可采取比较简洁、开门见山的方式,也可在问卷说明中进行一定的宣传,以引起调查对象对问卷的重视。下面举2个实例加以说明:

"同学们:

为了了解当前大学生的学习、生活情况,并作出科学的分析,我们特制定此项调查问卷,希望广大同学予以积极配合,谢谢。"

"女士/先生:

加入WTO以来,我国广告业蓬勃发展,已成为社会生活和经济活动中不可缺少的一部分。我们进行这次公众广告意识调查,其目的是加强社会各阶层人士与国家广告管理机关、广告用户和经营者等各方的沟通和交流,进一步加强和改善广告监督管理工作,促进广告业的健康发展。本次问卷调查并非知识性测验,只请求您根据自己的实际态度选答,不必进行讨论。根据统计法的有关规定,我们对您个人情况实行严格保密。"

3. 被调查者基本情况

这是指被调查者的一些主要特征,如在消费者调查中,消费者的性别、年龄、民族、家庭人口、婚姻状况、文化程度、职业、单位、收入、所在地区等等。又如,对企业调查中的企业名称、地址、所有制性质、主管部门、职工人数、商品销售额(或产品销售量)等情况。通过这些项目,便于对调查资料进行统计分组、分析。在实际调查中,列入哪些项目,列入多少项目,应根据调查目的、调查要求而定,并非多多益善。

4. 调查主题内容

调查的主题内容是调查者所要了解的基本内容,也是调查问卷中最重要的部分。它主要是以提问的形式提供给被调查者,这部分内容设计的好坏直接影响整个调查的质量。

主题内容主要包括以下几方面:

(1)对人们的行为进行调查。包括对被调查者本人行为进行了解或通过被调查者了解他人的行为。

(2)对人们的行为后果进行调查。

(3)对人们的态度、意见、感觉、偏好等进行调查。

5. 编码

编码是将问卷中的调查项目编成一定的代码的工作过程,大多数市场调查问卷均需加以编码,以便分类整理,也易于计算机处理和统计分析。所以,在问卷设计时,应确定每一个调查项目的编号并为相应的编码做准备。通常是在每一个调查项目的最左边按顺序编号。如:您的姓名;您的职业……而在调查项目的最右边,根据每一调查项目允许选择的数目,在其下方划上相应的若干短线,以便编码时填上相应的数字代号。

6. 作业证明的记载

在调查表的最后,附上调查员的姓名、访问日期、时间等,以明确调查人员完成任务的性质。如有必要,还可写上被调查者的姓名、单位或家庭住址、电话等,以便审核和进一步追踪调查。但对于一些涉及被调查者隐私的问卷,上述内容则不宜列入。

理论知识二　市场调查问卷设计技术

(一)问句的答案设计

在市场调查中,无论是何种类型的问题,都需要事先对问句答案进行设计。在设计答案时,可以根据具体情况采用不同的设计形式。

1. 二项选择法

二项选择法也称"真伪法"或"二分法",是指对提出的问题仅有两种答案可以选择,如,"是"或"否""有"或"无"等。这两种答案是对立的、排斥的,被调查者的回答非此即彼,不能有更多的选择。例如,"您家里现在有吸尘器吗?"答案只能是"有"或"无"。又如,"您是否打算在近5年内购买住房?"回答只有"是"或"否"。

这种方法的优点是:易于理解和可迅速得到明确的答案,便于统计处理,分析也比较容易。但回答者没有进一步阐明理由的机会,难以反映被调查者意见与程度的差别,了解的程度也不够深入。这种方法,适用于互相排斥的两项择一式问题及询问较为简单的事实性问题。

2. 多项选择法

多项选择法是指所提出的问题事先预备好 2 个以上的答案,回答者可任选其中的 1 项或几项。例如:

您喜欢下列哪一种品牌的牙膏?(在您认为合适的"□"内画"√")

佳洁士□　　中华□　　芳草□　　高露洁□　　康齿灵□　　美加净□　　黑妹□

由于所设答案不一定能表达出填表人所有的看法,所以在问题的最后通常可设"其他"项目,以便使被调查者表达自己的看法。

这个方法的优点是比二项选择法的强制选择有所缓和,答案有一定的范围,也比较便于统计处理。但采用这种方法时,设计者要考虑以下两种情况:

(1)要考虑到全部可能出现的结果及答案可能出现重复和遗漏。

(2)要注意供选择答案的排列顺序。因为,有些回答者常常喜欢选择第一个答案,从而使调查结果发生偏差。此外,答案较多,使回答者无从选择或产生厌烦。一般这种多项选择答案应控制在 8 个以内,当样本量有限时,多项选择易使结果分散,缺乏说服力。

3. 顺位法

这种方法适用于要求答案有先后顺序的问题。

顺位法是列出若干项目,由回答者按重要性决定答案的先后顺序。顺位方法主要有两种:一种是对全部答案排序;另一种是只对其中的某些答案排序。究竟采用何种方法,应由调查者来决定;具体的排列顺序,则由回答者根据自己所喜欢的事物和认识事物的程度等进行排序。例如:

您选购空调的主要条件是(请将所给答案按重要顺序 1、2、3……填写在"□"中)

价格便宜□　　外形美观□　　维修方便□　　牌子有名□　　经久耐用□
噪音低□　　制冷效果□　　其他□

顺位法便于被调查者对其意见、动机、感觉等做衡量和比较性的表达,也便于对调查结果加以统计。但调查项目不宜多,过多则容易分散,很难取得最终的统计结果,同时所询问的排列顺序也可能对被调查者产生某种暗示影响。

4. 回忆法

回忆法是指通过回忆,了解被调查者对不同商品质量、品牌等方面印象的强弱。例如:"请您举出最近在电视广告中出现的电冰箱有哪些牌子。"调查时可根据被调查者所回忆牌号的先后和快慢以及各种牌号被回忆出的频率进行分析研究。

5. 比较法

这是采用对比提问方式,要求被调查者作出肯定回答的方法。例如:

请比较下列不同牌号的可乐饮料,哪种更好喝?(在各项您认为好喝的牌子方格"□"中画"√")

黄山□　　天府□　　天府□　　百龄□
百龄□　　奥林□　　奥林□　　可口□
可口□　　百事□　　百事□　　黄山□

比较法适用于对质量和效用等问题作出评价。应用比较法要考虑被调查者对所要回答问题中的商品品牌等项目是否相当熟悉,否则将会导致空项发生。

6. 自由回答法

自由回答法是指提问时可自由提出问题,回答者可以自由发表意见,并无已经拟好的答案。例如,"您觉得软包装饮料有哪些优、缺点?""您认为应该如何改进电视广告?"等等。

这种方法的优点是涉及面广，灵活性大，回答者可充分发表意见，可为调查者搜集到某种意料之外的资料，缩短问者和答者之间的距离，迅速营造一个调查气氛。缺点是由于回答者提供答案的想法和角度不同，在答案分类时往往会出现困难，资料较难整理，还可能因回答者表达能力的差异形成调查偏差。同时，由于时间关系或缺乏心理准备，被调查者往往放弃回答或答非所问，所以此种问题不宜过多。这种方法适用于那些不能预期回答或不能限定答案范围的问题。

7. 过滤法

过滤法又称"漏斗法"，是指最初提出的是离调查主题较远的广泛性问题，再根据被调查者回答的情况，逐渐缩小提问范围，最后有目的地引向要调查的某个专题性问题。这种方法询问及回答比较自然、灵活，被调查者能够在活跃的气氛中回答问题，从而增强双方的合作，获得回答者较为真实的想法。但要求调查人员善于把握对方心理，善于引导并有较高的询问技巧。此方法的不足是不易控制调查时间。

这种方法适合于被调查者在回答问题时有所顾虑，或者一时不便于直接表达对某个问题的具体意见时所采用。例如，对那些涉及被调查者自尊或隐私等问题，如收入、文化程度、妇女年龄等，可采取这种提问方式。

（二）问卷设计应注意的几个问题

对问卷设计总的要求是：问卷中的问句表达要简明、生动，注意概念的准确性，避免似是而非的问题，具体应注意以下几点：

1. 避免提一般性的问题

一般性问题对实际调查工作并无指导意义。例如，"您对某百货商场的印象如何？"这样的问题过于笼统，很难达到预期效果，可具体提问："您认为某百货商场商品品种是否齐全、营业时间是否恰当、服务态度怎么样？"等。

2. 避免用不确切的词

例如，"普通""经常""一些"等，以及一些形容词，如"美丽"等。这些词语，每人理解往往不同，在问卷设计中应避免或减少使用。例如："你是否经常购买洗发液？"回答者不知经常是指一周、一个月还是一年，可以改问："你上月共购买了几瓶洗发液？"

3. 避免使用含糊不清的句子

例如，"你最近是出门旅游，还是休息？"出门旅游也是休息的一种形式，它和休息并不存在选择关系，正确的问法是："你最近是出门旅游，还是在家休息？"

4. 避免引导性提问

如果提出的问题不是"中立"的，而是暗示出调查者的观点和见解，力求使回答者跟着这种倾向回答，则这种提问就是"引导性提问"。例如："消费者普遍认为××牌子的冰箱好，你的印象如何？"引导性提问会导致两个不良后果：一是被调查者不加思考就同意所引导问题中暗示的结论；二是由于引导性提问大多是引用权威或大多数人的态度，所以被调查者考虑到这个结论既然已经是普遍的结论,就会产生心理上的顺向反应。此外,对于一些敏感性问题,在引导性提问下,被调查者不敢表达其他想法等。因此,这种提问是调查的大忌,常常会引出和事实相反的结论。

5. 避免提断定性的问题

例如,"您一天抽多少支烟?"这种问题为断定性问题,被调查者如果根本不抽烟,就会无法回答。正确的处理办法是此问题可加一条"过滤"性问题,即:"您抽烟吗?"如果回答者回答"是",可继续提问,否则就可终止提问。

6. 避免提令被调查者难堪的问题

如果有些问题非问不可,也不能只顾自己的需要、穷追不舍,应考虑回答者的自尊心。例如,"您是否离过婚?离过几次?谁的责任?"等。又如,直接询问女士年龄也是不太礼貌的,可列出年龄段为:20岁以下,20~30岁,30~40岁,40岁以上,由被调查者挑选。

7. 问句要考虑时间性

时间过久的问题易使人遗忘,如"您去年家庭的生活费支出是多少元?用于食品、衣服分别为多少元?"除非被调查者连续记账,否则很难回答出来。一般可问:"您家上月生活费支出是多少元?"显然,这样缩小的时间范围可使被调查者回忆起来较容易,答案也比较准确。

8. 拟定问句要有明确的界限

对于年龄、家庭人口、经济收入等调查项目,通常会产生歧义的理解,如年龄有虚岁、实岁;家庭人口有常住人口和生活费开支在一起的人口;收入是仅指工资,还是包括奖金、补贴、其他收入、实物发放折款收入在内等。如果调查者对此没有很明确的界定,则调查结果很难达到预期要求。

9. 问句要具体

一个问句最好只问一个要点,如果包含过多询问内容,就会使回答者无从答起,也给统计处理带来困难。例如:"您为何不看电影而看电视?"这个问题包含了"您为何不看电影?""您为何要看电视?"和"什么原因使您改看电视?"等。防止出现此类问题的办法是分离语句中的提问部分,使一个语句只问一个要点。

10. 要避免问题与答案不一致

所提问题与所设答案应做到一致,例如:

您经常看哪个栏目的电视?

经济生活;电视红娘;电视商场。

四、实训操作

在问卷设计前,应对所确定的调查主题进行探索性研究。由于问卷设计人员不可能都是实践经验丰富的实际工作者或者该方面的专家,所以无论从实践的角度还是从理论的角度来看,问卷设计人员都不可能对所涉及的主题问题有比较深刻、全面的理解。即使一份很成功的问卷,也不是一制定好就是成功的,必须要经历实践的考验,所以在问卷初步设计完成之后,应该设置相似的环境,进行小范围的试调查,只有这样,才能形成最后的正式问卷。故本实训按照下面的形式完成。

本实训为集体团队讨论实验,在理论课讲授的前提下开设此实训课程,使学生能够将理论与实践相结合,从而更好地训练学生理论联系实际并解决实际问题的能力。

本实训采用集中授课形式进行,每人一台电脑,在收集相关选题资料的基础上就问卷设计展开讨论。具体步骤为:

第一步,在上一市场调研计划书撰写的实训基础上收集选题的相关资料,确定调查项目。

第二步,就选择的调查项目进行组内讨论,确定下来之后根据问卷设计的理论知识撰写问卷,并注意问卷的基本结构、问句和答案设计的基本技巧等问题。

第三步,各组派出代表讲解自己小组撰写的问卷。

第四步,其他组在听取上组讲解的问卷后就其优点和存在的不足展开讨论。

第五步,在吸取各组成员意见的基础上修改完善问卷,并在组内设置相似的环境,进行小范围的试调查,及时对反馈结果进行修改,反复多次,确保问卷逻辑合理、语句通顺、句意清晰。

五、实训范例

一份成功的问卷,不设置一个多余的问题,最大限度地减轻实际调查的工作量,也不遗漏一个必不可少的问题;同时,还要有利于调查完成后的资料审核、整理和分析比较。所以,问卷设计不仅仅是一门科学,更是一门艺术。在实际的市场调研操作中,根据调研的需要和经费的安排情况,问卷长短不等。因本教材篇幅限制,下面设计完整的问卷小案例,仅供参考。

JL 消费者调研问卷

访问员:_____ 访问时间:_____ 访问地点:_____
一 审:_____ 二 审:_____ 复 核:_____

甄别部分

S1. 请问您的身份是:_____

A. 装饰施工人员　　　　B. 装饰公司采购人员　　　　C. 用户或用户的亲友

主题问卷

Q1. 您已进行或准备进行的装修是:_____

A. 个人住房装修(选中此项跳答 Q3)　　　　B. 单位装修

Q2. 您已进行或准备进行装修的单位是_____(出示卡片,单选)

A. 酒店或宾馆　　　　B. 超市或商场　　　　C. 歌舞厅等场所……

D. 政府机关部门　　　　E. 企业或公司　　　　D. 其他(请说明)_____

Q3. 您已进行或准备装修的场所面积是_____，您（或您的单位）能接受的装修总造价是_____（出示卡片，单选）

A. 3 万元以下   B. 3～5 万元   C. 5～10 万元

D. 10～15 万元   E. 15 万元以上

Q4. 在墙面装饰材料的选择上，您倾向于哪一种_____（出示卡片，可多选）？

A. 乳胶漆   B. 贴面板   C. 墙纸

D. 壁布   E. 宝丽板   F. 其它（请说明）_____

贴面板又称面板、饰面板，是一种在胶合板基板上再覆贴一种具有良好装饰效果的名贵薄木皮制成的室内装饰板材（出示样品）。

Q5. 如果您知道贴面板这类材料的耐用期在两年以下，但价格便宜，您是否仍会购买？_____

A. 是   B. 否

Q6. 您个人（或单位）在装修时或即将进行的装修中是否使用了或准备使用贴面板？_____

A. 是   B. 否（选中此项跳答 Q12）

Q7. 您选择贴面板作为室内装修材料，最看中_____ 还有呢_____？（可多选）

A. 由天然木材制成，无危害   B. 给人感觉高档、名贵

C. 给人回归自然的感觉   D. 花色、纹理美观，装饰效果好

E. 坚固、耐用   F. 其他（请说明）_____

Q8. 您主要将贴面板用于室内装修的那些用途（可多选）_____

A. 家具（橱、柜等）   B. 门（门套）、窗（窗套）   C. 墙裙

D. 吊天花   E. 其他（请说明）_____

没有使用过贴面板的人跳答 Q12

Q9. 您在使用贴面板的过程中，碰到了以下哪些问题_____（出示卡片，可多选）：

A. 表面颜色褪色   B. 表面爆皮   C. 表面开裂   D. 变形

E. 发霉或变黑   F. 其他（请说明）_____

Q10. 您还记得使用过贴面板品牌的名称吗？_____

A. 不记得   B. 没有品牌   C. 记得，请说明_____

Q11. 您选择贴面板时对品牌有要求吗？_____

A. 有   B. 没有   C. 无所谓

Q12. 您知道佳力系列贴面板或佳力木业公司吗？_____

A. 知道   B. 不知道（跳答 Q14）

Q13. 您对佳力系列贴面板或佳力公司总体评价如何？_____

A. 很好   B. 一般   C. 不好   D. 不清楚

Q14. 您认为下列哪一个名称最适合用作贴面板的品牌？_____（出示卡片，单选）
　　A. 华表　　　B. 枫叶　　　C. 东韵　　　D. 厚の道　　　E. 金甲
　　F. 金佳力　　G. 厚望　　　H. 以上都不喜欢

Q15. 将贴面板表皮加厚30%～50%将具有下列优点，您最注重哪几点？_____（出示卡片，可多选）
　　A. 油漆效果好　　　B. 耐磨　　　　C. 不爆皮
　　D. 不开裂　　　　　E. 坚固　　　　F. 不露基板

Q16. 您认为具有上述优点的贴面板价格比普通产品高出多少是合理的？（普通板的价格为50～70元/张）_____
　　A. 6元/张以下　　B. 6～18元/张　　C. 18～30元　　D. 30元以上

Q17. 您会购买具有上述优点的贴面板吗？_____
　　A. 一定会　　B. 可能会　　C. 不知道　　D. 基本不会

个人资料部分

为了方便我们的抽样调查，请留下您的个人资料，我们一定为您保密。多谢！

Z1. 学历：_____
　　A. 本科以上　　B. 本科　　C. 大专　　D. 高中（中专）　E. 高中以下

Z2. 年龄：_____
　　A. 18～25岁　　　B. 26～30岁　　　C. 31～40岁
　　D. 41～50岁　　　E. 50岁以上

Z3. 性别：_____　　　男　　　　女

（非用户不需要回答Z4，Z5题）

Z4. 您的职业：_____（出示卡片，单选）
　　A. 公务员或教师等准公务员　　B. 私营业主　　C. 通员工或工人
　　D. 专业人员/技术人员　　E. 自由职业者　　F. 离退休人员　　G. 高层白领、管理人员
　　H. 学生　　I. 其他（请说明）_____

Z5. 家庭月总收入：_____（出示卡片，单选）
　　A. 1000元以下　　　　　B. 1000～2000元　　　　C. 2000～3000元
　　D. 3000～5000元　　　　E. 5000～10000元　　　　F. 10000元以上

您的姓名：_____　　　联系电话：_____
谢谢您的合作！请接受我们送出的一份小礼物。

训练三　撰写市场调查报告

一、实训任务

本实训属综合技能实训,也就是通过该单元前 4 项基本技能的训练,为论证某市场开发项目的可行性收集大量调查资料,然后以小组为单位,完成约 10000 字的《市场营销调研报告》。

要求学生综合运用"市场调研"与"营销环境"理论以及数据分析技术,对其小组的市场开发项目所要了解的"微观营销环境"和"宏观营销理论"进行全面、深入分析,从而得出正确结论,并把调研结果写成书面报告,完成《市场营销调研报告》的撰写。小组可以进行分工写作,每个学生对自己完成的撰写部分负责。

通过《市场营销调研报告》实践操作,帮助学生更好地理解市场营销调研报告的重要作用。同时,必须掌握市场营销调研报告撰写的步骤、内容、格式与技巧,以便能够设计一份足以被吸引、被关注的市场营销调研报告。

二、实训要求

其一,要求教师对《市场营销调研报告》的实践应用价值给予说明,调动学生参与实训任务操作的积极性、主动性。

其二,要求学生根据调研课题和调研报告的撰写要求,完成本课题下《市场营销调研报告》的撰写任务。调研报告的内容要求全面、客观、准确;调研报告的格式、版面设计要既规范又能突出个性。

其三,要求教师对《市场营销调研报告》撰写的步骤、内容、技巧进行具体指导。

其四,要求教师提供《市场营销调研报告》撰写范例,以供学生参考。

其五,要求学生在撰写《市场营销调研报告》的基础上,准备口头汇报材料,并能进行口头汇报。

三、理论指导

(一)市场营销调研的主要内容

市场营销调研是针对企业特定的营销问题,运用市场调研技术,系统、客观地收集、整理、分析、解释和沟通影响企业营销的市场环境各因素,为营销管理者制定、评估和改进营销决策提供依据。市场营销环境可分为微观营销环境和宏观营销环境。对市场营销环境的分析要求具有系统性、科学性、有效性和经济性。

（二）微观营销环境分析

1. 微观营销环境的含义

微观营销环境指那些与企业有双向运作关系的个体、集团和组织，在一定程度上，企业可以对其进行控制和施加影响。

2. 微观营销环境的影响作用

微观营销环境是直接制约和影响企业营销活动的力量和因素。企业必须对微观营销环境进行分析。分析微观营销环境的目的在于更好地协调企业与这些相关群体的关系，促进企业营销目标的实现，并为企业营销战略和策略的制定提供依据。

3. 微观营销环境各因素及对其分析的必要性

微观营销环境包括供应商、企业内各部门、营销中介、顾客、社会公众以及竞争者等因素。对其各因素分析的必要性表现为：

(1)供应商提供的资源的变化直接影响到企业产品的产量、质量以及利润，从而影响企业营销计划和营销目标的完成。

(2)企业是一个系统组织，其内部各职能部门的工作及其相互之间的协调关系直接影响到企业的整个营销活动。

(3)营销中介对企业营销产生直接的、重大的影响，只有通过有关营销中介所提供的服务，企业才能把产品顺利地送达目标消费者手中。

(4)顾客是指使用进入消费领域的最终产品或劳务的消费者和生产者，他们也是企业营销活动的最终目标市场。

(5)社会公众对企业的态度会对企业的营销活动产生巨大的影响。它既可以有助于企业树立良好的形象，也可能会对企业的形象产生负面影响。

(6)竞争是商品经济的必然现象，企业竞争对手的状况将直接影响到企业的营销活动。

（三）宏观营销环境分析

1. 宏观营销环境的含义

宏观营销环境指对企业营销活动造成市场机会和环境威胁的主要社会力量。分析宏观营销环境的目的在于更好地认识环境，通过企业营销来努力适应社会环境及其变化，从而达到企业的营销目标。

2. 宏观营销环境的影响

宏观营销环境的各因素对市场的影响很大，这些因素通过影响消费者的数量、社会购买力和人们的消费欲望来影响企业的营销活动。

3. 宏观营销环境各因素及其分析重点

宏观营销环境的因素包括人口环境分析、经济环境分析、政治法律环境分析、社会文化环境分析、自然环境分析、科技环境分析。分析重点有：

(1)人口环境分析，包括人口总数、人口增长、人口结构等。

(2)经济环境分析，包括经济发展水平、产业发展状况、居民个人收入状况等。

(3)政治法律环境分析，包括政府的方针政策、政治局势、法律、法规等。

(4)社会文化环境分析，包括文化教育、宗教信仰、美学观念、价值观念和风俗习惯等。

(四)SWOT分析法

1. SWOT分析法的含义

SWOT分析法是一种企业战略分析方法，它是根据企业自身的既定内在条件进行分析，从而找出企业的优势、劣势及核心竞争力。其中，S代表Strength(优势)，W代表Weakness(弱势)，O代表Opportunity(机会)，T代表Threat(威胁)。S、W是内部因素，O、T是外部因素。

2. SWOT分析的目的

SWOT分析是要在复杂、多变、严峻的营销环境中，正确地寻找出企业营销的机会点和问题点，从而制定相应的对策。这是市场营销调研报告所作的结论部分，也是整个市场营销调研的核心部分。

3. SWOT分析的运用

(1)分析企业能够获取的市场机会和面临的市场威胁。

(2)分析企业的比较优势和劣势。

(3)寻找企业的营销机会点和问题点。

四、实训操作

(一)《营销调研报告》的撰写步骤

1. 分析调查资料

对影响企业营销的"微观营销环境"与"宏观营销环境"等资料进行客观、全面、准确的分析。包括：分析影响营销活动的主要环境因素有哪些；这些因素对企业的营销活动会产生什么影响；在这些因素中哪些是有利因素，哪些是不利因素；它们各自的影响程度如何，出现的概率有多大。

2. 提出调研结论

营销调研的目的性很强，调研结束时必须要提出调研结论。

调研结论就是在复杂、多变、严峻的营销环境中，分析市场机会与威胁，分析企业优势与劣势，寻找出企业营销的机会点和问题点，从而制定相应的对策。

营销调研分析结论是调研报告的最后部分，它代表着调研报告人对前面整体分析的总结性意见，是整个营销调研的核心部分。

3. 撰写调研报告

营销调研最终要形成《市场营销调研报告》,因此要组织好报告的撰写工作。

(1)明确撰写任务。调研报告的撰写一般采用团队课业形式来进行,要求每个学生积极参与,明确自己撰写的部分,在规定的期间内必须完成作业。

(2)做好撰写准备工作。报告的撰写是一个学习的机会,但也是一项艰巨的任务。学生要合理安排时间,做好资料的准备工作。

(3)明确撰写要求。

①以理论为指导进行分析。

②资料要求真实、充实、全面。

③分析要紧扣主题,观点要正确。

④结构合理、层次清楚,注意逻辑性。

(二)《营销调研报告》的撰写内容

市场营销环境分析是调研报告的重要内容,要针对自己的调研课题有选择地进行重点分析。

1. 市场营销微观环境分析

(1)企业本身。

①企业内部营销环境信息,包括企业内部组织结构、对外关系等方面的政策。

②企业财务信息,包括销售利润率、总资产报酬率、资本收益率、资本保值增值率、资本负债率、流动比率、应收账款比率、存货周转率、社会贡献率、社会积累率等。

③企业经营信息,是指与企业本身经营活动直接关联的信息因素,它包括产品信息、价格信息、分销信息和促销信息等。

(2)企业的供应商。供应商信息应包括供应的原材料、设备的充足程度,供应企业在供应品提供方面的质量水准、价格水平、运输条件、信贷保证、承担风险等方面的情况。

(3)企业的营销中介。营销中介是指协助促销、销售和配销其产品或服务所需资源的企业或个人,它包括中间商、实体分配机构、营销服务机构和财务中介机构等。

(4)顾客。

①顾客类别。顾客按其购买目的及其范围,可分为消费者市场、生产者市场、转卖者市场、政府市场和国际市场五大类。

②顾客信息。顾客信息主要包括:市场需求水平、市场占有率、市场发展速度、顾客消费购买习惯、购物方式等。

(5)竞争对手。竞争者的信息包括竞争者的战略、目标、优势与劣势以及反应模式等。

(6)社会公众。

①媒体公众,包括报纸、杂志、广播、电视等大众媒体。其信息指标包括宣传力度、社

会威望等。

②政府公众，包括工商、税务、司法、城管、卫生防疫、技术监督、交通以及行业主管部门。其信息包括：分部门负责人以及分部门的政策法规等。

③社会团体，包括消费者组织、环境保护组织等。其信息包括：团体的活动内容、投诉情况等。

④社区公众，社区公众主要指企业所在地附近的居民和社区组织。其信息包括：社区公众的特点、构成、对企业的要求等。

⑤一般公众，是指不直接与市场发生联系，但又对企业市场营销能力形成潜在影响的公众。其信息包括：一般公众的态度、对企业的认识程度、对社会整体利益的关注程度等。

2. 宏观营销环境分析

(1)人口环境。人口是构成市场的第一位因素。人口数量的多少及其增长速度直接决定了市场的规模及其潜力，而人口的结构与布局直接决定了目标市场和市场格局。

①人口数量。人口越多市场潜力越大。按人口数量可大略推算出市场规模和市场潜力。

②人口增长。动态地分析人口数量的发展趋势，从而推算出未来的市场规模和市场潜力。

③人口结构。人口结构主要包括人口的年龄结构、性别结构、家庭结构、民族结构和地理结构等。

(2)经济环境。

①经济发展水平。企业的市场营销活动要受到一个国家或地区的整体经济发展水平的影响。经济发展阶段的不同以及消费水平不同必然会影响营销市场状况。

②产业发展状况。与企业自身密切相关的产业发展状况会对企业的投资方向、目标市场的确定等有重要影响。产业发展状况可以通过产业结构指标得以反映。

③居民个人收入状况。居民个人收入是指居民个人从国家来源中所得到的全部收入，包括工资、退休金、红利、租金等。居民个人的收入状况在很大程度上反映了市场购买力水平，而一定的购买力水平则是市场形成并影响其规模大小的决定因素。

(3)自然环境。

①自然资源环境，主要是指一些"无限"资源、有限但可以更新的资源，以及有限但不可再生的资源的环境因素。

②自然地理环境，主要是指地形、地貌和气候条件，它们是企业进行市场营销策划必须考虑的方面。

(4)技术环境。

①科学技术的发明和应用可以造就一些新的行业和新的市场，同时又会使一些旧的行业和市场走向衰落。

②科学技术的发展使得产品的更新换代速度加快，产品的市场寿命缩短。

③科学技术的进步将使人们的生活方式、消费行为及消费结构发生深刻变化。一种新技术或新产品的出现,必然会对消费市场产生一系列影响。

(5)政治、法律环境。

①政治环境因素,主要是指一个国家或地区的政治局势、大政方针以及对外政治、经济、军事等关系。

②法律环境因素。企业开展市场营销活动,必须了解并遵守国家或政府颁布的有关法律、法规,包括立法情况和执法情况。

(6)文化环境。

①教育水平。教育水平高的地区,消费者对商品的鉴别力强,购买的理性程度高。

②价值观念。不同的价值观在很大程度上决定着人们的生活方式,从而决定着人们的消费行为。

③宗教信仰。不同的宗教信仰有不同的文化倾向,从而影响人们认识事物的方式、观念和行为准则,影响人们的消费选择,并决定着相应的市场需求。

④风俗习惯。风俗习惯是人们根据自己的生活内容、生活方式和自然环境,在一定的社会物质条件下长期形成、世代相传的一种传统风尚和行为方式的综合。

微观营销环境和宏观营销环境是我们调研的主要内容,以上对微观环境以及宏观环境的分析明确了调研内容的整体范围。应该注意的是,并不是每个项目的调研都必须对上述的所有内容进行调研,应当紧密结合调研目标的需要,本着够用和透彻的原则有选择地进行调研,调研内容的范围既不要过大,也不要过小。

3. 结论与对策分析

市场营销调研必须得出调研结论,并要求运用SWOT分析法进行分析。

(1)市场机会和市场威胁指企业能够获取的市场机会和面临的市场威胁。通过分析,找出有哪些市场机会和市场威胁,营销中存在的有利和不利因素。

(2)企业的比较优势和劣势指与竞争对手比较以判断自己的优势与不足。其主要内容有:企业营销资源(厂房、设备、自有资金、销售队伍);企业营销能力(销售量、销售增长率、市场占有率、产品价格、品牌形象)。

(3)企业营销机会与对策。从市场机会与企业优势中获得营销机会;面对不利市场因素和企业劣势,应采取有效的对策。

(三)《营销调研报告》的格式要求

市场营销调研报告在格式上应包括五大部分:标题页、前言、目录、正文、附录。

1. 标题页

标题页在制作时要抓住以下要点:

(1)标出委托方。如果是受委托撰写的调研报告,在标题页要把委托方的名称列出来,如:"××公司××调研报告"。

(2)选取调研报告的标题。调研报告的题目应尽可能贴切、醒目、具有吸引力,且能简明准确地表达调研报告的主要内容。有的调研报告还采用正、副标题形式,正标题一般表达调查的主题,副标题则具体表明调查的单位和问题。

(3)注明报告日期。日期应以报告的正式提交日为准,同时要用完整的年、月、日来表示,如:2018年12月21日。

(4)标明报告人。一般在标题页的最下方要标出报告人的姓名。报告人如果是公司,则列出公司全称。

2. 前言

前言是对调研项目的简明介绍,要求内容简短、切中要害,以便使阅读者既可以从中大致了解调查的结果,又可从后文中获取更多的信息。一般包括必要的背景信息、重要发现和结论,有时还可以提出一些合理化建议。前言主要包括四方面内容:

(1)简要说明调查目的,说明调查的由来和委托调查的原因。

(2)简要介绍调查对象和调查内容,包括调查时间、地点、对象、范围、调查要点及所要解答的问题。

(3)简要介绍调查研究的方法。介绍调查研究的方法有助于表明调查结果的可靠性,因此对所用方法要进行简短叙述,并说明选用该方法的原因。例如,是用抽样调查法还是用典型调查法,是用实地调查法还是文案调查法。

(4)简要说明调研报告撰写的分工情况。

3. 目录

如果调查报告的内容较多,应当使用目录或索引,使读者通过目录就能概括地了解报告的内容。目录中应列出报告的主要章节和附录,并注明标题、有关章节的号码及页码。

4. 正文

正文部分是调研报告的主体。主要包括以下几点:

(1)调研的目的。在报告主体的开头,调研人员首先应简明扼要地指出该项调研活动的目的和范围,以便阅读者能准确把握调研报告所叙述的内容。

(2)调研方法说明。

①资料来源。说明资料的来源、搜集资料所采用的方法及采用这些方法的原因。

②调查统计方法。说明采用了哪些调研方法,如果采用抽样调查方法,则应当说明选择什么样本来进行调查,同时应该说明采用了哪些统计方法分析材料。

③访问员的选择和培训过程。提供选择访问员的标准及其培训过程,并附上访问员名单及其资历说明,以及培训计划的提纲。

(3)调查结果的描述与说明。要使用严谨和有效的方法呈报调研结果,如果调查结果中采用较多形象化的方式,如表格和图形,就必须加以分析,以便保证这些形象化的方式能够有效地说明问题。

(4)调研结果与结论的摘要。在科学分析调查资料和数据的基础上,总结调研结果,并能够简明扼要地概括结论,以供相关决策者参考。

5. 附录

附录的作用在于表明调查的客观性,这是调研报告的结束部分,主要包括以下两点:

(1)样本误差的说明、对调研报告所作的说明。

(2)所有与研究结果有关,但不宜放在正文中的资料。

(四)调研报告撰写技巧

1. 寻找一定的理论依据

要提高报告的说服力,使其能被阅读者接受,就要为报告寻找理论依据。事实证明,这是一个事半功倍的有效办法。

理论依据要有对应关系,纯粹的理论堆砌不仅不能提高报告的说服力,反而会给人脱离实际的感觉。

2. 实事求是

只有进行深入的调查研究,弄清事实、摸清原因,才能真实地反映出事物的本来面目。在调研报告中,一定要进行有力的真实材料的例举,才能增强报告的说服力。为此,撰写调研报告时一定要实事求是,否则就不称其为调研报告了。

3. 综合运用观点与数据

一篇好的调查报告,必须有数字、有情况、有分析。既要用资料说明观点,又要用观点统帅资料,二者应紧密结合、互相统一。要通过定性分析与定量分析的有效结合,达到透过现象看本质的目的,从而研究市场活动的发展、变化过程及其规律。

4. 运用图表

图表有助于阅读者理解报告的内容,还能美化页面。图表的主要优点在于有强烈的视觉效果。因此,用图表进行比较分析、概括归纳、辅助说明非常有效。图表的另一个优点是能够调节阅读者的情绪,从而有利于其对调研报告的深刻理解。

5. 注意细节,消灭差错

一份调研报告中不应出现错字、漏字,对已完成的调研报告要反复、仔细地检查,特别是对企业的名称、专业术语等更应仔细检查。此外,一些细节(如纸张的好坏、打印的质量等)也会对调研报告本身产生影响,绝不能掉以轻心。

五、实训评价

表 2-4 《市场营销调研报告》评价标准及其分值

标准\项目	理论运用 15分	材料充实 15分	材料真实 9分	分析正确 6分	分析有条理 6分	考核成绩Σ
一、微观环境分析Σ51	1.微观环境分析重要性 2.微观环境分析6方面	至少包括顾客、竞争者以及各市场状况的信息各10条	材料的运用要有原始材料及其说明	1.紧扣主题 2.观点正确	1.结构合理 2.层次清楚 3.注意逻辑性	

标准\项目	理论运用 5分	材料充实 5分	材料真实 5分	分析正确 2分	分析条理 2分	考核成绩Σ
二、宏观环境分析Σ19	1.宏观环境分析重要性 2.宏观环境分析6方面	宏观环境分析6方面材料不得少于10条信息	材料的运用要有原始材料及其说明	1.紧扣主题 2.观点正确	1.结构合理 2.层次清楚 3.注意逻辑性	
三、机会优势分析Σ19	SWOT分析的3个方面	SWOT分析3个方面材料不得少于10条信息	材料的运用要有原始材料及其说明	1.紧扣主题 2.观点正确	1.结构合理 2.层次清楚 3.注意逻辑性	
1.封面设计:Σ2	封面已作设计1分 设计符合要求1分					
2.前言设计:Σ4	前言已作设计2分 设计符合要求2分					
3.目录设计:Σ2	目录已作设计1分 设计符合要求1分					
4.附录安排:Σ3	附录已作安排1分 安排符合要求2分					

六、实训范例

第三章 营销数据分析

内容简介

营销数据分析是企业开展营销业务的基础,然而,大多数企业营销人员因缺乏营销数据分析的概念和方法,企业累积的大量数据得不到有效的利用,缺乏对客户、业务、营销、竞争方面的深入分析,决策存在很大的失误风险。本章训练的宗旨是通过对营销数据统计分析,进一步掌握分析技能,提升科学管理和科学决策的水平。本篇包括四个训练项目,分别为营销数据的描述统计分析、营销数据的推断统计分析、营销数据的聚类分析以及因子分析。

训练一 描述统计分析

一、实训任务

第一,要求学生根据调查收集的问卷资料,在审核其问卷真实性和准确性后对资料进行整理和统计,根据实际教学条件,问卷调查资料一般采用人工统计方法。

第二,要求学生对问卷的调查资料统计数据进行分析。将问卷的资料进行分类、汇总,制成统计图表,以备调查报告撰写使用。

第三,要求通过"调查问卷分析"实践操作,更好地理解调查问卷整理分析的重要性,掌握对调查资料进行统计分析的基本技能。

二、实训要求

通过训练,帮助学生正确认识调查问卷资料整理统计分析在市场调查中的重要作用。在市场调查中,通过问卷调查可以搜集到大量的调查资料,但是这些资料往往是零散的、杂乱的,需要通过审核调查资料的真实性和准确性;需要对资料进行分类、分组、汇总成可以使用的统计数据,制成相应的统计图表。只有处理后的资料,才能获得可靠的信息,并以此为市场调查与预测的分析依据。因此,训练可以帮助学生掌握问卷调查资料处理的基本技能。通过调查问卷统计分析,学生能够了解调查问卷资料如何审核整理、分类编码、汇总、统计制表,从而掌握调查问卷资料整理统计分析的方法和技巧。掌握这一技能对学生将来胜任市场调查工作是必不可少的。具体要求如下:

第一,要求教师对课堂组织的问卷统计进行现场指导,如对调查问卷分析的步骤、方法、技巧进行具体指导。

第二,要求学生对"调查问卷分析"的实践应用价值给予充分认识,并调动其开展现场问卷资料统计分析操作的积极性。

第三,要求学生能够根据调查问卷分析的步骤、操作方法等要求,完成问卷统计分析任务,并能够根据数据制作图表,为调查报告的撰写准备资料。

第四,要求教师提供调查问卷统计分析课业范例,供学生操作参考。

三、理论指导

(一)问卷调查资料的审核

问卷调查资料的审核必须遵守资料整理的一般要求,强调资料的真实性、准确性、完整性。

1. 资料的真实性

调查资料来源的客观性问题,即来源必须是客观的;调查资料本身的真实性问题,即要辨别出资料的真伪,把那些违背常理的、前后矛盾的资料舍去。

2. 资料的准确性

准确性的审核是指要着重检查那些含糊不清的、笼统的以及互相矛盾的资料。

3. 资料的完整性

资料的完整性指调查资料总体的完整性以及每份调查资料的完整性。

在对问卷调查资料的审核过程中,如发现问题可以针对不同的情况予以处理:一是对于在调查中已发现并经过认真核实后确认的错误,可以由调查者代为更正;二是对于资料中可疑之处或有错误与出入的地方,应进行补充调查;三是对于无法进行补充调查的有错误的资料应坚决剔除,以保证资料的真实、准确。

(二)问卷调查资料整理的分组汇总

1. 单分组处理

单分组处理是指对总体各单位或样本各单位只按一个标志或标准进行分组处理。分组的标志或标准一般可以区分为品质属性、数量属性。

(1)品质属性分布数列。它是以被调查者的职业、所属行业、性别、文化程度等品质属性作为分组标志而形成的简单品质数列。

（2）数量属性分布数列。它是以被调查者的年龄、收入、消费支出、家庭人口、就业人口等数量属性作为分组标志形成的变量数列。有如下两种形式：一是单项式变量数列，适应于离散型变量（如家庭人口、就业人口、耐用品拥有量、需求量等）的分组处理，也就是直接以变量的不同取值作组别而编制的变量数列。二是组距式变量数列，适应于连续变量（如年龄、收入、消费支出等）的分组处理，就是以变量的不同取值区间作为分组的组别而编制的变量数列。

2. 平行分组处理

平行分组处理是对总体各单位或样本各单位同时采用两个或两个以上的标志或标准进行平行排列的分组，所编制的分组数列称为"平行分组数列"。

（1）两变量（项目）平行分组数列。它是将两个有联系的调查项目按相同选项分组的结果并列在一起而编制的平行分组数列。

（2）多变量（多项目）平行分组数列。它是将两个以上有联系的调查项目按相同选项分组的结果并列在一起而编制的平行分组数列。常用于产品或服务满意度测评、被调查者态度测量等原始资料的加工开发。

3. 交叉分组处理

交叉分组处理是对总体各单位或样本各单位采用两个或两个以上的标志或调查项目进行交叉分组，所编制的数列一般表现为相关分组数列或复合分组数列。

（1）基本项目之间的交叉分组处理。它是利用反映被调查者基本情况的基本调查项目之间的关联性进行交叉分组处理。

（2）基本项目与主体项目之间的交叉分组处理。它是利用问卷中的基本项目与主体项目之间的关联性进行交叉分组处理，用以揭示不同性别、不同年龄、不同行业、不同职业、不同文化程度、不同居住区域、不同家庭人口的被调查者对所要研究的主体项目选项回答的差异性、相关性等深层次的问题。

4. 开放式问题的分类归纳

（1）集中所有同一个开放式问题的全部文字性答案，通过阅读、思考和分析，把握被调查者的思想认识。

（2）将被调查者的全部文字性答案，按照其思想认识不同归纳为若干类型，并计算各种类型出现的频数，最后制成全部答案分布表。

（3）对全部答案分布表中的答案进行挑选归并，确定可以接受的分组数。一般来说，应在符合调研项目的前提下，保留频数多的答案，把频数很少的答案尽可能归并到含义相近的组。考虑调研的目的和答案类型的多少，通常应控制在10组之内。

（4）为确定的分组，选择正式的描述词汇或短语。不同组别的描述词汇或短语应体现质的差别，力求中肯、精炼、概括。

（5）根据分类归纳的结果，制成正式的答案分布表。例如，在一项关于居民空调购买行为的调研中,问卷设置了"你对'静音空调'这个产品概念有何看法?"的开放式问题,被调查者的回答是多种多样的,通过分类归纳得到的答案分布表,如表3—1所示。

表3—1 被调查者对"静音空调"的看法分布

看法分类	答案人数	比重(%)
符合环保需求	325	16.25
符合发展趋势	286	14.30
符合消费需求	316	15.80
希望尽快推出	198	9.90
有可能实现	312	15.60
不可能实现	350	17.50
难以评价	213	10.65
合　计	2000	100.00

(三)统计表与统计图

1. 统计表

统计表是把大量的统计数字资料,按一定顺序和格式列在表上,包括调查表、汇总表、计算表以及各种各样容纳资料的统计表。

(1)统计表的构成。常见的统计表外形结构一般包括四个主要部分:总标题、横行标题、纵栏标题、数字资料等。

(2)统计表的内容结构。统计表的内容结构包括:主词和宾词两部分。主词是统计表所要说明的总体及其主要分组情况,通常列在横行标题的位置,所以该栏也叫"主栏"。宾词用以说明主词各组的其他标志或综合特征的具体表现,通常列在纵标题的位置,所以该栏也叫"宾栏"。但有时为了编制的合理和阅读方便,二者也可以互换。

2. 统计图

统计图能够将统计资料展示得更为生动、具体,便于人们直观地认识事物的特征。随着计算机技术的不断发展,电脑制图功能日益强大,统计图的制作也更加方便和精确。

用统计图表示调研数据具有"一图抵千字"的表达效果,因为图形能给人以深刻而明确的印象,能揭示现象发展变化的结构、趋势、相互关系和变化规律,便于表达、宣传、讲演、广告和辅助统计分析。但统计图能包含的统计项目较少,且只能显示出调查数据的概数,故统计图常配合统计表、市场调研报告使用。

(1)条形图。条形图是用宽度相同的条形的高度或长度来表示数据变动的图形。当各类别放在纵轴时,称为"条形图",如图3—1所示;当各类别放在横轴时,称为"柱形图"。

广告类型	人数(人)	比例	频率(%)
商品广告	112	0.560	56
服务广告	51	0.255	25.5
金融广告	9	0.045	4.5
房地产广告	16	0.080	8
招生招聘广告	10	0.050	5
其他广告	2	0.010	1

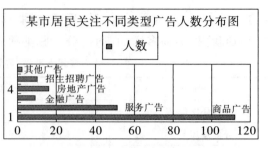

图3-1 条形图

(2)圆形图(或称饼图)。用圆形和圆内扇形的面积来表示数值大小的图形,主要用于表示总体中各组成部分所占的比例,对研究结构性问题十分有用。在绘制圆形图时,总体中各部分所占的百分比用圆内的各个扇形面积表示,这些扇形的中心角度是按各部分百分比占360度的相应比例确定的。如根据上表,绘制出相应的圆形图。如图3-2所示:

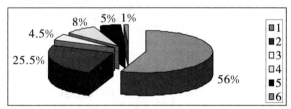

图3-2 圆形图(饼图)

(3)环形图。环形图与圆形图有区别:环形图中间有一个空洞,总体中的每一部分数据用环中的一段表示;圆形图只能显示出每一个总体中各部分所占的比例,而环形图则可以同时绘制出多个总体的数据系列,每一个总体的数据系列为一个环。因此,环形图可以显示出多个总体中各部分所占的相应比例,从而更有利于进行比较研究。如图3-3所示:

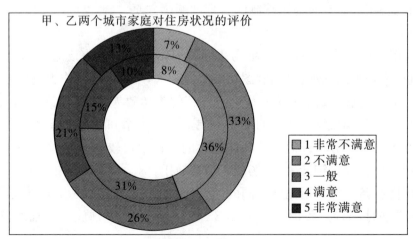

图3-3 圆环图

例如:在一项有关住房问题的研究中,调查人员在甲、乙两个城市各抽样调查300户家庭,其中一个调查问题是:"您对您的家庭目前的住房状况是否满意?"备选答案有:非常不满意;不满意;一般;满意;非常满意。调查结果如表3-2所示。

表3-2 住房满意度调查结果

回答类别	甲城市家庭		乙城市家庭	
	户数	比例(%)	户数	比例(%)
非常不满意	24	8	21	7
不满意	108	36	99	33
一般	93	31	78	26
满意	45	15	64	21.3
非常满意	30	10	38	12.7
合计	300	100	300	100

(4)直方图。直方图是以若干等宽的直方长条的长短来表示各组的频数或频率的大小,常用于表现组距数列的次数分布或频率分布。在直方图中,离散型变量组距数列的长条应间断开来,连续型变量组距数列的长条应连接起来,如图3-4所示。

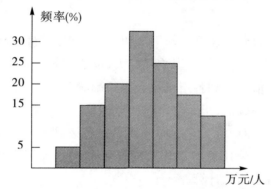

图3-4 某市居民家庭年人均可支配收入分布直方图

(5)散点图。散点图主要用于显示因变量(y)与自变量(x)之间是否具有相关关系,以及相关关系的形式是直线相关还是曲线相关、是正相关还是负相关。在散点图中,通常以横轴代表自变量(x),纵轴代表因变量(y),如图3-5所示。

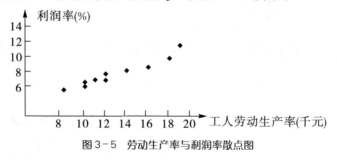

图3-5 劳动生产率与利润率散点图

(四)描述性统计分析

描述性统计分析是指对被调查总体所有单位的有关数据进行搜集、整理以及计算综合指标等,进而描述总体特征的统计分析方法。市场调查分析中最常用的描述性统计分析主要包括对调查数据的集中趋势分析和离散程度分析。

1. 数据的集中趋势分析

对调查数据显示的数量规律及集中特征进行分析是对被调查总体的相关特征进行准确描述的重要前提。数据集中趋势分析的对象包括数据的均值、中位数和众数。

均值是表现数据的偶然性和随机性的一个特征值,它反映了一些数据必然性的特点。平均数一般包括算术平均数、调和平均数和几何平均数三种形式,其中算术平均数是最简单、最基本的形式,它又视数据分组与否而分为简单算术平均数和加权算术平均数。利用均值可以将处在不同地区、不同单位的某种现象进行空间对比分析,以反映一般水平的变化趋势或规律,还可以分析现象间的依存关系等,从而拓宽分析的范围。

设原始数据被分成 K 组,各组的组中值为 x_1、x_2、x_3、……、x_K,各组的变量个数为 F_1、F_2、F_3、……、F_K。则其均值为:

$$\bar{x}=\frac{x_1 f_1+x_2 f_2+\cdots\cdots+x_n f_n}{f_1+f_2+\cdots\cdots+f_n}=\frac{\sum xf}{\sum f}$$

$$或 \bar{x}=\sum x \cdot \frac{f}{\sum f}$$

注:①F_i:权数——起权衡轻重的作用。如果某一组的权数较大,则说明该组的数据较多,那么该组数据的大小对均值的影响就越大,反之则越小。

②均值受各组变量值大小和各组权数大小的影响。

③单变量分组时为精确值,组距分组时为近似值。

调和平均数也称"调和均值",它是均值的另一种表现形式。在实际工作中,由于所获得的数据有时不能直接采用算术平均数的计算形式来计算平均数,所以就需要使用调和平均数的形式进行均值的计算。

$$H=\frac{1}{\left(\frac{m_1}{x_1}+\frac{m_2}{x_2}+\cdots\cdots+\frac{m_n}{x_n}\right)\big/(m_1+m_2+\cdots\cdots+m_n)}$$

$$=\frac{m_1+m_2+\cdots\cdots+m_n}{\frac{m_1}{x_1}+\frac{m_2}{x_2}+\cdots\cdots+\frac{m_n}{x_n}}=\frac{\sum m}{\sum \frac{m}{x}}$$

几何平均数(Geometric Mean)也称"几何均值",它是 N 个变量值乘积的 N 次方根,计算公式为:

$$G=\sqrt[\sum f]{x_1^{f_1} \cdot x_2^{f_2} \cdot x_3^{f_3} \cdot \cdots\cdots \cdot x_n^{f_n}}$$

该种形式的应用条件为:所掌握的变量值本身是以比率的形式来表达;各比率的乘积等于总比率。

几何平均数是适用于特殊数据的一种平均数,它主要用于计算比率或速度的平均值。几何平均数也可以看作是均值的一种变形。对几何平均数的计算公式取对数,我们可以看出,几何平均数的对数是各变量值对数的算术平均数。

众数是总体中出现次数最多的单位的标志值。这也是测定数据集中趋势的一种方法,而且,它可以克服平均数指标会受数据中极端值影响的缺陷。众数反映了数据中出现次数最多的单位的代表值,它可以使我们在实际工作中抓住事物的主要矛盾,从而有针对性地解决问题,但若出现了双众数现象,则可能说明调查总体不具有同质性,资料可能来源于两个不同的总体。这类结果既可以用来检查方案设计中的总体一致性问题,也可以用来帮助验证数据可靠与否。

根据组距式数列确定众数,则需按公式计算近似值。众数的计算有下限公式和上限公式两种:

(1)下限公式。

$$m_0 = L + \frac{f_{m_0} - f_{m_0-1}}{(f_{m_0} - f_{m_0-1}) + (f_{m_0} - f_{m_0+1})} \cdot d$$

(2)上限公式。

$$m_0 = U - \frac{f_{m_0} - f_{m_0+1}}{(f_{m_0} - f_{m_0-1}) + (f_{m_0} - f_{m_0+1})} \cdot d$$

上述两式中:

L 与 U 分别表示众数所在组的下限和上限;

d 为众数所在组的组距;

f_{m_0}、f_{m_0-1} 和 f_{m_0+1} 分别为众数所在组、前一组和后一组的次数。

中位数的确定既可以以未分组资料为基础,也可以由分组资料而得到。中位数同样不受资料中少数极端值大小的影响。在某些情况下,用中位数来反映现象的一般水平比用算术平均数更具有代表性,对于两极分化严重的数据更是如此。

根据分组数据计算中位数有以下步骤:

第一步,确定中位数所在组(采用向上或向下累计方法);

第二步,根据下列公式确定中位数的近似值。即:

$$M_e = L + \frac{\frac{\sum f}{2} - S_{m-1}}{f_m} \times d = U - \frac{\frac{\sum f}{2} - S_{m+1}}{f_m} \times d$$

式中:

L:中位数所在组的下限;$\sum f$:数列的频数总和;

$\frac{\sum f}{2}$:中位数的位次;f_m:中位数所在组的频数;

S_{m-1}:中位数所在组之前那组的向上累计频数;S_{m-1}:中位数所在组之前那组的向下累计频数。

均值、众数和中位数都是反映总体一般水平的平均指标,彼此之间存在着一定的关系。根据调查数据的不同类型应采用不同的指标分析,以期最准确地将被调查总体数据的集中趋势描述出来。

2. 数据的离散程度分析

对一组数据的规律性进行研究,集中趋势是数据所具有的重要数量特征的一个方面,离散程度则是数据所具有的数量特征的另一方面。集中趋势反映的是数据所具有的一般水平,因此,我们常用均值等单个数值来代表全部数据。但若要较全面地掌握这组数据所体现的数量规律,还需要计算反映数据差异程度的数值,如极差、平均差、方差和标准差离散系数等。

极差也称"全距",它是数据中的两个极端值之差。极差不能反映数据的变化规律,受极端值的影响较大。一般来说,极差越大,平均值的代表性越小。所以,极差可以一般性地检验平均值的代表性大小。

平均差是总体中各单位标志值与其算术平均数离差绝对值的算术平均数。平均差与平均数代表性的关系与极差基本一致。不同的是,由于平均差的计算涉及总体中的全部数据,所以它能更好地反映总体数据的离散程度。方差与标准差是幂的关系,前者是后者的平方。标准差的计算公式也视资料的分组情况而分为简单平均式和加权平均式。这两个指标均是反映总体中所有单位的标志值对平均数的离差关系,是测定数据离散程度最重要的指标,其数值的大小与平均数代表性的大小呈反方向变化。

$$\text{平均差的计算方法}\begin{cases}(1)\text{简单平均差}:MD=\dfrac{\sum|x-\bar{x}|}{n}(\text{未分组数据})\\(2)\text{加权平均差}:MD=\dfrac{\sum|x-\bar{x}|f}{\sum f}(\text{分组数据})\end{cases}$$

$$\text{标准差的计算方法}\begin{cases}(1)\text{简单标准差}:\sigma=\sqrt{\dfrac{\sum(x-\bar{x})^2}{n}}(\text{未分组数据})\\(2)\text{加权标准差}:\sigma=\sqrt{\dfrac{\sum(x-\bar{x})^2 f}{\sum f}}(\text{分组数据})\end{cases}$$

离散系数是为两组数据之间进行比较而设计的,是一组数据的标准差与其均值相比较而得到的相对值。在不同情况的两组数据间直接用标准差进行离散程度的比较是不科学的,甚至还会得出相反的结论。

$$\text{极差系数}:V_R=\dfrac{R}{\bar{x}}\times100\%$$

$$\text{平均差系数}:V_{AD}=\dfrac{AD}{\bar{x}}\times100\%$$

$$\text{标准差系数}:V_\sigma=\dfrac{\sigma}{\bar{x}}\times100\%$$

四、实训操作

(一)问卷统计操作

1. 检查问卷

检查已经完成的问卷是否是废卷,不符合问卷调查要求的问卷不能列入统计对象的范围;对有些问卷中存在的疏忽和小问题可以根据情况进行校正,并以不同的颜色笔来标出,以示区别;计算有效问卷。

2. 个人统计

个人统计自己的调查问卷。统计采用累计方法,累计好的数据填写到其中一张问卷上,数据填写要求规范、清楚。对于开放式的问卷,需要将所有答案经小组现场讨论、归类后进行统计。

3. 小组统计

在个人统计的基础上进行小组统计,统计方法与个人统计方法相同,最后把所有统计数据填写在统计表上。问卷数据的填写要求准确、规范、清楚,以便使用。

(二)问卷分析操作

1. 统计表与统计图

根据调查问卷的汇总情况,把该项目的调查结果用统计表和统计图反映出来。

2. 描述性统计分析

对调查资料根据调查研究的目的和要求进行描述性统计分析,计算数据的集中趋势或离散趋势。

五、实训评价

"调查问卷统计分析"课业的评估分值占本章基本技能评估考核总分的20%,即20分。本课业的评估标准及其评估分值为:

参加问卷统计分析得5分,没有参加的不得分。

完成规定问卷统计数量得5分,没有达到要求的酌情扣分。

问卷的统计分析数据达到事先要求的得10分,没有达到事先要求的酌情扣分。

六、实训范例

2018年某省家用汽车维修与保养消费者满意度调查报告

随着人民群众的物质文化生活水平的不断提升,家用汽车保有量飞速增长,汽车成为方便人们出行的重要交通工具。与此相适应,汽车维修和保养行业呈现出蓬勃发展的势头,也已成为消费者汽车服务消费的重要组成部分。为了准确全面掌握我省家用汽车维修以及保养现状,加强对汽车服务消费的社会监督,依法保护消费者的合法权益,今年11—12月,省消费者协会组织开展家用汽车维修和保养消费者满意度调查活动。

(一)基本概况

本次调查主要包括家用汽车维修和保养消费服务,对象为省内家用汽车拥有

者。调查采取电话调查、网上调查和拦截访问相结合的方式,全省范围内共完成2032份有效样本。具体如下:

电话调查:由专业机构提供省内家用汽车拥有者移动电话号码,根据号码段随机产生电话号码,作为抽样总体样本框。根据既定抽样方案开展电话问卷调查,同时采取录音的方式进行质量监督。全省范围内共完成513份有效样本。

网上调查:网上调查,具体分为电子邮件调查、网上小组调查和主动浏览访问三种方式。本次调查采用主动浏览的方式进行。全省范围内共完成1011份有效样本。

拦截访问:访问员在既定的家用汽车4S维修店、社会维修机构和小作坊式维修站等地点等候,按设定程序和要求选取访问对象,征得对方同意后,在现场按问卷进行简短的调查。全省共完成508份有效问卷。

本调查对数据的分析采用百分制评价:90~100分为优,80~90分为良,70~80分为中,60~70分为及格,60分以下为不及格。

(二)调查结果

1. 家用汽车维修情况

(1)在此次调查中,家用汽车维修消费者满意度得分为72.4分。其中,售后服务与维权结果满意度得分较高,分别为78.5分和79.2分;相对来说,维修费用、价格透明和维修时长指标的满意度得分较低,分别为70.2分、71.1分和71.4分。(图3—6)

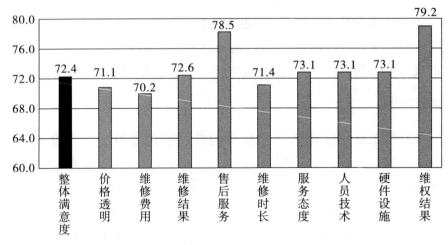

图3—6 2018某省家用汽车维修满意度得分明细图

(2)在服务机构指标调查中反映,近五成的消费者选择汽车4S店进行家用汽车的维修;其次,消费者选择社会维修企业维修的占比为37.16%;有13.58%的消费者选择小作坊式维修机构,占比相对较小。

(3)在对家用汽车维修过程中存在的最主要问题进行调查反映,价格误导问题最为严重,占比为31.59%;配件以次充好问题较为严重,占比为27.81%;维修时间长和维修过后性能问题分别占比18.70%和14.22%;过度维修问题占比较小,为7.68%。

(4)在服务质量指标调查中反映,在家用汽车维修过程中过度维修的发生率为6.79%;家用汽车维修后性能较差的发生率为9.74%;两者相差不大。调查显示,维修配件冒充进口、高价出售问题较为严重,违规发生率为58.42%;配件以次充好问题,违规发生率为48.67%;维修配件偷工减料问题的违规发生率为33.27%。

(注:此题为多选题,故各类型比例之和大于100%)

(5)在服务水平指标调查中反映,18.70%的消费者遇到过汽车维修时间过长的情况;在维修时间调查中,维修时间在一周以下的选项占比将近五成,维修时间为一周的占比为28.35%,半月及以上的选项占比为22.49%。

(6)在消费维权指标调查中反映,19.39%的消费者进行过消费维权;维权方式主要为与商家和解以及向消费者协会投诉,两种方式占比分别为53.05%和26.14%;向行政部门投诉与通过仲裁方式处理占比较低,分别为10.41%和7.36%;向法院起诉占比最低,仅为1.27%。

(7)在对家用汽车维修公司的发展指标调查中反映,技术、服务与维修价格是消费者认为维修公司在发展过程中最应注重的三个方面,三方面选项分别占比49.61%、40.40%和39.03%;创新和品牌推广同样也是应该注意的方面,占比分别是25.94%和13.04%。

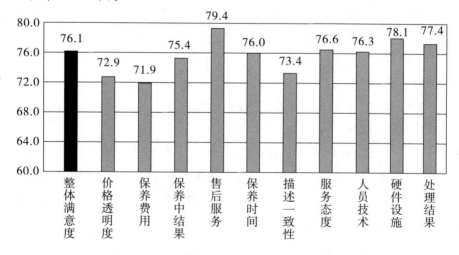

图3-7 2018某省家用汽车保养满意度得分明细图

2. 家用汽车保养情况(图3-7)

(1)本次家用汽车保养满意度调查中,家用汽车保养消费者满意度得分为76.1分。其中,售后服务与硬件设施满意度得分较高,分别为79.4分和78.1分;相对来说,保养费用、价格透明度和描述一致性指标的满意度得分较低,分别为71.9分、72.9分和73.4分。

(2)在服务机构指标调查中反映,超五成的消费者选择汽车4S店进行家用汽车的保养;其次,选择社会保养企业的占比为37.60%;有8.86%的消费者选择小作坊式保养机构,占比相对较小。

(3)在对家用汽车保养过程中存在的最主要问题进行调查反映,配件以次充好问题最为严重,占比为35.43%;价格误导问题较为严重,占比为25.79%;保养时间长和过度保养问题分别占比14.67%和10.48%;保养过后车辆性能存在问题和虚假承诺问题占比较小,分别为7.82%和5.81%。(图3—8)

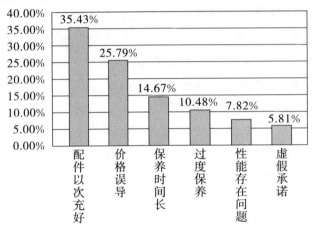

图3-8 家用汽车保养过程中存在的最主要的问题

(4)对服务质量指标调查中反映,在家用汽车保养过程中过度保养的发生率为9.74%;家用汽车保养后性能较差的发生率为11.42%。保养配件以次充好问题较为严重,违规发生率为48.72%;配件冒充进口、高价售出问题的违规发生率为47.44%;保养配件偷工减料问题的违规发生率为27.26%。

(5)在服务水平指标调查中反映,11.96%的消费者遇到过汽车保养时间过长的情况;11.37%的消费者表示在汽车保养过程中,保养机构或保养人员提供的承诺存在虚假信息。

(6)在消费维权指标调查中反映,18.65%的消费者进行过消费维权;维权方式主要为与商家和解以及向消费者协会投诉,两者占比分别为42.22%和23.22%;其次,向行政部门投诉和通过仲裁方式处理占比相对较低,分别为18.73%和6.33%;向法院起诉占比最低,仅为4.22%。

(三)存在问题及分析

(1)价格误导与配件以次充好是当前汽车维修和保养过程中存在的主要问题。调查中发现,认为价格误导是汽车维修和保养的过程中最主要的问题的消费者占比分别达31.59%和25.79%;认为配件以次充好是汽车维修和保养的过程中最主要的问题的消费者占比分别达27.81%和35.43%。分析原因,一是有的维修机构巧立名目、随意收费。在家用汽车维修过程中，一些维修机构收取高额"工时费""材料费"，乱收费现象较为突出。二是一些维修机构"没病小修，小病大修"。家用汽车在被送检修过程中，被检修机构说是存在故障或者安全隐患，向车主报出一些完全不需要维修保养的项目，额外增加不必要的保养费用。三是部分维修机构的配件以次充好。将一些质量低劣但外观形象好的配件作为进口配件进行售卖，导致维修保养的费用增加而维修质量低下。四是存在过度保养的问题。部分维修机构在保养过程中对家用汽车无须更换的配件进行"强制更换"；还有的维修机构在对汽车进行保养时，采用大量的添加剂，例如汽油添加剂、油箱清洁剂等，不但增加了保养成本，而且过多的使用添加剂反而会降低汽车性能。

（2）维修时间过长是家用汽车维修保养过程中存在的薄弱环节。在满意度得分中，维修时长得分为71.4分，仅高于维修费用和价格透明度这两项满意度得分指标。分析汽车维修机构家用汽车维修时间过长的原因，主要是部分维修机构的维修手段较为落后，一些汽车维修机构的维修仅仅依靠纯人工进行拆卸、组装，劳动效率较为低下，大大增加了汽车的维修时长，进而增加了维修费用。随着人们的生活水平越来越高，家用汽车的类型也更加丰富多样。比如一些进口汽车的维修资料与配件储备在国内较为稀缺，间接导致维修时间过长。

（3）汽车维修机构的服务水平和技术能力急需提升，硬件设施有待更新和完善。在服务水平满意度方面，工作人员服务态度、维修人员技术水平和维修机构的硬件设施指标的满意度得分均为73.1分，相对于家用汽车维修的整体满意度得分，得分较低。分析原因，一是随着经济发展水平迅速提升，消费者对家用汽车类型的需求日益多样化，而汽车维修机构技术人员的维修技能没有得到相应的提高，同时一些车型技术资料与原车配件的缺乏，导致汽车维修工作难度增加。二是随着汽车品牌与类型的增加，原有的汽车维修设备已经远远不能满足家用汽车市场的的发展。同时，很多维修机构规模相对较小，汽车维修设备不能够及时的更新换代，限制了部分高端维修人才的技术能力的发挥。三是维修机构管理水平有待提升。针对维修汽车所存在的故障或问题，维修机构无法为车主及时且全面的处理，服务态度不好的情况时有发生。

（4）汽车保养效果难尽如人意。调查发现，汽车保养结果与保养人员描述一致性满意度得分偏低，仅为73.4分。11.37%的消费者表示遇到过保养结果与服务承诺不一致的情况。分析原因，一是在保养过程中，选用的配件存在质量问题。在实际调查中，48.72%的消费者表示遇到过配件以次充好的问题；47.44%的消费者表示遇到过冒充进口配件的事情；27.26%的消费者表示遇到过配件偷工减料的现象。二是存在质量问题的汽车配件在市场中依然存在。在《××省机动车维修管理规定实施细则》颁布实施后，汽车维修行业的正规配件使用情况日趋转好，但调查反映仍然存在问题配件在市场流通现象。

(四)消费建议

为营造良好的家用汽车维修与保养市场环境,促进汽车维修与保养行业健康有序发展,依法保护汽车消费者的合法权益,依据本次满意度调查结果,提出如下消费建议:

(1)严格执行相关法律法规,不断加强行业监管力度。经过调查反映,近年来汽车维修和保养市场环境得到了很大改善,但针对存在问题,有关部门应继续加大《机动车维修管理规定》和《省机动车维修管理规定实施细则》等法律法规的落实力度,加强对社会汽车维修企业等维修机构的监督管理,开展打击假冒伪劣汽车配件的市场专项行动。加强统一协调,针对汽车维修行业内存在的问题,加强联合执法检查,严厉查处违规经营的企业,净化汽车维修保养市场环境。加强宣传引导,教育引导经营者依法经营,诚实信用,公平竞争,优质服务,落实安全生产主体责任和维修质量主体责任。

(2)搭建沟通交流平台,加强完善汽车维修行业的产业布局。从本次满意度调查来看,维修费用和价格的透明度是存在汽车维修行业中的主要问题。建议相关部门和行业组织应该设法搭建一个消费者与维修企业之间的沟通交流平台,让消费者能够面对面的了解汽车维修和保养的一般常识。同时,打造具有公信力的专业第三方汽车检测机构,当汽车质量出现问题或故障后,维修机构对于车辆故障的界定,就可以借助第三方检测机构的检测结果来辅助消费者进行判定,从而减少了消费者因为缺乏维修常识而产生不必要的费用。有关部门和行业组织应引导汽车维修企业实行集约化、专业化、连锁经营,促进汽车维修业的合理分工和协调发展。针对目前汽车维修网点过于集中等情况,引导汽车维修行业的投资者精准评估,促进汽车维修网点的合理均匀分布。

(3)不断提升从业人员专业素质,改善维修企业硬件设施。在汽车维修过程中,技术人员职业态度的高低相当程度上决定了汽车维修的结果与时长。因此,汽车维修机构应加强从业人员的专业素质教育,积极面对汽车维修工作,提高自身的工作效率缩短维修工时,为消费者提供方便和节省维修时间。同时,在维修过程中将汽车故障的真实情况如实告知消费者,依法诚信经营,以良好的服务取得消费者对汽车维修机构的信任。汽车维修与保养过程中不可缺少的除专业人才以外就是设施设备。做好硬件与软件的配合,一是要求维修机构随着计算机电子化的应用和不断更新换代的维修设备,改变维修资料的查询方式,有利于维修人员的技术应用。在适当的时候更换维修设备,减少维修时间,提高维修效率。二是相关维修机构应设立符合自身实情的管理制度,并严格按照制度不折不扣的执行。

(4)增强消费者自我保护意识,树立科学合理的消费理念。从消费者自身而言,应当树立科学合理的消费理念,增强消费者合法权益的保护意识。在汽车维修或保养过程中,一是选择正规的汽车维修机构进行维修或保养,采用正规厂商生产的汽车配件,不要因贪图便宜而采用劣质的配件。从自身做起,拒绝假冒劣质汽车配件的流通。二是依法保护自身合法权益。在发现维修机构为自己提供假冒劣质的汽车配件时,应及时提出异议并进行沟通,如沟通未果,可向相关部门或机构进行投诉。三是保护好维修或保养的有关凭证,当合法权益受到侵害时,依法保护自身合法权益。

(资料来源:中国消费者报·中国消费网 作者:陕消)

训练二 推断统计分析

一、实训任务

统计分析的目的在于研究总体的特征。但是,由于某些原因,我们往往只能以总体中随机抽取的一部分观察对象为样本,通过对样本的观察和研究来对总体的实际情况作出推断,所以描述性统计分析是统计分析的第一步,是进行正确统计推断的先决条件,在此基础上可根据样本数据进行推断统计分析。

通过本训练,使学生理解并掌握 SPSS 软件有关数据文件创建和整理的基本操作,学习如何将收集到的数据输入到计算机,建成 SPSS 数据文件,并掌握如何对原始数据文件进行整理,包括数据查询、数据修改和删除、数据的排序等。引导学生利用正确的统计分析方法对数据进行适当的整理,描述并探索出数据内在的数量规律性,使用 SPSS 软件对问卷调查数据进行相应的推断统计分析。

二、实训要求

通过本训练,帮助学生正确掌握 SPSS 软件关于数据文件的建立和管理,并能够使用 SPSS 软件的推断统计方法解决实际问题。具体要求如下:

第一,SPSS 数据文件的建立与管理。

第二,要求学生了解假设检验的基本原理,并能够熟练使用 SPSS 软件进行单样本 T 检验、两独立样本 T 检验和配对样本 T 检验等实训操作。

第三,要求学生深入了解方差及方差分析的基本概念,掌握方差分析的基本思想和原理,并能够使用 SPSS 统计软件熟练进行单因素方差分析、两因素方差分析等操作;激发学生的学习兴趣,增强学生的独立学习和研究能力。

三、理论指导

(一)SPSS 数据文件的建立

1. SPSS 的启动及数据库的建立

(1)SPSS 的运行方式。SPSS 软件提供了三种基本运行方式:完全窗口菜单方式、程序运行方式和混合运行方式。程序运行方式和混合运行方式是使用者从特殊的分析需要出发,编写自己的 SPSS 命令程序,通过语句来直接运行。完全窗口菜单管理操作方式简单明了,除数据输入工作需要键盘外,大部分的操作命令、统计分析方法的实现是通过菜单、图标按钮、对话框来完成的,这种方式非常适用于一般的统计分析人员和一般统计方法的应用者。

SPSS 中使用的对话框主要有两类:一类是文件操作对话框,文件操作对话窗口与 Windows 应用软件操作风格一致。另一类是统计分析对话框,统计分析对话框可以分为主窗口和下级窗口,在该类对话框中,选择参与分析的各类变量及统计方法是对话框的主要任务。有关对话框的详细操作将在后面的统计方法的实验中解释。

(2)SPSS 的实验环境要求。SPSS 软件包可以在微软公司的 Windows98、Windows NT 4.0、Windows ME、Windows2000、Windows XP 和 Windows10 操作系统之下运行。由于统计分析软件的数据量比较大,所以系统运行需要大于 16M 以上的空间。

(3)SPSS 的主要界面。SPSS 的主要界面有数据编辑窗口和结果输出窗口。数据编辑窗口与微软的 Excel 所示窗口类似,但 SPSS 所拥有的统计功能更多。SPSS 的结果输出窗口是用来显示统计分析的结果,此窗口的内容可以以结果文件".spo"的形式来保存。数据编辑窗口和结果输出窗口的详细描述将在有关 SPSS 的数据文件建立的内容中查到。

2. SPSS 数据文件的建立

SPSS 数据文件是一种结构性数据文件,由数据的结构和数据的内容两部分构成,也可以说由变量和观测两部分构成。

(1)创建一个数据文件。数据文件的创建分成三个步骤:

①选择菜单"文件"→"新建"→"数据",新建一个数据文件,进入数据编辑窗口。窗口顶部标题为"PASW Statistics 数据编辑器"。

②单击左下角"变量视窗"标签进入变量视图界面,根据试验的设计定义每个变量的类型。

③变量定义完成以后,单击"数据视窗"标签进入数据视窗界面,将每个具体的变量值录入数据库单元格内。

(2)读取外部数据。SPSS 可以很容易地读取 Excel 中的数据,步骤如下:

①按"文件"→"打开"→"数据"的顺序使用菜单命令调出打开数据对话框,在文件类型下拉列表中选择数据文件。

②选择要打开的 Excel 文件,单击"打开"按钮,调出打开 Excel 数据源对话框。在对话框中下拉列表内选择被读取数据所在的 Excel 工作表。

(3)数据编辑。在 SPSS 中,对数据进行基本编辑操作的功能集中在"编辑"和"数据"菜单中。

(4)SPSS 数据的保存。SPSS 数据录入并编辑整理完成以后应及时保存,以防数据丢失。保存数据文件可以通过"文件"→"保存"或者"文件"→"另存为"菜单方式来执行。

(二)假设检验

1. 假设检验的基本思想

假设检验的基本思想是带有概率性质的反证法。具体来说,假设检验主要有以下两个特点:第一,假设检验所采用的逻辑推理方法是反证法。为了检验某个假设是否成立,先假定它是正确的。然后根据抽样理论和样本信息,观察由此假设而导致的结果是否合理,从而判断是否接受原假设。第二,这里的合理与否所依据的是"小概率事件实际不可能发生的原理"。也就是说,若在一次观察中小概率事件发生了,则认为原假设是不合理的;反之,若小概率事件没有出现,则认为原假设是合理的。所以,假设检验是带有概率性质的反证法,并非严格意义上的逻辑证明。

假设检验是根据样本所提供的信息进行判断的,也就是由部分来推断整体,因而假设检验不可能绝对正确,它也可能犯错误。接受或拒绝 H_0 都可能犯错误,所犯的错误有两种类型:Ⅰ类错误——弃真错误,发生的概率为 α,即当 H_0 为真时,由样本值作出拒绝 H_0 的错误结论;Ⅱ类错误——取伪错误,发生的概率为 β,即当 H_0 不真时,由样本值作出接受 H_0 的错误结论。理想情况下,我们希望所有类型的错误发生的可能性尽可能的小,但是很明显,他们之间需要一个对换,因为如果我们想降低第一类错误,就要预测更多的有关第一类的假设条件,同时需要更多的数据变量,在这种情况下,如果第二类假设为真,我们犯弃真错误的概率就会增大。

2. 假设检验的步骤

(1)提出原假设和备择假设。根据研究问题的需要提出原假设和备择假设。在统计的假设检验中,总是假定原假设 H_0 "="(" $\geqslant$ "或" $\leqslant$ ")估计值,相应的备择假设 H_1 " $\neq$ "" $<$ "或" $>$ "估计值,具体建立何种形式的假设则要看决策人准备如何下结论来决定。假设检验中所用的推理方法类似于数学中的反证法。希望证明的假设常作为备择假设,因为当否定原假设时就可以接受备择假设。假设检验有几种不同类型:

①双侧假设检验。$H_0: \mu = \mu_0$,$H_1: \mu \neq \mu_0$ 有两个拒绝域,两个临界值,每个拒绝域的面积为 $\alpha/2$。

②单侧假设检验。

A. 左单侧假设检验 $H_0: \mu \geqslant \mu_0$,$H_1: \mu < \mu_0$

B. 右单侧假设检验 $H_0: \mu \leqslant \mu_0$,$H_1: \mu > \mu_0$

(2)选择显著性水平 α，确定临界值。显著性水平 α 的选择至关重要，如果选择很小的 α 值，就要冒较大 β 概率的风险接受一个不真实的原假设；反之，如果选择很大的 α 值，就要冒较大 α 概率的风险拒绝一个真实的原假设。因此，在实践中，应该根据研究的精确程度和可靠程度，选择一个适合的 α 值。常用的取值为"$\alpha=0.05$ 或 $\alpha=0.01$"，当 α 选择以后，临界值也就确定了，拒绝域也就随之而定；如果是双侧检验，则拒绝域在两边各为 $\alpha/2$，如果是单尾检验，则拒绝域在左侧或右侧均为 α。

(3)选择适当的统计量，并确定其分布形式。假设建立以后是接受或拒绝原假设，它是根据样本观察值及其概率分布所计算的检验统计量来判定的。因而，样本统计量的计算和确定适合的概率分布至关重要。样本统计量有样本平均数、样本比率、样本方差，还要看是大样本还是小样本、总体方差是否已知等。判定样本的分布有二项分布、正态分布、t 分布、F 分布和卡方分布等。

(4)计算检验统计量的值并决策。在进行假设检验时，应根据检验的内容正确选择适合的概率分布，进而计算检验统计量。将检验统计量的数值与理论分布的临界值进行比较，从而作出接受或拒绝原假设的判定。若检验统计量小于或等于理论分布的临界值，则接受原假设 H_0；否则拒绝原假设 H_0，接受备择假设 H_1。

根据统计量的分布可以规定决策规则，找出接受区域和拒绝区域的临界值。决策规则的制定通常有两种方法：一种是临界值法，也就是将统计量与临界值 Z 或 F 进行比较，通常适用于双侧检验，统计量绝对值大于临界值便拒绝原假设，小于临界值便不能拒绝原假设。另外一种是 P 值检验法，用拒绝原假设所需的最低概率水平 p 与显著性水平 α 作比较，作出拒绝或者接受原假设的判定。

(三)P 值检验法

P 值检验法就是通过计算 P 值，再将它与显著性水平 α 作比较，以决定拒绝还是接受原假设。所谓 P 值就是拒绝原假设所需的最低显著性水平。P 值检验法的判断原则是：如果 P 值小于给定的显著性水平 α，则拒绝原假设；否则，接受原假设。更直观地来说，如果 P 值很小，则拒绝原假设；若 P 值很大，则接受原假设。一般是将统计量所计算的 Z 值或 F 值转换成概率 P，然后将 P 值与显著性水平 α 进行比较。$P<\alpha$ 拒绝接受 H_0，这说明样本所描述的总体与原假设所描述的总体具有显著差异；$P>\alpha$ 不能拒绝 H_0，说明所采用的检验方法不能证明样本所描述的总体与原假设所描述的总体具有显著差异。对于显著性水平已知的检验，两种方法是等效的，答案也是相同的。临界值法更传统些，但随着计算机的广泛应用，P 值法越来越流行，也更为方便。

(四)方差分析

1. 单因素方差分析

方差分析的基本思路是：一方面，确定因素的不同水平下均值之间的方差，并把它作为对由所有试验数据所组成的全部总体的方差的一个估计值;另一方面,考虑在同一水平下不同试验数据对于这一水平的均值的方差。由此,计算出对由所有试验数据所组成的全部数据的总体方差的第二个估计值。最后,比较上述两个估计值。如果这两个方差的估计值比较接近就说明因素的不同水平下的均值间的差异并不大,那么就接受原假设。否则,就说明因素的不同水平下的均值间的差异比较大,那么就接受备择假设。

根据上述思路我们可以得到方差分析的基本方法和步骤。

(1)提出假设。

$H_0: \mu_1 = \mu_2 = \cdots\cdots = \mu_k$,即因素的不同水平对试验结果无显著影响。

H_1:不是所有的 μ_i 都相等($i = 1, 2, \cdots\cdots, k$),即因素的不同水平对试验结果有显著影响。

(2)方差分解。我们先定义总离差平方和为各样本观察值与样本总均值的离差平方和。

记作:

$$\text{SST} = \sum_{i=1}^{k} \sum_{j=1}^{n} (X_{ij} - \bar{X})^2$$

其中:$\bar{X}$ 是样本总均值,即

$$\bar{X} = \frac{\left(\sum_{i=1}^{k} \sum_{j=1}^{n} X_{ij}\right)}{N}$$

式中 $N = nk$ 为样本观察值总数。

将总离差平方和分解为两部分:

$$\begin{aligned}\text{SST} &= \sum_{i=1}^{k} \sum_{j=1}^{n} (X_{ij} - \bar{X})^2 \\ &= \sum_{i=1}^{k} \sum_{j=1}^{n} [(X_{ij} - \bar{X}_i) + (\bar{X}_i - \bar{X})]^2 \\ &= \sum_{i=1}^{k} \sum_{j=1}^{n} (X_{ij} - \bar{X}_i)^2 + \sum_{i=1}^{k} n \cdot (X_i - \bar{X})^2\end{aligned}$$

其中:$\bar{X}_i$ 是第 i 个样本的平均值,即

$$\bar{X}_i = \frac{\sum_{j=1}^{n} X_{ij}}{n}$$

记:

$$\text{SSE} = \sum_{i=1}^{k} \sum_{j=1}^{n} (X_{ij} - \bar{X}_i)^2$$

表示同一样本组内因随机因素影响而产生的离差平方和,简称为"组内平方和"。

记:

$$SSR = \sum_{i=1}^{k} n \cdot (X_i - \bar{X})^2$$

表示不同的样本组之间,因变异因素的不同水平影响而产生的离差平方和,简称为"组间平方和"。

由此可以得到:

$$SST = SSR + SSE$$

对应于 SST、SSR 和 SSE 的自由度分别为:$N-1$、$k-1$、$N-k$。其关系为:$N-1=(k-1)+(N-k)$。

(3)F 检验。将 SSR 和 SSE 分别除以其自由度,即得到各自的均方差:

组间均方差为:$MSR = SSR/(k-1)$

组内的均方差为:$MSE = SSE/(N-k)$

可以证明:

$$E(MSE) = \sigma^2$$

$$E(MSR) = \sigma^2 + \frac{1}{k-1} \sum_{i=1}^{k} n \cdot (\mu_i - \mu)^2$$

由此可知,如果原假设 $H_0: \mu_1 = \mu_2 = \cdots\cdots = \mu_k$ 成立,则 $E(MSE) = E(MSR) = \sigma^2$;否则,$E(MSR) > \sigma^2$。

根据 F 分布,如果原假设 $H_0: \mu_1 = \mu_2 = \cdots\cdots = \mu_k$ 成立,那么 MSR 和 MSE 均是 σ^2 的无偏估计,因而 MSR/MSE 就服从自由度为 $(k-1)$ 和 $(N-k)$ 的 F 分布。

检验统计量:

$$F = \frac{MSR}{MSE}$$

综上所述,当原假设 $H_0: \mu_1 = \mu_2 = \cdots\cdots = \mu_k$ 成立时,$E(MSE) = E(MSR) = \sigma^2$。此时 MSR 值较小,F 值也较小。反之,$H_0$ 不成立时,MSR 值较大,F 值也较大。对于给定的显著性水平 α,查 F 分布表得到 $F_{1-\alpha}(k-1, N-k)$ 的值。如果 $F > F_{1-\alpha}(k-1, N-k)$,则原假设不成立,即 K 个组的总体均值之间有显著的差异,那么就拒绝 H_0。若 $F \leqslant F_{1-\alpha}(k-1, N-k)$,则原假设成立,即 K 个组的总体均值之间没有显著的差异,那么就接受 H_0。

2. 双因素方差分析

双因素方差分析的基本思想与单因素方差分析大致相同。首先,分别计算出总变差、各个因素的变差以及随机误差的变差。其次,根据各变差相应的自由度求出均方差。最后,计算出 F 值并作 F 检验。

双因素方差分析根据两个因素相互之间是否有交互影响,可以分为无交互影响和有交互影响两种情形。

(1)无交互影响的双因素方差分析。如果某一试验结果受到 A 和 B 两个因素的影响,这两个因素可分别取 k 和 m 个水平,则双因素方差分析实际上就是要比较因素 A 的

k 个水平的均值之间是否存在显著差异,因素 B 的 m 个水平的均值之间是否存在显著差异。其目的是要检验试验中这两个因素是仅其中一个因素在起作用,还是两个因素共同起作用,或者是两个因素的作用都不显著。在假定这两个因素无交互影响的情形下,通常采用不重复试验方法,也就是对这两个因素每一种水平的组合只进行一次试验,这样总共将进行 $k \times m$ 次试验。假定试验的结果如表 3-3 所示。

表 3-3 双因素分析的试验结果观察值因素 B 的水平

		因素 B 的水平				
		1	2	……	m	行总和
因素 A 的水平	1	X_{11}	X_{12}	……	X_{1m}	A_1
	2	X_{21}	X_{22}	……	X_{2m}	A_2
	……	……	……	……	……	……
	k	X_{k1}	X_{k2}	……	X_{km}	A_k
列总和		B_1	B_2	……	B_m	

其中:X_{ij} 是因素 A 为水平 i,因素 B 为水平 j 时的观察值;

$A_i = \sum_{j=1}^{m} X_{ij} (i=1,2,\cdots\cdots,k)$ 是因素 A 在 i 水平下的所有观察值的总和;

$B_j = \sum_{i=1}^{k} X_{ij} (j=1,2,\cdots\cdots,m)$ 是因素 B 在 j 水平下的所有观察值的总和;

$\bar{A}_i = \frac{1}{m} \sum_{j=1}^{m} X_{ij} = \frac{A_i}{m}$ 是因素 A 在 i 水平下的平均值;

$\bar{B}_j = \sum_{i=1}^{k} X_{ij} = \frac{B_j}{k}$ 是因素 B 在 j 水平下的平均值;

$T = \sum_{i=1}^{k} \sum_{j=1}^{m} X_{ij} = \sum_{i=1}^{k} A_i = \sum_{j=1}^{m} B_j$ 是所有观察值的总和;

$\bar{X} = \frac{1}{N} \sum_{i=1}^{k} \sum_{j=1}^{m} X_{ij} = \frac{T}{N}$ 是所有观察值的平均值;

$N = km$ 是所有观测值的总数。

双因素的方差分析问题实际上也是一个假设检验问题。对于无交互影响的双因素方差分析,其方法和步骤如下:

①形成假设。由于两因素相互独立,所以可以分别对每一个因素进行检验。

对于因素 A,H_0:因素 A 的各种水平的影响无显著差异;

H_1:因素 A 的各种水平的影响有显著差异;

对于因素 B,H_0:因素 B 的各种水平的影响无显著差异;

H_1:因素 B 的各种水平的影响有显著差异;

②进行离差平方和的分解。

$$SST = \sum_{i=1}^{k} \sum_{j=1}^{m} (X_{ij} - \bar{X})^2$$

$$= \sum_{i=1}^{k} \sum_{j=1}^{m} [(X_{ij} - \bar{A}_i - \bar{B}_j + \bar{X}) + (\bar{A}_i - \bar{X}) + (\bar{B}_j - \bar{X})]^2$$

展开式中的3个2倍乘积项均为0。令：

$$SSE = \sum_{i=1}^{k} \sum_{j=1}^{m} (X_{ij} - \bar{A}_i - \bar{B}_j + \bar{X})^2$$

$$SSA = m \cdot \sum_{i=1}^{k} (\bar{A}_i - \bar{X})^2$$

$$SSB = k \cdot \sum_{j=1}^{m} (\bar{B}_j - \bar{X})^2$$

就有：SST＝SSA＋SSB＋SSE

SST 的自由度为$(N-1)$，SSA 和 SSB 的自由度分别为$(k-1)$和$(m-1)$，而 SSE 的自由度为$(N-1)-(k-1)-(m-1)=N-k-m+1=(k-1)(m-1)$。

③编制方差分析表，进行 F 检验。从方差分解式中得到的 SSA、SSB 和 SSE 除以各自的自由度就得到相应的均方差。然后与单因素方差分析时一样，我们可以得到无交互影响时双因素方差分析表，如表 3－4 所示：

表 3－4　双因素无交互影响时的方差分析

方差来源	离差平方和	自由度	均方差	统计检验量 F
因素 A	SSA	$k-1$	$MSA = \dfrac{SSA}{k-1}$	$F_A = \dfrac{MSA}{MSE}$
因素 B	SSB	$m-1$	$MSB = \dfrac{SSB}{m-1}$	$F_B = \dfrac{MSB}{MSE}$
误差 E	SSE	$(k-1)(m-1)$	$MSE = \dfrac{SSE}{(k-1)(m-1)}$	
总方差	SST	$N-1$		

根据方差分析表，计算得到 F_A 和 F_B 以后，根据问题的显著性水平 α，查表得到 $F_\alpha\{(k-1),(k-1)(m-1)\}$ 的值，于是可以分别检验因素 A 和 B 的影响是否显著。对于因素 A 而言，若 $F_A > F_\alpha\{(k-1),(k-1)(m-1)\}$ 就拒绝关于因素 A 的原假设，这说明因素 A 对结果有显著的影响。否则，就接受原假设，这就说明因素 A 对结果没有显著的影响。对于因素 B 而言，若 $F_B > F_\alpha\{(k-1),(k-1)(m-1)\}$，就拒绝关于因素 B 的原假设，这说明因素 B 对结果有显著的影响。否则，就接受原假设，这就说明因素 B 对结果没有显著的影响。

(2)有交互作用的双因素方差分析。前面假定因素 A 与因素 B 之间相互独立，不存在相互影响，但有时两个因素会产生交互作用，从而使因素 A 的某些水平与因素 B 的另一些水平相结合时就会对结果产生更大的影响。

对于有交互作用的两因素之间方差分析的步骤几乎与前一种情形一样。不同的是，当两因素之间存在交互作用时，先要剔除交互作用的影响，因此比较复杂。同时，在有交互作用的影响时，对于每一种试验条件要进行多次重复试验，以便将因素间交互作用的平方和从误差平方和中分离出来，但这样重复试验的数据量就大大增加了。

有交互作用的两因素方差分析的方法和步骤同前面一样,关键是对总离差平方和进行分解时必须考虑两因素的交互作用。

设因素 A 有 a 个水平,因素 B 有 b 个水平,试验的重复次数记作 n。记 X_{ijk} 为在因素 A 的第 i 个水平、因素 B 的第 j 个水平下进行第 k 次试验时的观察值 $(i=1,2,\cdots\cdots,a;j=1,2,\cdots\cdots,b;k=1,2,\cdots\cdots,n)$。记:

$$(AB)_{ij} = \sum_{j=1}^{n} X_{ijk}$$

,这是在因素 A 的第 i 个水平、因素 B 的第 j 个水平下进行各次重复试验的所有观察值的总和。记:

$$(\overline{AB})_{ij} = \frac{(AB)_{ij}}{n} = \frac{1}{n}\sum_{j=1}^{n} X_{ijk} \quad (i=1,2,\cdots\cdots,a;j=1,2,\cdots\cdots,b)$$

,这是在因素 A 的第 i 个水平、因素 B 的第 j 个水平下进行各次重复试验的所有观察值的平均值。记:

$$A_i = \sum_{j=1}^{b} (AB)_{ij}$$

$$\overline{A}_i = \frac{1}{nb} A_i (i=1,2,\cdots\cdots,a)$$

$$B_j = \sum_{i=1}^{a} (AB)_{ij}$$

$$\overline{B}_i = \frac{1}{na} A_j (j=1,2,\cdots\cdots,b)$$

$$T = \sum_{i=1}^{a} \sum_{j=1}^{b} \sum_{k=1}^{n} X_{ijk} = \sum_{i=1}^{a} \sum_{j=1}^{b} (AB)_{ij}$$

$$\overline{X} = \frac{T}{N}$$ 是所有观察值的平均值,

其中:$N = abn$ 是所有观测值的总数。

利用上面所引入的符号,我们可以得到有交互作用的两因素方差,其分析步骤如下:

① 形成假设。由于两因素有交互影响,所以除了分别检验两因素单独对试验结果的影响外,还必须检验两因素交互影响的作用是否显著。

对于因素 A,H_0:因素 A 的各种水平的影响无显著差异;
H_1:因素 A 的各种水平的影响有显著差异。

对于因素 B,H_0:因素 B 的各种水平的影响无显著差异;
H_1:因素 B 的各种水平的影响有显著差异。

对于因素 A、B 的交互作用,H_0:因素 A、B 的各种水平的交互作用无显著影响;
H_1:因素 A、B 的各种水平的交互作用有显著影响。

② 进行离差平方和的分解。当对有交互作用的两因素方差进行分析时总离差平方和可以分解为 4 项:

$$SST = \sum_{i=1}^{a} \sum_{j=1}^{b} \sum_{k=1}^{n} (X_{ijk} - \overline{X})^2$$

$$= \sum_{i=1}^{a}\sum_{j=1}^{b}\sum_{k=1}^{n}[(X_{ijk}-(\overline{AB})_{ij})+((\overline{AB})_{ij}-\overline{A}_i-\overline{B}_j+\overline{X})+(\overline{A}_i-\overline{X})+(\overline{B}_j-\overline{X})]^2$$

$$= \sum_{i=1}^{a}\sum_{j=1}^{b}\sum_{k=1}^{n}(X_{ijk}-(\overline{AB})_{ij})^2 + n\sum_{i=1}^{a}\sum_{j=1}^{b}((\overline{AB})_{ij}-\overline{A}_i-\overline{B}_j+\overline{X})^2$$

$$+ nb\cdot\sum_{i=1}^{a}(\overline{A}_i-\overline{X})^2 + na\cdot\sum_{j=1}^{b}(\overline{B}_j-\overline{X})^2$$

总离差平方和 SST 的自由度为 $(N-1)$。

分别记为：

$SSA= nb\cdot\sum_{i=1}^{a}(\overline{A}_i-\overline{X})^2$，这是因素 A 的离差平方和，自由度为 $(a-1)$。

$SSB= na\cdot\sum_{j=1}^{b}(\overline{B}_j-\overline{X})^2$，这是因素 B 的离差平方和，自由度为 $(b-1)$。

$SSE= \sum_{i=1}^{a}\sum_{j=1}^{b}\sum_{k=1}^{n}(X_{ijk}-(\overline{AB})_{ij})^2$ 表示随机误差的离差平方和，自由度为 $(N-ab)=abn-ab=ab(n-1)$。

$SSAB= n\sum_{i=1}^{a}\sum_{j=1}^{b}((\overline{AB})_{ij}-\overline{A}_i-\overline{B}_j+\overline{X})^2$ 表示因素间交互作用的离差平方和，自由度为：$(N-1)-(a-1)-(b-1)-(n-1)ab=(a-1)(b-1)$。

③编制方差分析表，并进行 F 检验。从方差分解式中得到的 SSA、SSB、SSAB 和 SSE 除以各自的自由度就得到各自相应的均方差，然后我们对因素 A、因素 B 和因素 A、B 的交互作用分别作 F 检验。与前面所讨论的情形一样，这一过程也可以用表格来表示，这样就得到有交互影响时双因素方差分析表，如表 3－5 所示：

表 3－5　有交互影响的双因素方差分析

方差来源	离差平方和	自由度	均方差	统计检验量 F
因素 A	SSA	$a-1$	$MSA=\dfrac{SSA}{a-1}$	$F_A=\dfrac{MSA}{MSE}$
因素 B	SSB	$b-1$	$MSB=\dfrac{SSB}{b-1}$	$F_B=\dfrac{MSB}{MSE}$
交互作用	SSAB	$(a-1)(b-1)$	$MSB=\dfrac{SSAB}{(a-1)(b-1)}$	$F_{AB}=\dfrac{MSAB}{MSE}$
误差 E	SSE	$N-ab$	$MSE=\dfrac{SSE}{N-ab}$	
总方差	SST	$N-1$		

与前面所讨论的一样，根据方差分析表计算得到 F_A、F_B 和 F_{AB} 以后，由显著性水平 α，查表分别得到 $F_\alpha\{(a-1),(N-ab)\}$、$F_\alpha\{(b-1),(N-ab)\}$ 和 $F_\alpha\{(a-1)(b-1),(N-ab)\}$ 的值。于是，我们可以分别检验因素 A 和因素 B 的影响以及两因素的交互作用的影响是否显著。

对于因素 A 而言，若 $F_A > F_\alpha\{(a-1),(N-ab)\}$，我们就拒绝关于因素 A 的原假设，这就说明因素 A 对结果有显著的影响；否则，就接受原假设，这就说明因素 A 对结果没有显著的影响。对于因素 B 而言,若 $F_B > F_\alpha\{(b-1),(N-ab)\}$,我们就拒绝关于因素 B 的原假设,这就说明因素 B 对结果有显著的影响;否则,就接受原假设,这就说明因素 B 对结果没有显著的影响。对于两因素的交互作用,若 $F_{AB} > F_\alpha\{(a-1)(b-1),(N-ab)\}$,我们就拒绝关于两因素交互作用的原假设,这就说明因素 A 和因素 B 对结果有显著交互影响;否则,就接受原假设,说明两因素对结果没有显著的交互影响。

四、实训操作

(一)SPSS 应用于假设检验

1. 单个总体均值的假设检验(单样本 T 检验)

例:抽查某地 21 名周岁儿童,测量得到的身高数据见下表。在 0.05 的显著水平下,检验该样本结果能否说明该地周岁儿童的平均身高为 75 厘米?

表 3-6　儿童的平均身高

序号	1	2	3	4	5	6	7	8	9	10	11
儿童身高(厘米)	64	68	68	68	69	70	70	70	71	71	71
序号	12	13	14	15	16	17	18	19	20	21	
儿童身高(厘米)	71	71	72	73	74	75	76	78	79	80	

该例属于大样本、总体标准差 σ 未知事例。假设形式为,$H_0:\mu=\mu_0$,$H_1:\mu\neq\mu_0$。

软件实现程序:打开已经建立的数据文件,然后选择菜单"分析→比较均值→单样本 T 检验",打开"单样本 T 检验"对话框。从源变量清单中将"周岁儿童的身高"移入右边的"检验变量"框中。

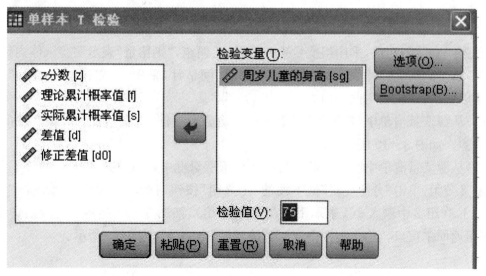

图 3-9　单样市 T 检验操作示意图

在"检验值"框里输入一个指定值(即假设检验值,本例中假设为 75),T 检验过程将对每个检验变量分别检验它们的平均值与这个指定数值相等的假设。在"单样本 T 检验"窗口中点"确定"按钮,输出结果如下表 3—7 所示。

表 3—7　单个样本检验

	检验值=75				差分的 95%置信区间	
	t	df	Sig.(双侧)	均值差值	下限	上限
周岁儿童的身高	－3.620	20	.002	－3.14286	－4.9539	－1.3319

输出结果中:"t"表示所计算的 T 检验统计量的数值,t=－3.620;"df"表示自由度;"Sig(双侧)"表示统计量的 P 值,并与双尾 T 检验的显著性大小进行比较:Sig.＝0.002＜0.05,这说明这批样本的平均值与 75 有显著差异;"均值差值"(即样本均值与检验值 75 之差),本例中为－3.14286;"差分的 95%置信区间"显示样本均值与检验值偏差的 95%置信区间为(－4.9539,－1.3319),置信区间不包括数值 0,这说明样本数量与 75 有显著差异。

2. 两独立样本的假设检验(两独立样本 T 检验)

例:两种饲料分别喂养甲、乙两组实验鼠,甲组中的 12 只喂饲料 1,乙组中的 9 只喂饲料 2,所测的钙留量如表 3—8 所示,问:不同饲料是否使实验鼠体内的钙留量有显著不同?(置信度为 95%)

表 3—8　鼠体内钙留量

甲组饲料(毫克)	29.7	26.7	28.9	31.1	31.1	26.8	26.3	39.5	30.9	33.4	33.1	28.6
乙组饲料(毫克)	28.7	28.3	29.3	32.2	31.1	30	36.2	36.8	30			

首先建立数据文件,采用组变量来分辨甲、乙两组,"钙留量"表示实验鼠体内钙留量的变量,单位为毫克。计算两总体均值之差的区间估计,采用"独立样本 T 检验"方法。选择菜单"分析→比较均值→独立样本 T 检验"。

(1)从源变量清单中将"钙留量"变量移入检验变量框中,表示要求对该变量的均值进行检验。如图 3—10 所示。

(2)从源变量清单中将"组别"变量移入分组变量框中,表示总体的分类变量。

定义分组,单击"分组变量"框下面的"定义组"按钮,打开"定义组"对话框。在组 1 中输入 1,在组 2 中输入 2(1 表示甲组,2 表示乙组),如图 3—11 所示。完成后单击"继续"按钮返回主窗口。单击上图中"确定"按钮,输出结果如表 3—9 所示。

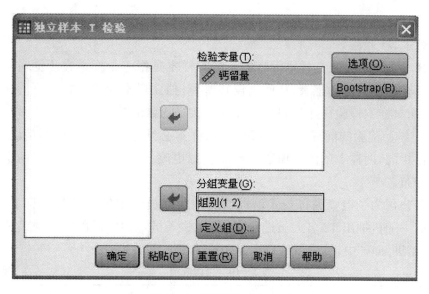

图3-10 独立样本T检验

图3-11 定义组

表3-9 输出结果

钙留量	方差方程的Levene检验		均值方程的t检验						
	F	Sig.	t	df	Sig.（双侧）	均值差值	标准误差值	差分的95%置信区间	
								下限	上限
假设方差相等	.059	.811	−.584	19	.566	−.89167	1.52682	−4.08734	2.30400
假设方差不相等			−.599	18.645	.557	−.89167	1.48967	−4.01360	2.23027

方差方程的Levene为方差检验。在原假设方差相等的情况下，F=0.059，因为其P值大于显著性水平，即：Sig.=0.811＞0.05，这说明不能拒绝方差相等的原假设，所以接受两个总体方差是相等的假设。均值方程的t检验为检验总体均值是否相等的t检验，由于在本例中，其P值大于显著性水平，即：Sig.=0.566＞0.05，所以不应该拒绝原假

设,也就是说不同饲料在实验鼠体内的钙留量没有显著差异。

3. 配对样本 t 检验

配对样本是对应于独立样本而言的。配对样本是指一个样本在不同时间作了两次试验或者具有两个类似的记录,从而比较其差异;独立样本检验是指对不同样本平均数的比较,而配对样本检验往往是对相同样本二次平均数的检验。

配对样本 T 检验的前提条件为:第一,两样本必须是配对的。也就是说,两样本的观察值数目相同,两样本的观察值顺序不能随意更改。第二,样本来源的两个总体必须服从正态分布。

假设某公司为了检验进行新式培训前后销售人员的销售成绩是否有了显著提高,从销售人员中随机抽出 12 名人员进行测试,这些人员培训前后的销售成绩放置于数据文件"销售培训.sav"中,试分析该培训是否产生了显著效果。

表 3—10　销售成绩　　　　　　　　　　　　　(单位:万元)

培训前	440	500	580	460	490	480	600	590	430	510	320	470
培训后	520	520	550	500	440	540	500	640	580	620	590	620

选择菜单"分析→比较均值→配对样本 T 检验"打开对话框,如图 3—12 所示。将两个配对变量移入右边的成对变量列表框中。移动的方法是:先选择其中的一个配对变量,再选择第二个配对变量,接着单击中间的箭头按钮。选项按钮用于设置置信度选项,这里保持系统默认的 95%,在主对话框中单击"确定"按钮来执行操作。

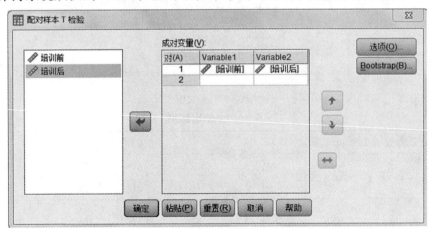

图 3-12　配对样市 T 检验

表 3—11　成对差分

	成对差分					t	df	Sig.(双侧)
	均值	标准差	均值的标准误差	差分的 95% 置信区间				
				下限	上限			
培训前—培训后	−62.50000	100.46483	29.00170	−126.33231	1.33231	−2.155	11	.054

表 3—11 给出了配对样本 t 检验结果,包括配对变量差值的均值、标准差、均值的标准误差以及差值的 95% 置信度下的区间估计。当然也给出了最为重要的 t 统计量和 p 值。结果显示 p=0.054>0.05,表明公司的所谓新式培训并未带来销售人员销售成绩的显著变化。

(二)SPSS 应用于方差分析

根据下列数据,检验民族因素对收入的影响是否显著。

表 3—12　民族与收入　　　　　　　(单位:百元)

序号	人均收入	民族	序号	人均收入	民族
1	46	1	13	63	2
2	50	1	14	71	2
3	52	1	15	73	2
4	58	1	16	77	2
5	60	1	17	54	3
6	68	1	18	57	3
7	72	1	19	63	3
8	75	1	20	64	3
9	52	2	21	68	3
10	53	2	22	69	3
11	59	2	23	76	3
12	60	2	24	78	3

选择菜单"分析→比较均值→单因素方差分析",依次将观测变量"人均收入"移入因变量列表框中,将因素变量"民族"移入因子列表框中。如图 3—13 所示。

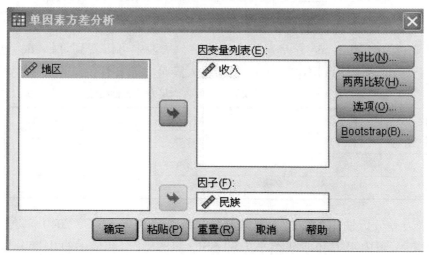

图 3—13　单因素方差分析

单击两两比较按钮,如图 3—14 所示,该对话框用于进行多重比较检验,即各因素水平下观测变量均值的两两比较。

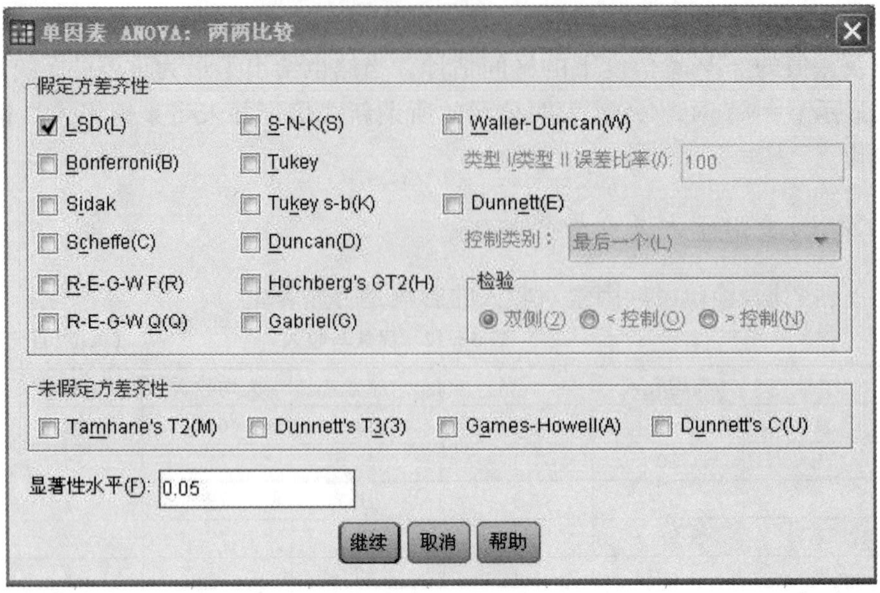

图 3-14 两两比较

假定方差齐性选项栏中给出了在观测变量满足不同因素水平下的方差齐性条件下的多种检验方法,这里选择最常用的 LSD 检验法。单击"选项"按钮,弹出选项子对话框,在子对话框中选中"方差同质性检验"复选框,从而输出"方差齐性检验"的结果。在主对话框中点击"确定"按钮,可以得到单因素分析的结果。试验结果分析如表 3-13 所示。

表 3-13 方差齐性检验

Levene 统计量	df1	df2	显著性
.361	2	21	.701

表 3-13 给出了 Levene 方差齐性检验结果。从表中可以看到,Levene 统计量对应的 p 值大于 0.05,所以得到不同民族的人均收入满足方差齐性的结论。

表 3-14 不同民族的人均收入满足方差齐性检验

	平方和	df	均方	F	显著性
组间	144.750	2	72.375	.802	.462
组内	1895.750	21	90.274		
总数	2040.500	23			

单因素方差分析输出的方差分析表解释如下:总离差 SST=2040.5,组间平方和 SSR=144.750,组内平方和或残差平方和 SSE=1895.75,相应的自由度分别为 23,2,21;组间均方差 MSR=74.375,组内均方差为 90.274,F=0.802,由于 $p=0.462>0.05$,这说明在 $\alpha=0.05$ 的显著性水平下,F 检验是不显著的,所以不同民族人均收入没有显著性差异。

五、实训评价

"SPSS 软件模型训练"课业的评估分值占本章基本技能评估考核总分的 40%,即 40 分。本课业的评估标准及其评估分值为:一是能够使用 SPSS 软件进行假设检验并能达到事先要求的得 20 分,没有达到事先要求的酌情扣分。二是能够使用 SPSS 软件进行方差分析并能达到事先要求的得 20 分,没有达到事先要求的酌情扣分。

六、实训范例

SPSS 分析:企业所用广告方式和其所在地区与销售额的关系

某企业在制定某商品的广告策略时,收集了该商品在不同地区采用不同广告形式促销后的销售额数据,分析广告形式和地区是否影响商品销售额。自变量为广告方式(X_1)和地区(X_2),因变量为销售额(X_3)。涉及地区 18 个,每个地区抽取样本 8 个,共有案例 144 个。在下表中,变量 X1 列中,1 表示报纸,2 表示广播,3 表示宣传品,4 表示体验。具体数据见表 3—15。

表 3—15 广告方式、地区和销售额数据

广告形式	地区	销售额	广告形式	地区	销售额	广告形式	地区	销售额
1	1	75	2	13	68	1	7	70
2	1	69	4	13	51	2	7	68
4	1	63	3	11	41	4	7	68
3	1	52	3	13	65	3	7	52
1	2	57	1	14	65	1	8	86
2	2	51	2	14	63	2	8	75
4	2	67	4	14	61	4	8	61
3	2	61	3	14	58	3	8	61
1	3	76	1	15	65	1	9	62
2	3	100	2	15	83	2	9	65
4	3	85	4	15	75	4	9	55
3	3	61	3	15	50	3	9	43
1	4	77	1	16	79	1	10	88
2	4	90	2	16	76	2	10	70
4	4	80	4	16	64	4	10	76
3	4	76	3	16	44	3	10	69
1	5	75	1	17	62	1	11	56
2	5	77	2	17	73	2	11	53
4	5	87	4	17	50	4	11	70
3	5	57	3	17	45	3	11	43
1	6	72	1	18	75	1	12	86

续表

广告形式	地区	销售额	广告形式	地区	销售额	广告形式	地区	销售额
2	6	60	2	18	74	2	12	73
4	6	62	4	18	62	4	12	77
3	6	52	3	18	58	3	12	51
1	7	76	1	1	68	1	13	84
2	7	33	2	1	54	2	13	79
4	7	70	4	1	58	4	13	42
3	7	33	3	1	41	3	13	60
1	8	81	1	2	75	1	14	77
2	8	79	2	2	78	2	14	66
4	8	75	4	2	82	4	14	71
3	8	69	3	2	44	3	14	52
1	9	63	1	3	83	1	15	78
2	9	73	2	3	79	2	15	65
4	9	40	4	3	78	4	15	65
3	9	60	3	3	86	3	15	55
1	10	94	1	4	66	1	16	80
2	10	100	2	4	83	2	16	81
4	10	64	4	4	87	4	16	78
3	10	61	3	4	75	3	16	52
1	11	54	1	5	66	1	17	62
2	11	61	2	5	74	2	17	57
4	11	40	4	5	70	4	17	37
1	12	70	3	5	75	3	17	45
2	12	68	1	6	76	1	18	70
4	12	67	2	6	69	2	18	65
3	12	66	4	6	77	4	18	83
1	13	87	3	6	63	3	18	60

（一）对数据进行预处理

按照 X_1 对数据进行升序排序，具体操作如下：选择菜单"数据→排序个案"，指定排序变量"广告形式"到排序依据框中，并选择排列顺序。从排序后的数据可以看出，广告形式为1的商品平均销售额高于其他三种广告形式，但是销售额最大值都出现在广告形式为2的时候。

（二）单因素方差分析

在这里，以商品销售额为观测变量，广告形式和地区为控制变量，以单因素方差分析方法分别对广告形式、地区对销售额的影响进行分析。两个单因素方差分析的原假设分别设为:不同广告形式没有对销售额产生显著影响(即不同广告形式对销售额的效应同时为0);不同地区的销售额没有显著差异(即不同地区对销售额的效应同时为0)。操作步骤如下:选择菜单分析→比较均值→单因素方差分析,选择观测变量"销售额"到因变量列表框,选择"广告形式"到因子框中,于是出现如图3—15所示的窗口。

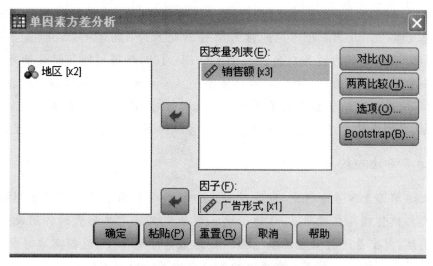

图3—15 单因素方差分析窗口

SPSS自动计算出组间方差、组内方差、F统计量以及对应的概率P值,完成单因素方差分析的相关计算,并将计算结果输出到SPSS输出窗口中。分析结果如图3—16、3—17所示。

ANOVA

销售额

	平方和	df	均方	F	显著性
组间	5866.083	3	1955.361	13.483	.000
组内	20303.222	140	145.023		
总数	26169.306	143			

图3—16 广告形式对销售额的单因素方差分析结果

ANOVA

销售额

	平方和	df	均方	F	显著性
组间	9256.306	17	545.018	4.062	.000
组内	16904.000	126	134.159		
总数	26169.306	143			

图3—17 地区对销售额的单因素方差分析结果

结果分析:图3—16是广告形式对销售额的单因素方差分析结果。可以看到:观测变量销售额的离差平方和为26169.306;如果仅考虑广告形式单个因素的影响,则销售额总变差中,不同广告形式可解释的变差为5866.083,抽样误差引起的变差为20303.222,它们的方差分别为1955.361和145.023;所得到的F统计量的观测值为13.483,对应的概率P值近似为0。由于概率值P小于显著性水平0.05,则应该拒绝原假设,认为不同广告形式对销售额产生了显著影响。图3—18是地区对销售额的单因素方差分析结果。可以看到,如果仅考虑地区单个因素的影响,则销售额总变差26169.306中不同地区可解释的变差为9265.306,抽样误差引起的变差为16904,它们的方差分别为545.018和134.159,所得到的F统计量为4.062,对应的概率P值近似为0。由于概率P值小于显著性水平0.05,所以应该拒绝原假设,认为不同地区对销售额产生了显著影响。同时对比图3—16和图3—17容易发现:如果从单因素的角度考虑,广告形式对销售额的影响比地区来讲更明显。

(三)多重比较检验

在上述单因素方差分析中,发现不同广告形式对产品销售额有显著影响,不同地区的产品销售额存在显著差异,为了进一步研究哪种广告形式的作用比较明显,哪种不明显,对变量进行多重比较检验。具体操作步骤如下:选择菜单分析→比较均值→单因素分析。如图3—18所示的窗口中按两两对比按钮:

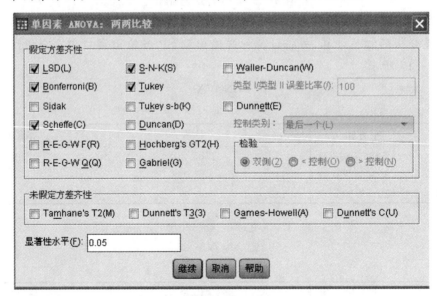

图3-18 多重比较窗口

点击"继续",回到最开始界面,再点击"确定",输出结果如图3—19:

表 3—16　广告形式多重比较检验的相似性子集销售额

	(I)广告形	(J)广告形	均值差(I—J)	标准误	显著性	95%置信区间	
						下限	上限
Tukey HSD	报纸	广播	2.33333	2.83846	0.844	−5.0471	9.7138
		宣传品	16.66667	2.83846	0	9.2862	24.0471
		体验	6.61111	2.83846	0.096	−0.7693	13.9915
	广播	报纸	−2.33333	2.83846	0.844	−9.7138	5.0471
		宣传品	14.33333	2.83846	0	6.9529	21.7138
		体验	4.27778	2.83846	0.436	−3.1027	11.6582
	宣传品	报纸	−16.66667	2.83846	0	−24.0471	−9.2862
		广播	−14.33333	2.83846	0	−21.7138	−6.9529
		体验	−10.05556	2.83846	0.003	−17.436	−2.6751
	体验	报纸	−6.61111	2.83846	0.096	−13.9915	0.7693
		广播	−4.27778	2.83846	0.436	−11.6582	3.1027
		宣传品	10.05556	2.83846	0.003	2.6751	17.436
LSD	报纸	广播	2.33333	2.83846	0.412	−3.2784	7.9451
		宣传品	16.66667	2.83846	0	11.0549	22.2784
		体验	6.61111	2.83846	0.021	0.9993	12.2229
	广播	报纸	−2.33333	2.83846	0.412	−7.9451	3.2784
		宣传品	14.33333	2.83846	0	8.7216	19.9451
		体验	4.27778	2.83846	0.134	−1.334	9.8896
	宣传品	报纸	−16.66667	2.83846	0	−22.2784	−11.0549
		广播	−14.33333	2.83846	0	−19.9451	−8.7216
		体验	−10.05556	2.83846	0.001	−15.6673	−4.4438
	体验	报纸	−6.61111	2.83846	0.021	−12.2229	0.9993
		广播	−4.27778	2.83846	0.134	−9.8896	1.334
		宣传品	10.05556	2.83846	0.001	4.4438	15.6673

结果分析：在表 3—16 中，分别显示了两两广告形式下销售额均值检验的结果。以报纸广告与其他三种广告形式的两两检验结果为例，在 LSD 方法中，报纸广告和广播广告的效果没有显著差异(显著性水平为 0.05)，(概率值为 0.412)，与宣传品和体验均有显著差异(概率值分别为 0.00，接近 0 和 0.021)；但在其他三种方法中，报纸广告只与宣传品广告有显著差异，而与体验无显著差异。

(资料来源：薛薇编著.SPSS 统计分析方法及应用(第三版).北京，电子工业出版社，2014)

训练三 聚类分析

一、实训任务

聚类分析是一种建立分类的多元统计分析方法,它能够将一批样本数据根据其诸多特征,按照在性质上的亲疏程度在没有先验知识的情况下进行自动分类,产生多个分类结果,是探索性的数据分析方法。通常,我们可以利用聚类分析将看似无序的对象进行分组、归类,以达到更好地理解研究对象的目的。在营销数据分析中,很多问题可以借助聚类分析来解决,比如:聚类分析在市场客户细分中的应用;聚类分析在选择实验市场中的应用;聚类分析在抽样方案设计中的研究应用;聚类分析在市场销售片区选择中的应用;聚类分析在市场机会研判中的运用。

通过本试验项目,使学生理解并掌握使用 SPSS 软件对市场调研中搜集的数据进行聚类分析,理解聚类分析中"亲疏程度"的度量方法,掌握层次聚类的两种类型和两种方式,掌握快速聚类的核心步骤,并能够使用 SPSS 软件对市场调研数据进行相应的聚类分析。

二、实训要求

第一,要求学生能够掌握聚类分析中亲疏程度的度量方法,以及层次聚类的基本原理,并能够熟练使用 SPSS 软件进行层次聚类等实训操作。

第二,要求学生掌握快速聚类的核心步骤,并能够使用 SPSS 软件对市场调研数据进行相应的快速聚类分析。

三、理论指导

(一)相似度的测量

聚类分析是分析如何对样品(或变量)进行量化分类的问题,通常聚类分析分为对样品进行分类处理的 Q 型聚类,和对变量进行分类处理的 R 型聚类。

1. 样品相似性的度量

在聚类分析之前,首先要分析样品间的相似性。Q 型聚类分析,常用距离来测度样品之间的相似程度。每个样品有 p 个指标(变量)从不同方面描述其性质,形成一个 p 维的向量。如果把这 n 个样品看成 p 维空间中的 n 个点,则两个样品间的相似程度就可用 p 维空间中的两点距离公式来度量。两点距离公式可以从不同角度进行定义,令 d_{ij} 表示样品 X_i 与 X_j 的距离,存在以下的距离公式。

(1)闵科夫斯基距离

$$d_{ij}(q) = (\sum_{k=1}^{p} | X_{ik} - X_{jk} |^q)^{1/q}$$

闵科夫斯基距离又称闵氏距离,按 q 值的不同又可分成
①绝对距离($q=1$)

$$d_{ij}(1) = \sum_{k=1}^{p} | X_{ik} - X_{jk} |$$

②欧几里得距离($q=2$)

$$d_{ij}(2) = (\sum_{k=1}^{p} | X_{ik} - X_{jk} |^2)^{1/2}$$

③切比雪夫距离($q=\infty$)

$$d_{ij}(\infty) = \max_{1 \leq k \leq p} | X_{ik} - X_{jk} |$$

欧几里得距离较为常用,但在解决多元数据的分析问题时,它就显得不足。一是它没有考虑到总体变异对"距离"远近的影响,显然一个变异程度大的总体可能与更多样品近些,即使它们的欧几里得距离不一定最近;二是欧几里得距离受到变量的量纲影响,对多元数据的处理是不利的。为了克服这方面的不足,可用"马氏距离"概念。

(2)马氏距离

设 X_i 与 X_j 是来自均值向量为 μ,协方差为 $\Sigma(>0)$ 的总体 G 中的 p 维样品,则两个样品间的马氏距离为

$$d_{ij}^2(M) = (X_i - X_j)' \sum\nolimits^{-1} (X_i - X_j)$$

马氏距离又称为广义欧几里得距离。显然,马氏距离与上述各种距离的主要不同是它考虑了观测变量之间的关联性。如果各变量之间相互独立,即观测变量的协方差矩阵是对角矩阵,则马氏距离就退化为用各个观测指标的标准差的倒数作为加权数的加权欧几里得距离。马氏距离还考虑了观测变量之间的变异性,不再受各指标量纲的影响。将原始数据做线性变换后,马氏距离不变。

(3)兰氏距离

$$d_{ij}(L) = \frac{1}{p} \sum_{k=1}^{p} \frac{| X_{ik} - X_{jk} |}{X_{ik} + X_{jk}}$$

它仅适用于一切 $X_{ij} > 0$ 的情况,这个距离也可以克服各个指标之间量纲的影响。这是一个自身标准化的量,由于它对奇异值不敏感,它特别适合用于高度偏倚的数据。虽然这个距离有助于克服欧氏距离的第一个缺点,但它也没有考虑指标之间的关联性。

(4)距离选择的原则

一般来说,同一批数据采用不同的距离公式,会得到不同的分类结果。产生不同结果的原因,主要是由于不同的距离公式的侧重点和实际意义不同。因此,我们在进行聚类分析时,应该注意距离公式的选择。通常选择距离公式应注意遵守以下的基本原则:

一是,要考虑所选择的距离公式在实际应用中有明确的意义。如欧几里得距离就

有非常明确的空间距离概念,马氏距离有消除量纲影响的作用。

二是,要综合考虑对样本观测数据的预处理和将要采用聚类分析方法。如在进行聚类分析之前已经对变量作了标准化处理,通常就可采用欧几里得距离。

三是,要考虑研究对象的特点及计算量的大小。样品间距离公式的选择是一个比较复杂且带有一定主观性的问题,我们应根据研究对象的特点不同作出具体分析。实际中,聚类分析前不妨试探性的多选择几个距离公式分别进行聚类,然后对其结果进行对比分析,以确定最适合的距离测度方法。

2. 变量相似性的度量

多元数据中的变量表现形式为向量形式,在几何上可用多维空间中的一个有向线段表示。在对多元数据进行分析时,相对于数据的大小,我们更多地对变量的变化趋势或者方向感兴趣。因此,变量间的相似性,我们可以从它们的方向趋同性或"相关性"进行考察,从而得到"夹角余弦法"和"相关系数"两种度量方法。

(1)夹角余弦

两变量X_i与X_j看作p维空间的两个向量,这两个向量间的夹角余弦可用下式进行计算

$$\cos\theta_{ij} = \frac{\sum_{k=1}^{p} X_{ik} X_{jk}}{\sqrt{(\sum_{k=1}^{p} X_{ik}^2)(\sum_{k=1}^{p} X_{jk}^2)}}$$

所以,$|\cos\theta_{ij}| \leqslant 1$。

(2)相关系数

相关系数经常用来度量变量间的相似性。变量X_i与X_j的相关系数定义为

$$r_{ij} = \frac{\sum_{k=1}^{p}(X_{ik}-\bar{X}_i)(X_{jk}-\bar{X}_j)}{\sqrt{\sum_{k=1}^{p}(X_{ik}-\bar{X}_i)^2 \sum_{k=1}^{p}(X_{jk}-\bar{X}_j)^2}}$$

所以,$|r_{ij}| \leqslant 1$。

无论是夹角余弦还是相关系数,它们的绝对值都小于1,作为变量近似性的度量工具,我们把它们统计为c_{ij}。当$|c_{ij}|=1$时,说明变量X_i与X_j完全相似;当$|c_{ij}|$趋近于1时,说明变量X_i与X_j非常密切;当$|c_{ij}|=0$时,说明变量X_i与X_j完全不一样;当$|c_{ij}|$趋近于0时,说明变量X_i与X_j差别很大。据此,我们把比较相似的变量聚为一类,把不太相似的变量归到不同的类内。

在实际聚类过程中,为了计算方便,我们把变量间相似性的度量公式作一个变换为

$$d_{ij} = 1 - |c_{ij}|$$

或

$$d_{ij}^2 = 1 - c_{ij}^2$$

用 d_{ij} 表示变量间的距离远近，d_{ij} 小则 X_i 与 X_j 先聚成一类。

（二）系统聚类分析法

1. 系统聚类的基本思想

这种思想是，距离相近的样品（或变量）先聚成类，距离相远的后聚成类，过程一直进行下去，每个样品（或变量）总能聚到合适的类中。系统聚类过程是：假设总共有 n 个样品（或变量），第一步将每个样品（或变量）独自聚成一类，共有 n 类；第二步根据所确定的样品（或变量）"距离"公式，把距离较近的两个样品（或变量）聚合成一类，其他的样品（或变量）仍各自聚为一类，共聚成 n－1 类；第三步将"距离"最近的两个类进一步聚成一类，共聚成 n－2 类；……以上步骤一直进行下去，最后将所有的样品（或变量）聚成一类。为了直观地反映以上的系统聚类过程，可以把整个分类系统地画成一张谱系图。所以有时系统聚类也称为谱系分析。

2. 类间距离与系统聚类法

在进行系统聚类之前，我们首先要定义类与类之间的距离，由类间距离定义的不同产生了不同的系统聚类法。常用的类间距离定义有 8 种之多，与之相应的系统聚类法也有 8 种，分别为最短距离法、最长距离法、中间距离法、重心法、类平均法、可变类平均法、可变法和离差平方和法。它们的归类步骤基本上是一致的，主要差异是类间距离的计算方法不同。以下用 d_{ij} 表示样品 X_i 与 X_j 之间距离，用 D_{ij} 表示类 G_i 与 G_j 之间的距离。

（1）最短距离法

定义类 G_i 与 G_j 之间的距离为两类最近样品的距离为

$$D_{ij} = \min_{X_i \in G_i, X_j \in G_j} d_{ij}$$

设类 G_p 与 G_q 合并成一个新类记为 G_r，则任一类 G_k 与 G_r 的距离为

$$\begin{aligned} D_{kr} &= \min_{X_i \in G_k, X_j \in G_r} d_{ij} \\ &= \min\{ \min_{X_i \in G_k, X_j \in G_p} d_{ij}, \min_{X_i \in G_k, X_j \in G_q} d_{ij} \} \\ &= \min\{D_{kp}, D_{kq}\} \end{aligned}$$

最短距离法进行聚类分析的步骤如下：

①定义样品之间的距离，计算样品的两两距离，得一距离阵记为 $D_{(0)}$，开始每个样品自成一类，显然这时 $D_{ij}=d_{ij}$。

②找出距离最小元素，设为 D_{pq}，则将 G_p 和 G_q 合并成一个新类，记为 G_r，即 $G_r = \{G_p, G_q\}$。

③按上式计算新类与其他类的距离。

④重复(2)、(3)两步，知道所有元素并成一类为止。如果某一步距离最小的元素不止一个，则对应这些最小元素的类可以同时合并。

(2) 最长距离法

定义类 G_i 与 G_j 之间的距离为两类最远样品的距离为

$$D_{pq} = \max_{X_i \in G_p, X_j \in G_q} d_{ij}$$

最长距离法与最短距离法的并类步骤完全一样,也是将各样品先自成一类,然后将距离最小的两类合并。将类 G_p 和 G_q 合并为 G_r,则任一类 G_k 与 G_r 的类间距离公式为

$$D_{kr} = \max_{X_i \in G_k, X_j \in G_r} d_{ij}$$
$$= \max\{\max_{X_i \in G_k, X_j \in G_p} d_{ij}, \max_{X_i \in G_k, X_j \in G_q} d_{ij}\}$$
$$= \max\{D_{kp}, D_{kq}\}$$

再找距离最小两类并类,直至所有的样品全归为一类为止。可以看出,最长距离法与最短距离法只有两点不同:一是类之间的距离定义不同;另一是计算新类与其他类的距离所用的公式不同。

(3) 中间距离法

最短、最长距离定义表示都是极端情况,我们定义类间距离可以既不采用两类之间最近的距离也不采用两类之间最远的距离,而是采用介于两者之间的距离,称为中间距离法。

中间距离将类 G_p 和类 G_q 合并为类 G_r,则任意的类 G_k 与 G_r 的距离公式为

$$D_{kr}^2 = \frac{1}{2}D_{kp}^2 + \frac{1}{2}D_{kq}^2 + \beta D_{pq}^2, \quad -\frac{1}{4} \leqslant \beta \leqslant 0$$

设 $D_{kq} > D_{kp}$,如果采用最短距离法,则 $D_{kr} = D_{kp}$,如果采用最长距离法,则 $D_{kr} = D_{kq}$。如图所示,上式就是取它们(最长距离与最短距离)的中间一点作为计算 D_{kr} 的根据。特别当 $\beta = -\frac{1}{4}$,它表示取中间点算距离,公式为

$$D_{kr} = \sqrt{\frac{1}{2}D_{kp}^2 + \frac{1}{2}D_{kq}^2 - \frac{1}{4}D_{pq}^2}$$

(4) 重心法

重心法定义类间距离为两类重心(各类样品的均值)的距离。中心指标对类有很好的代表性,但利用各样本的信息不充分。

设 G_p 和 G_q 分别有样品 n_p, n_q 个,其重心分别为 $\bar{X}_p$ 和 $\bar{X}_q$,则 G_p 和 G_q 之间的距离定义为 $\bar{X}_p$ 和 $\bar{X}_q$ 之间的距离,这里我们用欧几里得距离来表示,即

$$D_{pq}^2 = (\bar{X}_p - \bar{X}_q)'(\bar{X}_p - \bar{X}_q)$$

设 G_p 和 G_q 合并为 G_r,则 G_r 内样品个数为 $n_r = n_p + n_q$,它的重心是 $\bar{X}_r = \frac{1}{n_r}(n_p \bar{X}_p + n_q \bar{X}_q)$,类 G_k 的重心是 $\bar{X}_k$,那么依据上式它与新类的距离是

$$D_{kr}^2 = \frac{n_p}{n_r}D_{kp}^2 + \frac{n_q}{n_r}D_{kq}^2 - \frac{n_p n_q}{n_r^2}D_{pq}^2$$

实际上上式表示的类 G_k 与新类 G_r 的距离为

$$D_{kr}^2 = (\bar{X}_k - \bar{X}_r)'(\bar{X}_k - \bar{X}_r)$$
$$= [\bar{X}_k - \frac{1}{n_r}(n_p\bar{X}_p + n_q\bar{X}_q)]'[\bar{X}_k - \frac{1}{n_r}(n_p\bar{X}_p + n_q\bar{X}_q)]$$
$$= \bar{X}'_k\bar{X}_k - 2\frac{n_p}{n_r}\bar{X}'_k\bar{X}_p - 2\frac{n_q}{n_r}\bar{X}'_k\bar{X}_q + \frac{1}{n_r^2}(n_p^2\bar{X}'_p\bar{X}_p + 2n_pn_q\bar{X}'_p\bar{X}_q + n_q^2\bar{X}'_q\bar{X}_q)$$

利用 $\bar{X}'_k\bar{X}_k = \frac{1}{n_r}(n_p\bar{X}'_k\bar{X}_k + n_q\bar{X}'_k\bar{X}_k)$ 代入上式,得出

$$D_{kr}^2 = \frac{n_p}{n_r}D_{kp}^2 + \frac{n_q}{n_r}D_{kq}^2 - \frac{n_pn_q}{n_r^2}D_{pq}^2$$

(5)类平均法

类平均法定义类间距离平方为这两类元素两两之间距离平方的平均数为

$$D_{pq}^2 = \frac{1}{n_pn_q}\sum_{X_i\in G_p}\sum_{X_j\in G_q}d_{ij}^2$$

设聚类的某一步将 G_p 和 G_q 合并为 G_r,则任一类 G_k 与 G_r 的距离为

$$D_{kr}^2 = \frac{1}{n_kn_r}\sum_{X_i\in G_k}\sum_{X_j\in G_r}d_{ij}^2$$
$$= \frac{1}{n_kn_r}(\sum_{X_i\in G_k}\sum_{X_j\in G_p}d_{ij}^2 + \sum_{X_i\in G_k}\sum_{X_j\in G_q}d_{ij}^2)$$
$$= \frac{n_p}{n_r}D_{kp}^2 + \frac{n_q}{n_r}D_{kq}^2$$

类平均的聚类过程与上述方法完全类似,这里就不再详述了。

(6)可变类平均法

由于类平均法没有反映出 G_p 和 G_q 之间的距离 D_{pq} 的影响,因此将类平均法进一步推广,如果将 G_p 和 G_q 合并为 G_r,类 G_k 与新并类 G_r 的距离公式为

$$D_{kr}^2 = (1-\beta)(\frac{n_p}{n_r}D_{kp}^2 + \frac{n_q}{n_r}D_{kq}^2) + \beta D_{pq}^2$$

其中,β 是可变的且 $\beta<1$,称这种系统聚类法为可变类平均法。

(7)可变法

针对于中间法而言,如果将中间法的前两项的系数也依赖于 β,那么如果将 G_p 和 G_q 合并为新类 G_r,类 G_k 与新并类 G_r 的距离公式为

$$D_{kr}^2 = \frac{1-\beta}{2}(D_{kp}^2 + D_{kq}^2) + \beta D_{pq}^2$$

其中,β 是可变的且 $\beta<1$。显然在可变类平均法中取 $\frac{n_p}{n_r} = \frac{n_q}{n_r} = \frac{1}{2}$,即为可变法。可变类平均法与可变法的分类效果与 β 的选择关系很大,在实际应用中 β 常取负值。

(8)离差平方和法

该方法是 Ward 提出来的,所以又称为 Ward 法。该方法的基本思想来自于方差分析,如果分类正确,同类样品的离差平方和应该较小,类与类的离差平方和较大。具体做法是先将 n 个样品各自成一类,然后每次缩小一类,每缩小一类,离差平方和就要增大,选择使方差增加最小的两类合并,直到所有的样品归为一类为止。

设将 n 个样品分成 k 类 $G_1, G_2, \cdots, G_k$,用 X_{it} 表示 G_t 中的第 i 个样品,n_t 表示 G_t 中样品的个数,$\bar{X}_t$ 是 G_t 的重心,则 G_t 的样品离差平方和为

$$S_t = \sum_{i=1}^{n_t}(X_{it} - \bar{X}_t)'(X_{it} - \bar{X}_t)$$

如果 G_p 和 G_q 合并为新类 G_r,类内离差平方和分别为

$$S_p = \sum_{i=1}^{n_p}(X_{ip} - \bar{X}_p)'(X_{ip} - \bar{X}_p)$$

$$S_q = \sum_{i=1}^{n_q}(X_{iq} - \bar{X}_q)'(X_{iq} - \bar{X}_q)$$

$$S_r = \sum_{i=1}^{n_r}(X_{ir} - \bar{X}_r)'(X_{ir} - \bar{X}_r)$$

它们反映了各自类内样品的分散程度,如果 G_p 和 G_q 这两类相距较近,则合并后所增加的离散平方和 $S_r - S_p - S_q$ 应较小;否则,应较大。于是定义 G_p 和 G_q 之间的平方距离为

$$D_{pq}^2 = S_r - S_p - S_q$$

其中,$G_r = G_p \cup G_q$,可以证明类间距离的递推公式为

$$D_{kr}^2 = \frac{n_k + n_p}{n_r + n_k} D_{kp}^2 + \frac{n_k + n_q}{n_r + n_k} D_{kq}^2 - \frac{n_k}{n_r + n_k} D_{pq}^2$$

这种系统聚类法称为离差平方和法或 Ward 方法。

3. 类间距离的统一性

上述八种系统聚类法的步骤完全一样,只是距离的递推公式不同。兰斯(Lance)和威廉姆斯(Williams)与 1967 年给出了一个统一的公式。

$$D_{kr}^2 = \alpha_p D_{kp}^2 + \alpha_q D_{kq}^2 + \beta D_{pq}^2 + \gamma \mid D_{kp}^2 - D_{kq}^2 \mid$$

其中,$\alpha_p、\alpha_q、\beta、\gamma$ 是参数,不同的系统聚类法,它们取不同的数,详见下表。

表 3—17 类间距离的测度方法

方法	α_p	α_q	β	γ
最短距离法	1/2	1/2	0	0
最长距离法	1/2	1/2	0	1/2
中间距离法	1/2	1/2	$-1/4$	0
重心法	n_p/n_r	n_q/n_r	$-\alpha_p \alpha_q$	0
类平均法	n_p/n_r	n_q/n_r	0	0
可变类平均法	$(1-\beta) n_p/n_r$	$(1-\beta) n_q/n_r$	$\beta(<1)$	0
可变法	$(1-\beta)/2$	$(1-\beta)/2$	$\beta(<1)$	0
离差平方和法	$(n_p+n_k)/(n_r+n_k)$	$(n_q+n_k)/(n_r+n_k)$	$-n_k/(n_r+n_k)$	0

这里应该注意,不同的聚类方法结果不一定完全相同,一般只是大致相似。如果有很大的差异,则应该仔细考查,找到问题所在;另外,可将聚类结果与实际问题对照,看哪一个结果更符合经验。

(三)K 均值聚类分析

用系统聚类法聚类时,随着聚类样本对象的增加,计算量会迅速增加,而且聚类结果——谱系图会十分复杂,不便于分析。特别是样本的个数很大(如 n>100)时,系统聚类法的计算量非常大,将占据大量的计算机内存空间和较多的计算时间,甚至会因计算机内存或计算时间的限制而无法进行。为了改进上述缺点,一个自然的想法是先粗略地分一下类,然后按某种最优原则进行修正,直到将类分得比较合理时为止。基于这种思想就产生了动态聚类法,也称逐步聚类法。

动态聚类解决的问题是:假如有多个样本点,要把它们分为类,使得每一类内的元素都是聚合的,并且类与类之间还能很好地区别开。动态聚类适用于大型数据。动态聚类法有很多种方法,K 均值法是一种比较流行的动态聚类法。

K 均值法是麦奎因(MacQueen 1967)提出的,这种算法的基本思想是将每一个样品分配给最近中心(均值)的类中,具体的算法至少包括以下三个步骤:

(1)将所有的样品分成 K 个初始类;

(2)通过欧几里得距离将某个样品划入离中心最近的类中,并对获得样品与失去样品的类,重新计算中心坐标;

(3)重复步骤(2),直到所有的样品都不能再分配为止。

对于动态聚类法,选择初始凝聚点和判断分类合理的标准时关键问题。下面分别进行讨论。

首先,选择初始凝聚点。为了得到初始分类,须选择一些凝聚点。凝聚点就是一批有代表性的点,是欲形成类的中心。凝聚点的选择直接决定初始分类,对分类结果也有很大的影响,由于选择的凝聚点不同,其最终分类结果也将不同,故选择时要慎重。通常选择凝聚点的方法有:

第一,人为选择,当人们对所欲分类的问题有一定了解时,根据经验,预先确定分类个数和初始分类,并从每一类中选择一个有代表性的样品作为凝聚点。

第二,将数据人为地分成 A 类,计算每一类的重心,就将这些重心作为凝聚点。

第三,用密度法选择凝聚点。以某个正数 d 为半径,以每个样品为球心,落在这个球内的样品数(不包括作为球心的样品)就叫做这个样品的密度。此方法中,d 要给的合适,太大了会使凝聚点个数太少,太小了会使凝聚点个数太多。

第四,人为地选择正数 d,首先以所有样品的均值作为第一凝聚点。然后依次考察每个样品,若某样品与已选定的凝聚点的距离均大于 d,则该样品作为新的凝聚点,否则考察下一个样品。

其次，衡量聚类结果的合理性指标，或算法终止的标准。

定义 设 P_i^n 表示在第 n 次聚类后得到的第 i 类集合，其中 $i=1,2,3,\cdots,k$，$A_i^{(n)}$ 为第 n 次聚类所得到的聚核。

定义 $u_n \triangleq \sum_{i=1}^{n}\sum_{x\in P_i^n}d^2(x,A_i^{(n)})$ 为所有 K 个类中所有元素与其重心的距离的平方和。

$$A_i^j = \frac{1}{n_i}\sum_{x_l \in P_i^j} x_l \qquad j=1,2,3,\cdots,k$$

若分类不合理时，$u_n \triangleq \sum_{i=1}^{n}\sum_{x\in P_i^n}d^2(x,A_i^{(n)})$ 取值会很大，随着分类的过程，其值逐渐下降，并趋于稳定。

算法终止的标准时 $\frac{|u_{n+1}-u_n|}{u_{n+1}} \leqslant \varepsilon$，$\varepsilon$ 是事前给定的一个充分小量。此时，形成的分类是合理的。

K 均值法和系统聚类法一样，都是以距离的远近亲疏为标准进行聚类的，但是二者的不同之处也是明显的：系统聚类对不同的类数产生一系列的聚类结果，而 K 均值法只能产生指定类数的聚类结果。具体类数的确定，离不开实践经验的积累；有时也可以借助系统聚类法以一部分样品为对象进行聚类，其结果作为 K 均值法确定类数的参考。

四、实训操作

例：为了研究中部六省城镇居民人均现金消费的分布规律，需要用调查资料对六个省的消费分类。数据如表 3-18 所示

表 3-18 2013 年中部六省城镇居民人均现金消费数据（单位：元）

省份	X1	X2	X3	X4	X5	X6	X7	X8
安徽	6370.23	1687.49	1663.55	898.55	2411.16	1904.15	869.89	480.16
江西	5221.10	1566.49	1414.89	1004.15	1812.78	1671.24	672.50	471.58
河南	4913.87	1916.99	1315.28	1281.06	1768.28	1911.16	1054.54	660.81
湖北	6259.22	1881.85	1456.30	1059.22	1745.05	1922.83	1033.46	391.57
湖南	5583.99	1520.35	1529.50	1146.65	2409.83	2080.46	1078.82	537.51
山西	3676.65	1627.53	1612.36	870.91	1775.85	2065.44	1020.61	516.84

其中，X1：人均食品支出，X2：人均衣着支出，X3：人均居住支出，X4：人均家庭设备及用品支出，X5：人均交通通信支出，X6：人均文教娱乐支出，X7：人均医疗保健支出，X8：人均其它支出

激活分析菜单选分类中的系统层次聚类项，弹出系统聚类分析对话框（图 3-19）。从对话框左侧的变量列表中选 X1、X2、X3、X4、X5，点击▶钮使之进入变量框；在分群处选择聚类类型为个案聚类。

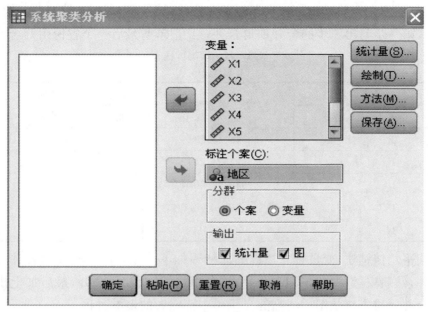

图 3-19 系统聚类对话框

点击方法按钮,弹出系统聚类分析方法对话框,选择聚类方法,系统提供 7 种聚类方法供用户选择:类间平均链锁法、类内平均链锁法、最近邻居法、最远邻居法、重心法、中间距离法、离差平方和法,本例选择类间平均链锁法(系统默认方法)。在选择距离测量技术上,使用欧氏平方距离,再点击 OK 钮即完成分析。

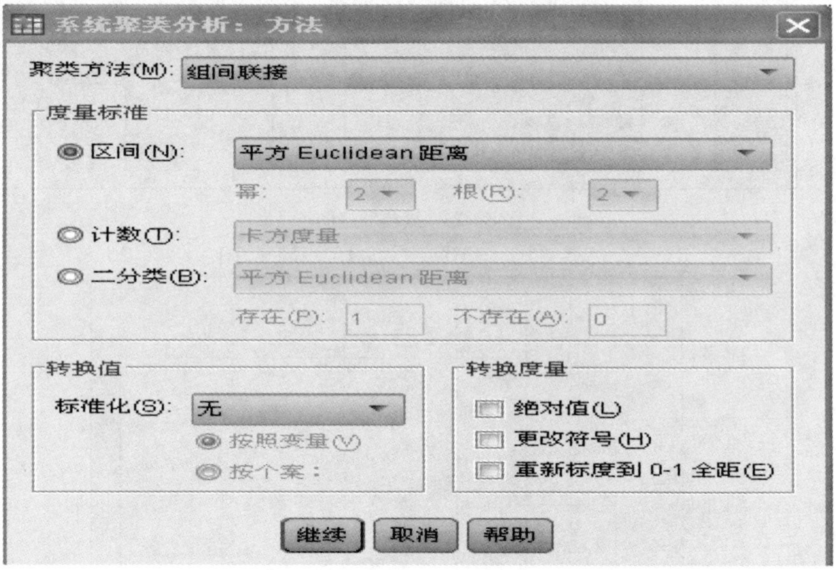

图 3-20 系统聚类方法

在结果输出窗口中将看到如下统计数据:

共 6 个个案进入聚类分析,采用相关系数测量技术。先显示各变量间的相关系数,这对于后面选择典型变量是十分有用的。然后显示类间平均链锁法的合并进程,即第一步,河南与江西先合并;第二步,安徽与湖北合并;第三步,湖南与第二步的合并项被合并;第四步,第一步与第三步的合并项再合并;第五步,与最后一个省份山西合并。

表 3—19 聚类过程

聚类表

阶	群集组合		系数	首次出现阶群集		下一阶
	群集1	群集2		群集1	群集2	
1	2	3	545146.234	0	0	4
2	1	4	597521.249	0	0	3
3	1	5	946707.804	2	0	4
4	1	2	1684699.489	3	1	5
5	1	6	4665632.227	4	0	0

按类间平均链锁法,变量合并过程的冰柱图如下。先是河南与江西合并,接着安徽与湖北合并,然后安徽、湖北与湖南合并,接着再与河南、江西合并,最后加上山西,六个省份全部合并。聚类树状图也清晰的显示出中部六省的聚类过程。

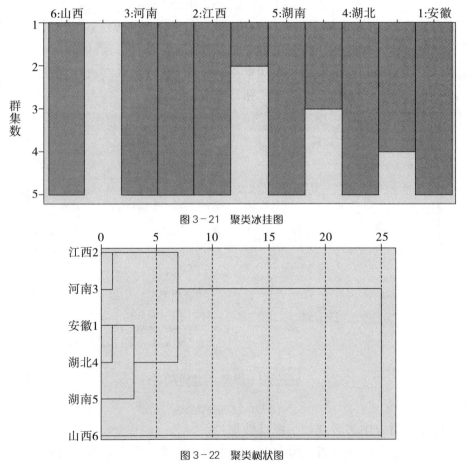

图 3-21 聚类冰挂图

图 3-22 聚类树状图

例:根据对美国洛杉矶 12 个人口调查区调查的数据进行 k 均值聚类分析。

表 3-20 人口调查数据

编号	总人口	中等校平均校龄	总雇员数	专业服务项目数	中等房价
1	5700	12.8	2500	270	25000
2	1000	10.9	600	10	10000
3	3400	8.8	1000	10	9000
4	3800	13.6	1700	140	25000
5	4000	12.8	1600	140	25000
6	8200	8.3	2600	60	12000
7	1200	11.4	400	10	16000
8	9100	11.5	3300	60	14000
9	9900	12.5	3400	180	18000
10	9600	13.7	3600	390	25000
11	9600	9.6	3300	80	12000
12	9400	11.4	4000	100	13000

从"分析→分类→K 均值聚类"入口,进入"K 均值聚类"对话框,在 K 均值聚类对话框上,在"变量"中填入"总人口—中等房价",在"聚类数"中填"2",由于本例中各变量的量纲都一致,因此不必进行标准化。点击"存储",弹出"K 均值聚类-存储"对话框,在"聚类成员列"中填写"分类",各框点击"确定"即可得到结果。最后计算结果汇总如表 3-21 所示:

表 3-21 聚类中心

	初始聚类中心		最终聚类中心	
	聚类		聚类	
	1	2	1	2
总人口	9600	3400	6600	5985.71
中等校平均年龄	13.7	8.8	13.08	10.27
总雇员数	3600	1000	2560	2171.43
专业服务项目数	390	10	224	47.14
中等房价	25000	9000	23600	12285.71

经聚类分析我们可以得出分为两类的结果是:

第一类包括:1、4、5、9、10 五个区

第二类包括:2、3、6、7、8、11、12 七个区

五、实训评价

"聚类分析训练"课业的评估分值比重占本章基本技能评估考核总分的 20%,即 20 分。

本课业的评估标准及其评估分值为：1.能够使用 SPSS 软件进行层次聚类并能达到事先要求得 10 分。没有达到要求的酌情扣分。 2.能够使用 SPSS 软件进行快速聚类并能达到事先要求得 10 分。没有达到事先要求的酌情扣分。

六、实训范例

聚类分析在汽车市场营销中的应用

本案例利用消费者细分系统和聚类分析方法，对某地区汽车市场进行问卷调查，根据受访者的生活方式，对问卷数据进行聚类分析，确定受访者的类别，从而反映该地区整个汽车消费群体的类别，进而确定不同消费群体在整个市场中所占比重，为汽车产品的市场定位提供数据支持。

1. 研究的基本方法

研究的基本方法主要包括抽样方法、心理描述测试法和多元分析方法。抽样方法：为了保证足够的样本数量和样本的合理分配，本文采用随机抽样调查方法（街头随机拦访形式），问卷共 500 份，有效问卷 420 份。价值及生活方式系统：研究消费者的生活方式，通常采用心理描述测试法，即采用一系列关于社会活动、价值观念等内容的陈述，请消费者根据自己的情况做出评价。调查中采用 6 分评价法，1 分表示非常不同意，6 分表示非常同意。经事先的小样本测试筛选，最终确定 32 个测试语句，如下所示：

(1)我通常买高品质的产品

(2)我通常购买正在流行的产品

(3)我经常购买别人推荐的产品

(4)当我购买一种我以前没有购买过的产品时，我会认真阅读产品介绍

……

(32)我选择一种品牌只是因为有促销活动

聚类分析：本文先对相关因子进行变量聚类，判断类别数目之后，再对记录进行聚类，从而得出各类别的频数及比重，结果即市场细分的结果。

2. 分析过程

根据问卷结果，设置 34 个数量变量，问卷编码用 id 表示，32 句陈述分别用 d4_1,d4_2,,d4_32 表示，本文采用 SPSS 统计软件处理数据，无缺失值。

首先采用系统聚类法，判别类别数目。采用最远距离法，得以下图表，初步判断类别数目为 5 类。再通过快速聚类分析法，得最终聚类中心表，可看出各类的性质，并能判断各记录的归属类别。从表 3—22 可看出，第一类在 2、3、4 句陈述平均打分（经过变化后的均值）较高，即第一类喜欢国外品牌、信赖科技、崇尚自然严谨等，可概括为国外品牌追求者。依次类推，可得第二类易受他人影响者，第三类家庭至上者，第四类品牌忠实者，第五类价格敏感者。

表 3－22　聚类分析表

	聚类				
	1	2	3	4	5
追求个性,品味,希望引人注目,渴望成功	−0.08995	0.23031	0.21188	−0.19256	−0.98521
喜欢国外品牌	0.31788	−0.30244	−0.20126	0.12909	0.02752
信赖和喜欢高科技,相信亚洲科技的针对性	0.28272	0.14874	0.11520	−1.18428	0.14890
崇尚自然,简约,健康和严谨	0.29812	0.15093	0.28651	−0.66662	−2.04908
价格敏感	0.14653	−0.19930	0.03386	−0.11082	0.37766
品牌忠诚	0.00861	−0.18259	0.08898	0.76668	−1.46820
家庭至上	−0.73495	0.47136	0.64549	−0.00209	−0.22205
追求低调,简单,平静,舒适的生活	0.28570	0.20699	−0.55460	−0.36670	−0.05320
追求产品多样性和香味多样性,更关注产品功效而不是品牌	0.25057	−0.56735	0.37873	0.22159	−0.35862
容易受别人的影响	0.03618	0.48960	−0.68389	0.07751	−0.81904
更注重产品的品牌,但极易受促销影响	0.09955	0.26625	−0.78930	0.28047	−0.11702

表 3—23 是各类在抽样样本中的频数。可以看出第一类比重最大,为 1/3,即有 1/3 的消费者是国外品牌追求者;第二类比重为 29%,即有 29% 的消费者是易受他人影响者,而价格敏感者所占比重最少,比重为 5%。

表 3－23　聚类分析结果

聚类	1	140000
	2	123000
	3	77000
	4	59000
	5	21000
有效值		420000
缺失值		0

3. 结论

根据分析结果,可以把该地区汽车消费群体分为 5 类。从图 3—23 可以看到该地区汽车消费群体的结构。其中,国外品牌追求类型的消费者比重最大,为 34%。聚类分析对于企业选择目标市场,确定市场营销战略提供了有力的数据支持。虽然聚类方法为市场细分提供了有力的数据分析工具,但其数据分析的前提要求比较高,同时在分析过程中,并不能仅单纯地考虑统计学上意义,还要结合市场和汽车行业背景,才能作出完美的市场细分。

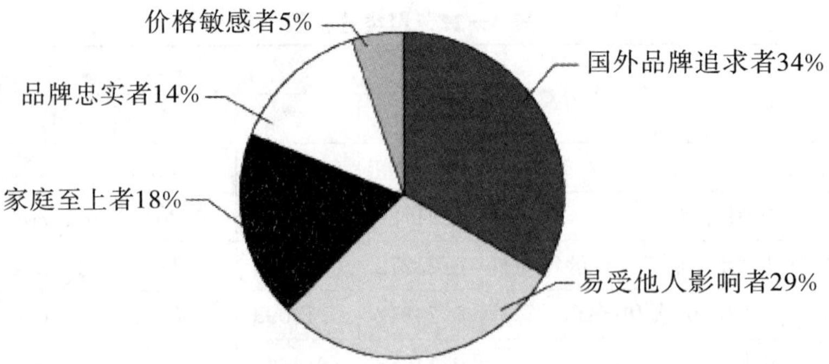

图3-23 汽车消费群体结构

(1)数据分析的前提如下:因子分析对样本量的要求较高:总样本量不得少于100,原则是越多越好;样本量与变量数的比例应在5∶1以上。这样无形增加了分析成本。聚类分析对异常值特别敏感,异常值的存在将会导致类别的错分,因而在聚类分析时,一定要尽量避免异常值的出现。其中快速聚类法对变量的多元正态性、方差齐性等条件要求较高,并且要求避免变量之间的强共线性。

(2)要有良好的汽车市场行业背景:设计问卷时,良好的陈述更能全面准确的反映消费者的生活方式和消费心态;归纳综合因子时,须结合行业背景,才能合理归纳并做出合理解释。

(资料来源:刘恩华.聚类分析在汽车市场营销中的应用[J]. 上海汽车 2010.10)

训练四 因子分析

一、实训任务

因子分析就是用少数几个因子来描述许多指标或因素之间的联系,以较少几个因子来反映原始资料的大部分信息的统计学分析方法。从数学角度来看,因子分析是一种化繁为简的降维处理技术。通过本试验项目,使学生理解并掌握因子分析的基本原理,并能够使用 SPSS 软件对市场调研中搜集的数据进行因子分析,理解因子分析的数学模型和相关概念,掌握因子分析的基本步骤,并能够使用 SPSS 软件对市场调研数据进行相应的因子分析。

二、实训要求

通过本训练,帮助学生正确掌握因子分析的基本原理并能够使用 SPSS 软件进行因子分析,从而解决实际问题。具体要求如下:

一是,要求学生掌握因子分析的基本原理。

二是,要求学生掌握因子分析的基本步骤,并能够熟练使用 SPSS 软件进行因子分析的实训操作。

三是,要求学生能够根据实践情况对因子分析的结果进行分析解释,增强对数据分析的应用能力。

三、理论指导

因子分析的概念起源于 20 世纪初 Karl Pearson 和 Charles Spearmen 等人关于智力测验的统计分析。目前,因子分析已成功应用于心理学、医学、气象、地址、经济学等领域,并因此促进了理论的不断丰富和完善。

因子分析以最少的信息丢失为前提,将众多的原有变量综合成较少几个综合指标,名为因子。因子分析是研究如何以最少的信息丢失将众多原有变量浓缩成少数几个因子,如何使因子具有一定的命名解释性的多元统计分析方法。

(一)因子分析的基本原理

1. 因子分析模型

因子分析模型中,假定每个原始变量由两部分组成:共同因子和唯一因子。共同因子是各个原始变量所共有的因子,解释变量之间的相关关系。唯一因子顾名思义是每个原始变量所特有的因子,表示该变量不能被共同因子解释的部分。原始变量与因子分析时抽出的共同因子的相关关系用因子负荷表示。

因子分析最常用的理论模式如下:

$$Z_j = a_{j1}F_1 + a_{j2}F_2 + a_{j3}F_3 + \cdots + a_{jm}F_m + U_j (j=1,2,3\cdots,n,n 为原始变量总数)$$

可以用矩阵的形式表示为 $Z=AF+U$。其中 F 称为因子,由于它们出现在每个原始变量的线性表达式中(原始变量可以用 X_j 表示,这里模型中实际上是以 F 线性表示各个原始变量的标准化分数 Z_j),因此又称为公共因子。因子可理解为高维空间中互相垂直的 m 个坐标轴,A 称为因子载荷矩阵,$a_{ji}(j=1,2,3\ldots n,i=1,2,3\ldots m)$ 称为因子载荷,是第 j 个原始变量在第 i 个因子上的负荷。如果把变量 Z_j 看成 m 维因子空间中的一个向量,则 a_{ji} 表示 Z_j 在坐标轴 F_i 上的投影,相当于多元线性回归模型中的标准化回归系数;U 称为特殊因子,表示了原有变量不能被因子解释的部分,其均值为 0,相当于多元线性回归模型中的残差。

其中,Z_j 为第 j 个变量的标准化分数;$F_i(i=1,2,\cdots,m)$ 为共同因素;m 为所有变量共同因素的数目;U_j 为变量 Z_j 的唯一因素;a_{ji} 为因素负荷量。

2. 因子分析数学模型中的几个相关概念

(1)因子载荷。所谓的因子载荷就是因素结构中,原始变量与因素分析时抽取出共同因素的相关性。可以证明,在因子不相关的前提下,因子载荷 a_{ji} 是变量 Z_j 和因子 F_i 的相关系数,反映了变量 Z_j 与因子 F_i 的相关程度。因子载荷 a_{ji} 值小于等于 1,绝对值越接近 1,表明因子 F_i 与变量 Z_j 的相关性越强。同时,因子载荷 a_{ji} 也反映了因子 F_i 对解释变量Z_j的重要作用和程度。因子载荷作为因子分析模型中的重要统计量,表明了原始变量和共同因子之间的相关关系。因素分析的理想情况,在于个别因素负荷量a_{ji}不是很大就是很小,这样每个变量才能与较少的共同因素产生密切关联,如果想要以最少的共同因素数来解释变量间的关系程度,则U_j彼此间或与共同因素间就不能有关联存在。一般说来,负荷量为0.3或更大被认为有意义。所以,当要判断一个因子的意义时,需要查看哪些变量的负荷达到了0.3或0.3以上。

(2)变量共同度。变量共同度也就是变量方差,就是指每个原始变量在每个共同因子的负荷量的平方和,也就是指原始变量方差中由共同因子所决定的比率。变量的方差由共同因子和唯一因子组成。共同性表明了原始变量方差中能被共同因子解释的部分,共同性越大,变量能被因子说明的程度越高,即因子可解释该变量的方差越多。共同性的意义在于说明如果用共同因子替代原始变量后,原始变量的信息被保留的程度。因子分析通过简化相关矩阵,提取可解释相关的少数因子。一个因子解释的是相关矩阵中的方差,而解释方差的大小称为因子的特征值。一个因子的特征值等于所有变量在该因子上的负荷值的平方总和。变量Z_j的共同度h^2的数学定义为:$h^2 = \sum_{i=1}^{m} a_{ji}^2$,该式表明变量$Z_j$的共同度是因子载荷矩阵A中第j行元素的平方和。由于变量Z_j的方差可以表示成$h^2 + u^2 = 1$,因此变量Z_j的方差可由两个部分解释:第一部分为共同度h^2,是全部因子对变量Z_j方差解释说明的比例,体现了因子全体对变量Z_j的解释贡献程度。变量共同度h^2越接近1,说明因子全体解释说明了变量Z_j的较大部分方差,如果用因子全体刻画变量Z_j,则变量Z_j的信息丢失较少;第二部分为特殊因子U的平方,反应了变量Z_j方差中不能由因子全体解释说明的比例,u^2越小则说明变量Z_j的信息丢失越少。

总之,变量共同度刻画了因子全体对变量Z_j信息解释的程度,是评价变量Z_j信息丢失程度的重要指标。如果大多数原有变量的变量共同度均较高(如高于0.8),则说明提取的因子能够反映原有变量的大部分信息(80%以上)信息,仅有较少的信息丢失,因子分析的效果较好。因子,变量共同度是衡量因子分析效果的重要依据。

(3)因子的方差贡献。因子的方差贡献(特征值)的数学定义为:$S_i^2 = \sum_{j=1}^{n} a_{ji}^2$,该式表明,因子$F_i$的方差贡献是因子载荷矩阵A中第i列元素的平方和。因子F_i的方差贡献反映了因子F_i对原有变量总方差的解释能力。该值越高,说明相应因子的重要性越高。因此,因子的方差贡献和方差贡献率是衡量因子重要性的关键指标。

所谓共同性,就是每个变量在每个共同因素之负荷量的平方总和(横列中所有因素负荷量的平方和),也就是个别变量可以被共同因素解释的变异量百分比,这个值是个别变量与共同因素间多元相关的平方。从共同性的大小可以判断这个原始变量与共同因素之间关系程度。而各变量的唯一因素大小就是1减掉该变量共同性的值。(在主成分分析中,有多少个原始变量便有多少个"component"成分,所以共同性会等于1,没有唯一因素)。

至于特征值是每个变量在某一共同因素之因素负荷量的平方总和(直行所有因素负荷量的平方和)。在因素分析之共同因素抽取中,特征值大的共同因素会最先被抽取,其次是次大者,最后抽取的共同因素之特征值最小,通常会接近0(在主成分分析中,有几个题项,便有几个成分,因而特征值的总和刚好等于变量的总数)。将每个共同因素的特征值除以总题数,为此共同因素可以解释的变异量,因素分析的目的,即在因素结构的简单化,希望以最少的共同因素,能对总变异量作最大的解释,因而抽取的因素越少越好,但抽取因素之累积解释的变异量则越大越好。

3. 社会科学中因素分析通常应用在三个层面:

(1)显示变量间因素分析的组型。

(2)侦测变量间之群组,每个群组所包括的变量彼此相关很高,同构型较大,亦即将关系密切的个别变量合并为一个子群。

(3)减少大量变量数目,使之称为一组涵括变量较少的统计自变量(称为因素),每个因素与原始变量间有某种线性关系存在,而以少数因素层面来代表多数、个别、独立的变量。

因素分析具有简化数据变量的功能,以较少层面来表示原来的数据结构,它根据变量间彼此的相关,找出变量间潜在的关系结构,变量间简单的结构关系称为"成份"或"因素"。

(二)因子分析的主要步骤

围绕浓缩原有变量提取因子的核心目标,因子分析主要涉及以下五大基本步骤:

1. 因子分析的前提条件

由于因子分析的主要任务之一是对原有变量进行浓缩,即将原有变量中的信息重叠部分提取和综合成因子,进而最终实现减少变量个数的目的。因此它要求原有变量之间应存在较强的相关关系。否则,如果原有变量相互独立,相关程度很低,不存在信息重叠,它们不可能有共同因子,那么也就无法将其综合和浓缩,也就无需进行因子分析。本步骤正是希望通过各种方法分析原有变量是否存在相关关系,是否适合进行因子分析。

SPSS提供了四个统计量可帮助判断观测数据是否适合作因子分析:

(1)计算相关系数矩阵。在进行提取因子等分析步骤之前,应对相关矩阵进行检验,如果相关矩阵中的大部分相关系数小于0.3,则不适合作因子分析;当原始变量个数较多时,所输出的相关系数矩阵特别大,观察起来不是很方便,所以一般不会采用此方法或即使采用了此方法,也不方便在结果汇报中给出原始分析报表。

(2)计算反映象相关矩阵。反映象矩阵包括负的协方差和负的偏相关系数。偏相关系数是在控制了其他变量对两变量影响的条件下计算出来的净相关系数。如果原有变量之间确实存在较强的相互重叠以及传递影响,也就是说,如果原有变量中确实能够提取出公共因子,那么在控制了这些影响后的偏相关系数必然很小。

反映象相关矩阵的对角线上的元素为某变量的 MSA(Measure of Sample Adequacy)统计量,其数学定义为:

$$MSA_i = \frac{\sum_{j \neq i} r_{ij}^2}{\sum_{j \neq i} r_{ij}^2 + \sum_{j \neq i} p_{ij}^2}$$

,其中,r_{ij} 是变量 x_i 和其他变量 $x_j(j \neq i)$ 间的简单相关系数,p_{ij} 是变量 $x_j(j \neq i)$ 在控制了剩余变量下的偏相关系数。由公式可知,某变量 x_i 的 MSA_i 统计量的取值在 0 和 1 之间。当它与其他所有变量间的简单相关系数平方和远大于偏相关系数的平方和时,MSA_i 值接近 1。MSA_i 值越接近 1,意味变量 x_i 与其他变量间的相关性越强;当它与其他所有变量间的简单相关系数平方和接近 0 时,MSA_i 值接近 0。MSA_i 值越接近 0,意味变量 x_i 与其他变量间的相关性越弱。

观察反映象相关矩阵,如果反映象相关矩阵中除主对角元素外,其他大多数元素的绝对值均小,对角线上元素的值越接近 1,则说明这些变量的相关性较强,适合进行因子分析。与(1)中最后所述理由相同,一般少采用此方法。

(3)巴特利特球度检验。Bartlett 球体检验的目的是检验相关矩阵是否是单位矩阵,如果是单位矩阵,则认为因子模型不合适。Bartlett 球体检验的虚无假设为相关矩阵是单位阵,如果不能拒绝该假设的话,就表明数据不适合用于因子分析。一般说来,显著水平值越小(<0.05)表明原始变量之间越可能存在有意义的关系,如果显著性水平很大(如 0.10 以上)可能表明数据不适宜于因子分析。

(4)KMO 检验。KMO 是指 Kaiser-Meyer-Olkin 的取样适当性量数。KMO 测度的值越高(接近 1.0 时),表明变量间的共同因子越多,研究数据适合用因子分析。通常按以下标准解释该指标值的大小:KMO 值超过 0.9 为非常好,0.8~0.9 为好,0.7~0.8 为一般,0.6~0.7 为差,0.5~0.6 为很差。如果 KMO 测度的值低于 0.5 时,表明样本偏小,需要扩大样本。

综上所述,经常采用的方法为巴特利特球度检验和 KMO 检验。

2. 抽取共同因子,确定因子的数目和求因子解的方法

将原有变量综合成少数几个因子是因子分析的核心内容。本步骤正是研究如何在样本数据的基础上提取和综合因子。决定因素抽取的方法,有"主成分分析法"、主轴法、一般化最小平方法、未加权最小平方法、最大概似法、Alpha 因素抽取法与映象因素抽取法等。使用者最常使用的是主成分分析法与主轴法,其中,又以主成分分析法使用最为普遍,在 SPSS 使用手册中,也建议研究者多采用主成分分析法来估计因素负荷量。所谓主成分分析法,就是以较少的成分解释原始变量方差的较大部分。进行主成分分析时,先要将每个变量的数值转换成标准值。主成分分析就是用多个变量组成一个多维空间,然后在空间内投射直线以解释最大的方差,所得的直线就是共同因子,该直线最能代表各个变量的性质,而在此直线上的数值所构成的一个变量就是第一个共同因子,或称第一因子(F_1)。但是在空间内还有剩余的方差,所以需要投射第二条直线来解释方差。这时,还要依据第二条准则,即投射的第二条直线与第一条直线成直交关系(即不相关),意为代表不同的方面。第二条直线上的数值所构成的一个变量,称为第二因子(F_2)。依据该原理可以求出第三、第四或更多的因子。原则上,因子的数目与原始变量的数目相同,但抽取了主要的因子之后,如果剩余的方差很小,就可以放弃其余的因子,以达到简化数据的目的。

因子数目的确定没有精确的定量方法,但常用的方法是借助两个准则来确定因子的个数。一是特征值准则,二是碎石图检验准则。特征值准则就是选取特征值大于或等于1的主成分作为初始因子,而放弃特征值小于1的主成分。因为每个变量的方差为1,该准则认为每个保留下来的因子至少应该能解释一个变量的方差,否则达不到精简数据的目的。碎石检验准则是根据因子被提取的顺序绘出特征值随因子个数变化的散点图,根据图的形状来判断因子的个数。散点曲线的特点是由高到低,先陡后平,最后几乎成一条直线。曲线开始变平的前一个点被认为是提取的最大因子数。后面的散点类似于山脚下的碎石,可舍弃而不会丢失很多信息。

3. 使因子更具有命名可解释性

通常最初因素抽取后,对因素无法作有效的解释。这时往往需要进行因子旋转,通过坐标变换使因子解的意义更容易解释。转轴的目的在于改变题项在各因素负荷量的大小,转轴时根据题项与因素结构关系的密切程度,调整各因素负荷量的大小,转轴后,使得变量在每个因素的负荷量不是变大(接近1)就是变得更小(接近0),而非转轴前在每个因素的负荷量大小均差不多,这就使对共同因子的命名和解释变量变得更容易。转轴后,每个共同因素的特征值会改变,但每个变量的共同性不会改变。常用的转轴方法,有最大变异法、四次方最大值法、相等最大值法、直接斜交转轴法、Promax 转轴法,其中前三者属于"直交转轴法",在直交转轴法中,因素(成份)与因素(成份)间没有相关,亦即其相关为0,因素轴间夹角为90°;而后二者(直接斜交转轴、Promax 转轴法)属"斜交转轴",采用斜交转轴法,表示因素与因素间彼此有某种程度的相关,亦即因素轴间的夹角不是90°。

直交转轴法的优点是因素间提供的信息不会重叠,观察体在某一个因素的分数与在其它因素的分数,彼此独立不相关;而其缺点是研究者迫使因素间不相关,但在实际情境中,它们彼此有相关的可能性很高。因而直交转轴方法偏向较多人为操控方式,不需要正确响应现实世界中自然发生的事件。

所谓直交旋转法,就是要求各个因子在旋转时都要保持直角关系,即不相关。在直交旋转时,每个变量的共同性是不变的。不同的直交旋转方法有不同的作用。在直交旋转法中,常用于社会科学研究的方式是 Varimax 旋转法。该方法是在旋转时尽量弄清楚在每一个因子上各个变量的因子负荷情况,也即让因子矩阵中每一列的 a 的值尽可能变成1或0,该旋转法的作用是突出每个因子的性质,可以更清楚哪些变量是属于它的。

由此可见，Varimax 旋转法可以帮助找出多个因子，以澄清概念的内容。Quartimax 旋转法可以则可以尽量弄清楚每个变量在各个因子上的负荷情况，即让每个变量在某个因子上的负荷尽可能等于 1，而在其它因子上则尽可能等于 0。该方法可以增强第一因子的解释力，而使其他因子的效力减弱。可见 Quartimax 旋转法适合于找出一个最强效力的因子。Equamax 旋转法则是一种折中的做法，即尽可能简化因子，也可弄清楚负荷情况。其缺点是可能两方面都未照顾好。

斜交旋转方法是要求在旋转时各个因子之间呈斜交的关系，表示允许该因子与因子之间有某种程度上的相关。斜交旋转中，因子之间的夹可以是任意的，所以用斜交因子描述变量可以使因子结构更为简洁。选择直接斜交旋转时，必须指定 Delta 值。该值的取值范围为 0～—1，0 值产生最高相关因子，大的负数产生旋转的结果与直交接近。Promax 斜交旋转方法也允许因子彼此相关，它比直接斜交旋转更快，因此适用于大数据集的因子分析。

综上所述，不同的因子旋转方式各有其特点。因此，究竟选择何种方式进行因子旋转取决于研究问题的需要。如果因子分析的目的只是进行数据简化，而因子的确切含义是什么并不重要，就应该选择直交旋转。如果因子分析的目的是要得到理论上有意义的因子，应该选择斜交因子。事实上，研究中很少有完全不相关的变量，所以，从理论上看斜交旋转优于直交旋转。但是斜交旋转中因子之间的斜交程度受研究者定义的参数的影响，而且斜交选装中所允许的因子之间的相关程度是很小的，因为没有人会接受两个高度相关的共同因子。如果两个因子确实高度相关，大多数研究者会选取更少的因子重新进行分析。因此，斜交旋转的优越性大打折扣。在实际研究中，直交旋转（尤其是 Varimax 旋转法）得到更广泛的运用。

4. 决定因素与命名

转轴后，要决定因素数目，选取较少因素层面，获得较大的解释量。在因素命名与结果解释上，必要时可将因素计算后之分数存储，作为其它程序分析之输入变量。

5. 计算各样本的因子得分

因子分析的最终目标是减少变量个数，以便在进一步的分析中用较少的因子代替原有变量参与数据建模。本步骤正是通过各种方法计算各样本在各因子上的得分，为进一步的分析奠定基础。

此外，在因素分析中，研究者还应当考虑以下几个方面：

（1）可从相关矩阵中筛选题项。题项间如果没有显著的相关，或相关太小，则题项间抽取的因素与研究者初始构建的层面可能差距很大。相对的题项间如果有极其显著的正/负相关，则因素分析较易构建成有意义的内容。因素分析前，研究者可从题项间相关矩阵分布情形，简扼看出哪些题项间有密切关系。

（2）样本大小。因素分析的可靠性除与预试样本的抽样有关外，预样本数的多少更有密切关系。进行因素分析时，预试样本应该多少才能使结果最为可靠，学者间没有一致的结论,然而多数学者均赞同"因素分析要有可靠的结果,受试样本数要比量表题项数还多",如果一个分量表有 40 个预试题项,则因素分析时,样本数不得少于 40。

此外,在进行因素分析时,可参考:

①题项与受试者的比例最好为 1∶5;

②受试总样本总数不得少于 100 人。如果研究主要目的在找出变量群中涵括何种因素,样本数要尽量大,才能确保因素分析结果的可靠性。

(3)因素数目的挑选。进行因素分析,因素数目考虑与挑选标准,常用的准则有两种:一是学者 Kaiser 所提的准则标准:选取特征值大于 1 的因素,Kaiser 准则判断应用时,因素分析的题项数最好不要超过 30 题,题项平均共同性最好在 0.70 以上,如果受试样本数大于 250 位,则平均共同性应在 0.60 以上,如果题项数在 50 题以上,有可能抽取过多的共同因素;二为特征值图形的陡坡检验,此图根据最初抽取因素所能解释的变异量高低绘制而成。"陡坡石"原是地质学上的名词,代表在岩石斜坡底层发现的小碎石,这些碎石价值性不高。应用于统计学之因素分析中,表示陡坡图底端的因素不具重要性,可以舍弃不用。因而从陡坡图的情形,也可作为挑选因素分析数目的标准。在多数的因素分析中,根据 Kaiser 选取的标准,通常会抽取过多的共同因素,因而陡坡图是一个重要的选取准则。在因素数目准则挑选上,除参考以上两大主要判断标准外,还要考虑到受试者多少、题项数、变量共同性的大小等。

四、实训操作

为研究全国各地区年人均收入的差异性和相似性,收集到 1997 年全国 31 个省市自治区各类经济单位包括国有经济单位、集体经济单位、联营经济单位、股份制经济单位、外商投资经济单位、港澳台经济单位和其他经济单位的年人均收入,用因子分析方法对全国人均收入进行排序。

要求:先对数据做标准化处理,然后基于标准化数据进行以下操作。

(1)给出原始变量的相关系数矩阵。

(2)用主成分法求公因子,公因子的提取个数为 2,给出公因子的方差贡献度表。

(3)给出共同度表,并进行解释。

(4)给出因子载荷矩阵,据之分析提取的公因子的实际意义。如果不好解释,请用因子旋转(采用正交旋转中最大方差法)给出旋转后的因子载荷矩阵,然后分析旋转之后的公因子,要求给各个公因子赋予实际含义。

(5)先利用提取的每个公因子分别对各省市进行排名并作简单分析。最后构造一个综合因子,计算各省市的综合因子的分值,并进行排序并作简单分析。

表 3-24 全国 31 个省市自治区经济单位收入数据

地区	国有经济单位	集体经济单位	联营经济单位	股份制经济单位	外商投资经济单位	港澳台经济单位	其他经济单位
北京	10907	8259	9917	12864	18058	14945	37096
天津	8689	5083	5667	11829	11797	8950	5109
河北	6066	3843	5073	6029	6323	6186	7125
山西	5791	3177	3349	5267	6367	6290	5044
内蒙古	5462	3551	5290	4407	5512	4599	3581
辽宁	6226	3583	3789	6618	9158	7417	4899
吉林	6017	3813	7403	7471	7402	6659	6811
黑龙江	5323	2747	4472	8066	5513	5933	3266
上海	11733	7329	8746	12698	16857	14175	12720
江苏	7745	5183	7390	9144	9153	7352	6864
浙江	8847	7026	7346	9356	10417	9500	8178
安徽	6039	3692	4830	6306	6042	5511	5605
福建	7621	5582	11124	8556	8336	8732	7507
江西	5303	3636	6056	7987	8545	7535	4465
山东	6817	4186	6420	6257	6782	5826	2351
河南	5643	3797	5912	4989	6409	5307	4995
湖北	5741	3731	5193	5319	8237	6769	4963
湖南	5683	3736	6218	5027	7929	5224	3713
广东	10032	6814	11036	12475	12410	11140	7713
广西	5654	4437	5296	6536	6765	5577	6189
海南	5468	4208	7010	11062	9077	8373	8462
重庆	5828	4016	3852	6166	9114	8361	7025
四川	5996	3982	4642	6333	6707	5568	4509
贵州	5434	3556	3778	6686	7313	7048	3661
云南	7237	5473	5065	7710	8388	8109	11793
西藏	10524	4588	5918	9558	7114		6292
陕西	5452	3177	4482	7067	6613	5621	7030
甘肃	6445	4598	4356	5146	10043	6272	3296
青海	7623	3419	2248	5701	5391	4979	
宁夏	6206	4831	4144	6446	9512	4716	1042
新疆	6709	5849	5258	7460	6754	8324	4351

首先要考察收集到的原有变量之间是否存在一定的线性关系,是否适合采用因子分析方法提取因子。这里借助变量的相关系数矩阵、巴特利特球度检验和 KMO 检验方法进行分析,具体操作如图,分析结果如图所示,数据存在缺失值,用均值替代法处理缺失值。

输入数据,依次点选"分析→描述统计→描述",将变量 x1 到 x7 选入右边变量下面,点选"将标准化得分另存为变量",点确定即可的标准化的数据。

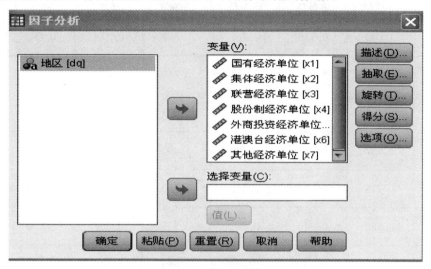

图 3-24 因子分析对话框

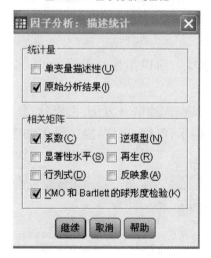

图 3-25 线性关系检验

依次点选"分析→降维→因子分析",打开因子分析窗口,将标准化的 7 个变量选入右边变量下面,点选描述→相关矩阵下选中系数及 KMO 和 Bartlett 的检验,点继续,确定,就可得出 7 个变量的相关系数矩阵如下图。

KMO 和 Bartlett 的检验

取样足够度的 Kaiser-Meyer-Olkin 度量。		.882
Bartlett 的球形度检验	近似卡方	182.913
	df	21
	Sig.	.000

图 3-26 KMO 和 Bartlett 的检验

表 3-25　变量相关系数矩阵

	国有经济单位	集体经济单位	联营经济单位	股份制经济单位	外商投资经济单位	港澳台经济单位	其他经济单位
国有经济单位	1.000	0.916	0.707	0.807	0.878	0.882	0.628
集体经济单位	0.916	1.000	0.711	0.741	0.823	0.845	0.663
联营经济单位	0.707	0.711	1.000	0.693	0.579	0.663	0.508
股份制经济单位	0.807	0.741	0.693	1.000	0.785	0.855	0.586
外商投资经济单位	0.878	0.823	0.579	0.785	1.000	0.898	0.714
港澳台经济单位	0.882	0.845	0.663	0.855	0.898	1.000	0.760
其他经济单位	0.628	0.663	0.508	0.586	0.714	0.760	1.000

由表中数据可以看出大部分数据的绝对值都在 0.5 以上，说明变量间有较强的相关性。

由上图看出，sig. 值近似为 0，所以拒绝相关系数为 0（变量相互独立）的原假设，即说明变量间存在相关性。

依次点选在因子分析窗口点选抽取→方法：主成分；分析：相关性矩阵；输出：未旋转的因子解，碎石图；抽取两个因子；继续，确定，输出结果如下 3 个图所示。

提取因子。

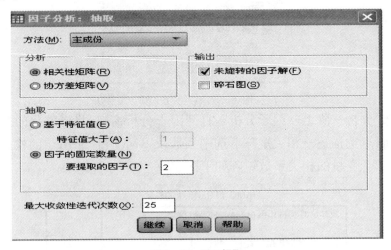

图 3-27　因子提取

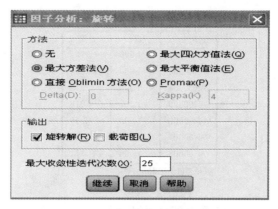

图 3-28 方差最大旋转

解释的总方差

成份	初始特征值			提取平方和载入			旋转平方和载入		
	合计	方差的 %	累积 %	合计	方差的 %	累积 %	合计	方差的 %	累积 %
1	5.331	76.151	76.151	5.331	76.151	76.151	3.168	45.261	45.261
2	.568	8.108	84.259	.568	8.108	84.259	2.730	38.997	84.259
3	.410	5.859	90.117						
4	.278	3.976	94.094						
5	.233	3.327	97.421						
6	.107	1.531	98.951						
7	.073	1.049	100.000						

提取方法：主成份分析。

图 3-29 初始特征值

上表中第一列为特征值(主成分的方差)，第二列为各个主成分的贡献率，第三列为累积贡献率，由上表看出前 2 个主成分的累计贡献率就达到了 84.259%≈85%，所以选取主成分个数为 2。选 y1 为第一主成分，y2 为第二主成分。且这 2 个主成分的方差和占全部方差的 84.259%，即基本上保留了原来指标的信息。这样由原来的 7 个指标变为了 2 个指标。

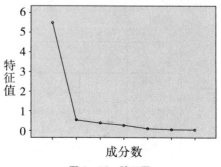

图 3-30 碎石图

由上图看出，成分数为 2 时，特征值的变化曲线趋于平缓，所以由碎石图也可大致确定出主成分个数为 2。与按累计贡献率确定的主成分个数是一致的。

公因子方差

	初始	提取
VAR00002	1.000	.767
VAR00003	1.000	.854
VAR00004	1.000	.813
VAR00005	1.000	.816
VAR00006	1.000	.855
VAR00007	1.000	.922
VAR00008	1.000	.871

提取方法：主成份分析。

图 3-31 公因子方差

共同度计算结果如下：上表给出了该次分析从每个原始变量中提取的信息。由上表数据可以看出，主成分包含了各个原始变量的 60% 以上的信息。

在因子分析窗口，旋转→输出：载荷阵。输出结果如下：

成份矩阵ª

	成份	
	1	2
VAR00002	.872	.086
VAR00003	.923	.057
VAR00004	.774	.462
VAR00005	.886	.176
VAR00006	.911	-.159
VAR00007	.955	-.095
VAR00008	.770	-.527

提取方法：主成份。

a. 已提取了 2 个成份。

图 3-32 成份矩阵

由上图数据第一列表明：第一主成分与各个变量之间的相关性；第二列表明：第二主成分与各个变量之间的相关性。可以得出：X1－X7 主要由第一主成分解释，第二主成分可解释的变量为 X3、X7。下面作因子旋转后的因子载荷阵。在因子分析窗口，抽取→输出：旋转的因子解，继续；旋转→方法：最大方差法，继续；确定。输出结果如下图：

旋转成份矩阵ª

	成份	
	1	2
VAR00002	.702	.524
VAR00003	.720	.579
VAR00004	.883	.180
VAR00005	.773	.467
VAR00006	.566	.731
VAR00007	.642	.714
VAR00008	.213	.908

提取方法：主成份。
旋转法：具有 Kaiser 标准化的正交旋转法。

a. 旋转在 3 次迭代后收敛。

图 3-33 旋转成份矩阵

由上图数据可以得出：X5～X7 主要由第一主成分解释，X1～X4 主要由第二主成分解释。由上表可以看出：第二列数据表明，各个主成分的贡献率与旋转前的有变化，但是 2 个主成分的累积贡献率相同都是 84.259%。

在因子分析窗口，得分→因子得分保存为变量 f1、f2；方法：回归。再按三个主成分降序排列：数据→排序个案；将 f1 选入排序依据，排列顺序：降序。同理得出按 f2 排序的结果。结果如下：最后，以各因子的方差贡献率占三个因子总方差贡献率的比重作为权重进行加权汇总，得出各城市的综合得分 f。即：

f=(0.452614 * f1+0.38997 * f2)/0.84259

f 得分在转换→计算变量中的出。最后再按 f 得分排序。排序结果如下：

表 3－26　因子得分及排序

F1	排序	F2	排序	F	排序
2.86577	广东	4.54829	北京	2.27	北京
1.9793	上海	1.47936	上海	1.75	上海
1.9614	福建	0.90282	云南	1.31	广东
1.1687	浙江	0.71541	重庆	0.73	浙江
0.90923	天津	0.33774	青海	0.56	天津
0.8676	江苏	0.33366	辽宁	0.56	福建
0.81648	西藏	0.22315	浙江	0.3	江苏
0.46143	海南	0.14557	天津	0.28	西藏
0.33114	山东	0.09507	山西	0.21	海南
0.31325	北京	0.07827	甘肃	0.17	云南
0.2637	吉林	−0.0466	陕西	0.01	新疆
0.21658	新疆	−0.06217	贵州	−0.13	吉林
−0.01573	江西	−0.08034	河北	−0.18	江西
−0.25042	湖南	−0.0847	海南	−0.23	重庆
−0.28492	宁夏	−0.08907	湖北	−0.28	山东
−0.41355	广西	−0.22686	新疆	−0.28	甘肃
−0.4227	河南	−0.27106	广西	−0.3	辽宁
−0.46554	云南	−0.33251	安徽	−0.35	广西
−0.47134	黑龙江	−0.33621	西藏	−0.35	宁夏
−0.52471	四川	−0.34234	四川	−0.38	湖北
−0.5867	安徽	−0.35232	江苏	−0.39	河北
−0.59122	甘肃	−0.3797	江西	−0.44	湖南
−0.62057	内蒙古	−0.42674	宁夏	−0.44	四川
−0.62183	湖北	−0.49397	广东	−0.46	贵州
−0.65314	河北	−0.58159	河南	−0.47	安徽
−0.80523	贵州	−0.58162	吉林	−0.49	陕西
−0.84965	辽宁	−0.66565	湖南	−0.5	河南

续表

F1	排序	F2	排序	F	排序
−0.87055	陕西	−0.67558	黑龙江	−0.57	黑龙江
−1.04961	重庆	−0.76153	内蒙古	−0.6	青海
−1.24704	山西	−0.99891	山东	−0.63	山西
−1.41013	青海	−1.06986	福建	−0.69	内蒙古

由综合因子 f 的分就可综合评价各地区的经济发展水平,综合得分的前 3 名北京、上海、广东,得分最低的 3 个地区是青海、山西和内蒙古。

五、实训评价

"因子分析训练"课业的评估分值比重占第三单元"营销数据分析篇"基本技能评估考核总分的 20%,即 20 分。本课业的评估标准及其评估分值为:

能够使用 SPSS 软件进行因子分析操作并能达到事先要求得 10 分。没有达到要求的酌情扣分。

能够对因子分析结果进行正确的解释和说明并能达到事先要求得 10 分。没有达到事先要求的酌情扣分。

六、实训范例

基于因子分析法的中小企业国际营销绩效评价

中小企业在我国经济发展中占有非常重要的地位,尤其是在出口贸易方面,我国中小企业作出了很大的贡献,占有举足轻重的地位。我国的众多中小企业利用机制灵活优势和低劳动力成本优势,生产出口了大量劳动密集型产品,为我国出口创汇的提高和外贸事业的发展功不可没。国际互联网的出现,缩短了全球生产者和消费者之间的距离,实现了商家和消费者一对一的直接沟通,为企业节约了成本,也为它们带来了无限商机,使得中小企业国际市场营销活动异常活跃,对国际市场营销的重视程度及应用程度逐渐变大。要正确评价中小企业国际市场营销的整体状况,必须从多个方面进行描述与分析。在众多评价方法中,因子分析法以其独特优势越来越受到重视,得以广泛应用。

1. 研究对象的选取及数据来源

中小企业是我国出口贸易的主力军,其中机电、纺织、钢铁、建材、电子科技、食品等行业更是中小企业的出口重中之重,它们在中小企业出口中占绝大部分的比例,可以代表中小企业国际市场营销的成绩,所以本文选取这些行业的中小企业数据为样本。根据因子分析法的基本原理,在查阅国内外有关企业绩效评价指标体系大量文献的基础上,通过调研及征求相关专家的意见,经过筛选后,最终设定 8 个指标对中小企业国际市场营销绩效进行评定,这 8 个指标包括:境外销售利润占境外销售额比例、境外销售利润占境外销售成本比例、净资产海外收益率、境外销售额贡献率、境外销售利润贡献率、总资产的境外销售周转率、境外销售额增长率、境外销售利润增长率。本研究以在国际市场上的出口中小企业作为基础,通过阅读上市公司的企业年报,从中选取了2010年度出口额占主营业务收入比例排名前30位的中小企业为样本,通过对原始数据的计算得到需要的8个指标的数据。

2. 对收集到的数据进行因子分析

本文采用SPSS软件对收集到的数据进行因子分析,具体分析过程如下。

第一,用SPSS软件对指标数据进行Bartlett's检验和KMO统计计量,结果显示Bartlett值=107.229,P<0.0001,相关矩阵不是一个单位矩阵,故考虑进行因子分析;KMO值为0.689(>0.5),表明样本数据因子分析的结果可以接受。

第二,根据8个指标的初始值,经过不断的分析调整,按照特征值大于1的标准以及方差极大旋转法提取因子,可提取3个因子(分别设为F1,F2和F3),即从3个方面来衡量中小企业国际市场营销的绩效。这3个主因子对样本方差贡献和为75.607%,说明可以用这3个主因子代表原来的8个指标来评价我国中小企业的国际市场营销绩效。

第三,对这3个主因子进行方差极大旋转(旋转次数为5),得到因子载荷矩阵,见表3—25。可以发现,第一个因子主要由净资产海外收益率(F11)、境外收入贡献率(F12)、境外利润贡献率(F13)及总资产的境外销售周转率(F14)指标决定,代表着企业国际市场营销活动中的获利及营运能力。该因子对全部初始变量的方差贡献为36.579%,可看出,主因子1是我国中小企业国际市场营销财务绩效指标体系中的主要内容,即获利能力和营运能力是评价中小企业国际市场营销绩效的主要方面,中小企业在提高国际市场营销绩效时应该注重提高这方面能力。第二个因子有境外销售利润率占境外销售收入比(F21)和境外销售利润占境外销售成本(F22)两个指标决定,代表着企业通过海外销售和企业自身管理控制的获利能力,在因子重要性中排第二,对全部初始变量的方差贡献为23.019%,可以看出中小企业在发展国际市场营销时也不能忽视自身的管理控制能力,这会影响到海外销售业绩;第三个因子与境外销售增长率(F31)和境外销售利润增长率(F32)指标密切相关,它代表企业的国际营销财务绩效的国际市场成长能力,该因子对全部初始变量的方差贡献15.631%,国际市场的成长能力虽在因子重要性中排第三,影响相对较小,但在一定程度上对国际市场营销绩效产生作用。利用回归法估计出因子得分,将每个主因子的方差贡献率占三个主因子的总方差贡献率的比重作为权数进行加权计算,得到其计算公式为:

$$F=0.48380F1+0.30446F2+0.20674F3$$

表 3-27　旋转成分矩阵

	成份		
	1	2	3
境外销售利润占境外销售额比例	-0.281	0.845	-0.042
境外销售利润占境外销售成本比例	0.037	0.872	-0.169
净资产海外收益率	0.613	0.539	0.214
境外销售额贡献率	0.858	-0.175	0.108
境外销售利润贡献率	0.815	-0.151	-0.024
总资产的境外销售周转率	0.840	0.069	0.183
境外销售额增长率	0.341	-0.060	0.788
境外销售利润增长率	-0.050	-0.087	0.889

第四，根据上式及因子得分系数矩阵，可得到三级指标在二级指标上的加权公式：

$$F1=0.1835F11+0.4623F12+0.2786F13+0.2619F14$$

$$F2=0.4952F21+0.5048F22$$

$$F3=0.4428F31+0.5572F32$$

表 3-28　主成分得分及综合得分

代码	名称	主因子1	主因子2	主因子3	综合得分
002468	艾迪西	1.40495	0.20263	0.49381	0.84349
002220	天宝股份	1.07690	0.21498	0.74947	0.74140
300175	朗源股份	1.13388	0.25010	0.43408	0.71446

第五，根据以上几个公式即可计算样本企业的综合得分，这样就可以对中小企业的国际市场营销绩效进行综合评价，找出我国中小企业在国际市场营销上的优势和劣势以及应该改善哪些指标来提高我国中小企业的国际营销能力。本文以样本中的三家中小企业(艾迪西、天宝股份、朗源股份)为例来进行绩效评价分析，各主因子得分及综合得分如表 3-28 所示。由此我们可以看到艾迪西(002468)的主成分 F1 的得分在三家公司中的排名第一，说明其良好的海外盈利能力和营运能力，而它的主成分 F2 得分比较低，说明应该提高海外销售和企业自身管理控制能力，主成分 F3 的得分居中，说明其国际市场的成长能力还有发展的潜力。公司年报显示，该公司属于建筑材料行业，其 2010 年境外销售额占主营业务收入的 88.81%，境外销售利润占总利润的 89.3%，是一家典型的出口企业。随着大宗原材料产品价格逐步上涨，社会消费需求上升，公司抓住市场机遇，努力拓展国内外市场，扩大产品销售规模，同时不断强化公司内部管理基础，优化产品结构，提高产品品质，提升公司综合竞争力，取得了良好的经营业绩；天宝股份(002220)的主成分 F3 的得分最高，说明其国际市场成长绩效最好，其他两个主成分有待加强，综合排名居中。

通过阅读该公司的企业年报可知,其2010年境外销售额占主营业务收入的83.40%,境外销售利润占总利润的92.45%。其中水产品销售额增长较快,比较上年增长34.02%,公司通过继续参加国际水产品行业专业展会等方式,获得可观的订单,同时提高了公司知名度。公司根据国际市场需求的变化,及时开发新兴市场。2010年公司大力开发巴西等南美市场,为公司带来了可观的效益。公司冰淇淋产品也逐渐被美国消费者接受,2010年对美出口量稳步增长,2010年实现出口5362万元,较上年增长131.94%。2010年,公司农产品出口保持稳定,销售收入较2009年增长21.66%。作为出口为主的加工型企业,客户资源是衡量公司竞争力的最重要指标。近年来,该公司依靠自身的实力积累了相当数量的优质客户资源,部分客户实力雄厚,拥有全球各主要地区的销售网络。由于该公司产品质量符合各进口国家食品安全卫生标准,信用程度良好,近年来客户不断加大订单投放,保证了公司产品销售收入的持续增长,这些充分反映了该公司在国际市场上的成长能力,说明模型分析的结果与事实相符;朗源股份(300175)的主成分F2的得分最高,说明其海外销售和企业盈利能力较强,但综合成绩较低,还需找出存在的问题及向其他两家公司学习来提高公司的国际市场营销绩效。通过阅读该公司的企业年报知,该公司主营业务为鲜果和干果种植管理、加工、仓储及销售,主要产品为新鲜苹果和葡萄干。其2010年境外销售额占主营业务收入的84.35%,境外销售利润占总利润的85.06%。目前东南亚和欧洲是世界上最大的苹果消费市场,市场开发潜力大。近年,我国果品质量控制水平提高、食品安全状态得到改善,全球果品市场对我国果品的认可程度逐步上升,我国凭借较低的葡萄干生产成本逐步成为世界新兴的葡萄干出口国,与此同时,澳大利亚、希腊等传统葡萄干原产国由于其葡萄干的单位生产成本较高,国际市场份额逐步下降,我国葡萄干出口迎来了较好发展机遇。该公司坚定质量保证、品质健康、管理创新、人本为先的经营理念,在增强成长性、提高自主创新能力、提升核心竞争优势,这体现了公司的海外销售和企业自身管理能力。

3. 结论

因子分析通过合成少数几个主因子,然后计算指标的综合得分,使得我们能够客观全面的评价企业绩效。本文为中小企业国际市场营销绩效评价提供了一种评定方法,不仅考虑了影响中小企业国际市场营销绩效的所有主要指标,而且评定了各个指标对整个企业绩效的影响程度,直观地说明了中小企业在国际市场营销所展现出的竞争优势,同时通过综合评价,为中小企业领导在投资企业时提供科学的决策依据以及在改善中小企业国际市场营销绩效时有的放矢,从而进一步提高我国中小企业的国际竞争力。

(资料来源:张孟才,冷艳楠. 基于因子分析法的中小企业国际营销绩效评价.

当代经济,2012)

第四章 营销战略

内容简介

进行市场分析是企业营销管理的一项重要工作。通过市场细分,企业可以了解现有目标市场各类顾客的不同消费需求和变化趋势。选择相应的细分市场,有针对性地开展营销活动,可以使企业采取相应的营销组合,实现企业的营销目标。通过在市场营销学课程实践教学平台上对某一行业或产品的市场细分,选择相应的目标市场,并给予市场定位建议,训练学生进行市场细分、目标市场选择、市场定位的应用能力。

本章通过市场细分表的设计及分析、市场定位图的设计及分析和撰写市场开发分析报告3个实训项目的训练,使学生能够掌握市场细分、目标市场选择和市场定位的理论及方法,通过对企业的实际市场进行细分,明确如何从实际情况出发,选择相应的目标市场,掌握市场定位战略的具体方法,进而培养学生的实践能力、分析问题和解决问题的能力。

训练一 市场细分表设计及分析

一、实训任务

第一,要求学生掌握市场细分的依据、有效市场细分的准则和市场细分的方法,掌握市场细分表的设计方法。

第二,要求学生通过查询资料及实地调查,了解某一具体产品指向的市场,针对各个不同细分市场消费者的购买、使用、偏好等情况,依据消费者市场细分的标准(如地理标准、人口标准、心理标准和行为标准等)划分市场,设计"市场细分表",评估各细分市场的吸引力,并对所选择的一个或几个细分市场进行分析,以确定企业的目标市场。

二、实训要求

(一)对教师的要求

第一,对"市场细分表"在企业市场分析中的实践价值给予说明,调动学生进行实训操作的积极性。

第二,对"市场细分表"设计相关的市场细分标准、有效市场细分准则、市场细分方法给予说明,帮助学生掌握其具体应用。

第三,对"市场细分表"的资料选择、数据来源、填写规则等给予说明、指导。

第四,帮助学生确定选题或研究方向,指导各小组确定有关调查事项。

第五,负责指导学生完成本项目的研究,评定学生的实训成绩,形成书面评价材料,并提交关于本次实训指导工作的总结报告。

第六,提供"市场细分表设计与分析"课业范例,供学生操作时参考。

(二)对学生的要求

第一,能够通过查询资料及实地调查,了解某一具体产品所指向的市场上的消费者的购买、使用等情况。

第二,依据所掌握的资料,设计市场细分表,评估各细分市场的吸引力。

三、理论指导

(一)市场细分的理论依据

1. 顾客需求的差异性是市场细分的内在依据

消费者的需要、动机和购买行为具有多元性,由此产生了3种不同的偏好模式:

(1)同质型偏好,指同一个市场上所有购买者的偏好大致相同,企业只需提供一种产品就可以满足他们。

(2)分散型偏好,指消费者偏好在空间内平均分散而无任何集中,这表示消费者对于产品的需求存在极大差异。这时企业如果只推出一种产品将难以满足所有顾客的需求。

(3)群组型偏好,指市场上出现了若干具有不同偏好的消费群体,客观上形成了不同的细分市场。

2. 企业资源的限制和进行有效的竞争是市场细分的外在强制条件

现代企业规模再大,都不可能占有人力、财力、物力、信息等一切资源,不可能向市场提供所有的产品,满足市场所有的购买或消费需求。同时,任何一个企业受资源和其他制约因素,都不可能在市场营销全过程中占有绝对优势。在激烈的市场竞争中,为了求生存、谋发展,企业必须进行市场需求分析,细分市场,选择目标市场,进行市场定位,集中资源有效地服务目标市场,力争取得最大的竞争优势。

(二)市场细分的原则

1. 可衡量性

各细分市场要有明显的区别,表明该细分市场特征的有关数据资料要能够加以衡量和推算,如易识别的组成人员、共同的特征、标志等。

2. 可占领性

细分市场应该是企业能够占领并能开展有效经营活动的市场。

3. 可盈利性

可盈利性指企业选定的细分市场的规模和购买力应足以使企业有利可图,从而取得经济效益。

4. 可区分性

市场细分后的范围界定应明晰,各子市场对营销组合应能作出差异性反应。

(三)消费者市场细分标准

1. 地理细分

地理细分是指企业根据消费者所在的地理位置、地形气候等因素来细分市场,然后选择其中一个或几个子市场作为目标市场。

(1)地区细分。

按原行政区划分:东北、华北、华南、华东、西南、西北等。

按自然条件划分:山区、平原、丘陵、湖泊、草原等。

位于不同地区的消费者,消费习惯大不相同,如消费者饮食习惯上的南甜北咸、东辣西酸之分。

(2)城乡细分。

城市市场:特大型城市、大城市、中小城市、县城与乡镇。

农村市场:指我国广大的农村。

(3)人口密度细分。

人口稠密:东部沿海,商业网点以及大的商业中心较多。

人口稀疏:西部内陆,每平方公里10人左右,大商业中心和商业网点较少。

(4)气候条件细分。干燥地区与潮湿地区、严寒地区与温暖地区,其对防潮与御寒用品的需求有很大差异。

2. 人口细分

人口细分指企业按照人口调查统计的内容,如年龄、性别、收入、职业、教育水平、家庭规模、民族、宗教信仰等"人口因数"来细分市场,这是市场细分的主要标准。

(1)年龄:消费者年龄不同,消费需求会有差异(如婴儿、少年、青年、中年、老年)。

(2)性别:性别对服装、鞋帽、化妆品、杂志等市场的细分具有特别的意义。

(3)收入:收入是反映购买力水平的主要指标。收入水平与高、中、低档商品的需求具有很大的关联性。

(4)职业:职业不同,需求偏好不同。

(5)教育:消费者受教育程度不同,对商品的文化要求会不一样。

3. 心理细分

心理细分指企业以社会阶层、生活方式以及个性等因数作为划分消费者群的基础。

(1)社会阶层:通常是其职业、教育、收入和价值观诸因素共同作用的结果。不同的社会阶层具有不同的价值观念、生活方式及兴趣爱好,因而会有不同的购买心理和购买行为。

(2)生活方式:是一个人在生活中所表现出来的活动、兴趣和看法的整体模式。

(3)个性:指个人特性的组合。这种个性模式是消费者在生活中力求捍卫和保护他们的权利。

4. 行为细分

行为细分指企业以消费者对产品的知识、态度、使用或反应为基础来划分消费者群,不少经营者相信行为因素是创建细分市场的最佳起点。

(1)时机:消费者产生需要、购买或使用产品的时机不同,对季节性产品、节假日产品或服务市场的细分具有特殊的意义。

(2)追求利益:不同消费者对购买同一产品所追求的利益有很大差别。

(3)使用者情况:可以按照使用者对产品的使用情况,细分为从未使用者、曾经使用者、潜在使用者、首次使用者、经常使用者等。

(4)使用量:依据产品购买、使用或消费的数量,将顾客分为少量、中量、大量使用者。

(5)品牌忠诚度:可以根据消费者的品牌忠诚度来细分市场。

(四)市场细分的程序

企业进行市场细分,大致可分为 7 个步骤。

1. 选定产品市场范围

选定产品市场范围即确定进入什么行业、生产什么产品。产品市场范围应以顾客的需求,而不是产品本身特性来确定。

2. 列举潜在顾客的基本需求

企业要根据已选择或确定的营销目标,对市场上现实或潜在的消费需求尽可能全面地进行调查分析,并详细描述出来。

3. 了解不同潜在用户的不同需求

对于列举出来的基本需求,不同顾客强调的侧重点可能会存在差异。通过对这种差异的比较,不同的顾客群体可被初步识别出来。

4. 以顾客的特殊需求作为细分标准

共同需求固然重要,但不能作为市场细分的基础,因而应该剔除,以特殊需求作为细分标准。

5. 根据潜在顾客基本需求上的差异性，将其划分为不同的群体或子市场，并赋予每一子市场一定的名称

西方房地产公司常把购房的顾客分为好动者、老成者、新婚者、度假者等子市场，并据此采用不同的营销策略。

6. 分析细分市场

进一步分析每一细分市场的需求与购买行为等特点，并分析其形成原因，以便在此基础上决定是否可以对这些细分出来的市场进行合并或作进一步细分。

7. 估计每一个细分市场的规模

在调查基础上，估计每一细分市场的顾客数量、购买频率、每次购买的平均数量等，并对细分市场上产品的竞争状况及发展趋势作出分析。

（五）市场细分的方法

1. 单一变量因素法

根据影响消费者需求的因素，只选用某一个重要因素对市场进行细分。

2. 多个变量因素组合法

根据影响消费者需求的因素，选用两种或两种以上的因素从多角度对市场进行细分。

3. 系列变量因素法

根据企业经营的特点并按照影响消费者需求的诸因素，由粗到细地进行市场细分，以便逐步找到可供企业开发的目标市场。

四、实训操作

（一）实训组织

将班级同学划分为若干项目小组，每一小组规模一般为5~7人，每组确定1人担任项目小组长，负责协调小组的各项工作。由于调研的许多环节存在连续性，且需要小组成员共同完成，所以中途无特殊原因不允许组员变动。组团的时候注意小组成员在知识、性格、技能等方面的互补性，如性格外向，熟悉计算机的文字处理技术、绘图功能等。小组成绩将作为每位组员的实训成绩。

（二）实训过程

第一，各小组讨论决定所研究的产品类型，教师对学生进行商品类别划分的指导。如大学生新鲜感强，喜欢尝试新口味，需要多品种的冰淇淋。因此，可以对冰淇淋行业的校园市场进行分析，了解在校大学生对冰淇淋的需求特点。

第二，各小组进行文献、资料的查询以及实地调研，并对调研情况作详细记录。

第三,各小组在对调研的资料进行整理分析的基础上,绘制市场细分表。具体操作如下:

根据市场细分的标准、原则,联系具体市场或有关项目资料,进行"市场细分表"的设计。"市场细分表"的设计大致可分为四步:

第一步:确定项目所面对的整体市场范围。依据项目开发需要,确定整体市场的范围。整体市场的确定具有相对性,因此,需针对自己所进入的市场情况来确定整体市场的范围。如对冰激凌的校园市场选择一个或多个大学校园进行市场调查。

第二步:确定进行市场细分所选择的标准。根据具体资料,选择一定的细分标准来设计"市场细分表"。将确定的细分标准填入横向表格第一行。细分标准的填入应注意排列次序,一般来说,应这样排列:区域、性别、年龄、职业、收入、使用情况、品牌偏好等。

第三步:制作"市场细分表"。根据确定的市场细分标准,制作"市场细分表",并填入有关数据和市场资料。根据具体资料,按所列细分标准依次完成细分表格的资料录入,表示各细分市场的具体情况。如表4—1所示。

表4—1 冰激凌校园市场细分

性别	年龄(岁)	月生活费(元)	购买行为	口味偏好
女	18~20	400~600	一般	奶油、草莓、菠萝、巧克力、果仁
		600~1000	经常	
	20~24	400~600	一般	
		600~1000	经常	
男	18~20	500~800	一般	巧克力、奶油、草莓、香蕉、菠萝、果仁
		800~1200	经常	
	20~24	500~800	一般	
		800~1200	经常	

第四步,各小组进行"市场细分表"分析,评估各细分市场的吸引力。根据市场需求状况和企业营销实力,正确选择企业准备进入的细分市场,并分析选择的理由。应注意中小企业选择细分市场不宜太多、范围不宜太大。

第四,各小组进行交流、讨论。各小组可委派一名代表使用PPT陈述研究结果。

第五,学生点评,教师总结。

五、实训评价

指导教师根据实训作业、课堂陈述质量与小组成员互评三部分进行考核,各部分成绩比重为50%、30%、20%。教师负责实训作业与综合分析成绩评定,小组成员相互评定工作贡献。

"市场细分表设计及分析"具体评价项目、评价标准、评价分值如表4—2所示。

表4-2 "市场细分表设计及分析"实训项目考核评价表(教师用)

项目名称	分值	实际得分
项目研究计划的确定	10	
文献、资料获取,实地调研	10	
细分标准的合理性	10	
细分表格内容的完整性	10	
细分表格内容的准确性	10	
细分市场吸引力的评价	20	
市场细分报告撰写	20	
小组成员协作	10	
合计	100	

六、实训范例

中国啤酒市场细分

经济的快速发展使中国啤酒市场的需求量呈现几何级数的膨胀,啤酒企业也如雨后春笋般成长起来,青岛、燕京、珠江、哈尔滨、金星等几家大的啤酒集团迅速发展,并成为支撑中国民族啤酒工业的中坚力量。但行业产能过度膨胀导致了整个市场供需的严重失衡,市场竞争也日益残酷和激烈,市场竞争秩序混乱不堪,使中国啤酒产业处于动荡之中。中国啤酒产业的竞争层次和竞争程度,使中国啤酒产业的未来发展充满变数,也使企业在竞争过程中遇到更多的困难和挑战。如表4-3所示。

表4-3 中国啤酒市场的档次细分表

产品细分	平均零售价格	份额	代表产品
高档产品	15元/升	3%	百威、嘉士伯、喜力、青岛纯生等
中档及中高档产品	10元/升	8%	朝日啤酒、黄河纯生啤酒、珠江纯生啤酒等
主流及主流高细分产品	5元/升	80%	青岛啤酒、燕京啤酒、大理啤酒、哈尔滨啤酒等
低档产品	3元/升	9%	金星啤酒、白龙潭啤酒等

从表中可以看出,中国啤酒产品消费市场以主流及主流高细分产品为主,啤酒企业生产的产品主要是对准中低端市场的。而具有市场空间大、利润率高特征的高端市场所占的市场份额较少,且消费集中性很强。

目前,国产啤酒价格普遍过低,80%以上的啤酒均属于中档及低档产品。高档啤酒市场几乎被外资品牌垄断,主要有百威、喜力和嘉士伯等。中国啤酒行业内的产业升级势在必行,这可以通过以下途径进行:一是直接提价。价格仍然是争夺消费者的一个关键因素,虽然一些品牌得到了较为广泛的认可,但消费者仍然对价格比较敏感,低价竞争往往是打入新市场的有效手段,但较低的产品均价意味着营业利润率与国际啤酒公司相比仍处于较低水平。因此,提高价格可以获得较高的盈利水平。二是逐步向高毛利品牌调整结构。在消费增速放缓、行业集中度持续提高的背景下,未来本土啤酒厂商产品结构的提升将成为大势所趋,中国啤酒厂商将进行持续不断的产品结构调整,并进军高档啤酒市场。中国酿酒工业协会曾提出:"到2015年将纯生啤酒提高到占国内啤酒总产量20%以上;重点发展口味纯正、醇厚的高档啤酒;逐步提高国产啤酒在高档消费市场中的比例。"

(资料来源:根据《2011年中国啤酒行业分析报告》整理)

训练二 市场定位图设计及分析

一、实训任务

第一,要求学生掌握市场定位的有关理论知识,掌握市场定位的基本技能,了解各种市场定位途径与方法。

第二,要求学生具有目标市场确定的能力,能够把市场定位理论运用于营销实践,联系有关项目或资料,为企业品牌或某一具体产品进行市场定位图的设计。能够根据消费者对产品的偏好及竞争者的市场定位状况,设计"产品定位图",分析项目区别于竞争者、符合消费者需求的依据,从而确定企业产品特色或品牌形象定位。

二、实训要求

(一)对教师的要求

第一,对"市场定位图"在企业市场分析中的实践价值给予说明,调动学生实训操作的积极性。

第二,对与"市场定位图"设计相关的目标市场选择,市场定位的方法,市场定位的步骤,市场定位战略,市场定位图的设计、分析等知识给予说明,指导学生掌握这些知识在营销实践中的具体应用。

第三,帮助学生确定选题或研究方向,指导小组确定有关调查事项。

第四,提供"市场定位图设计与分析"范例,供学生操作参考。

第五,负责指导学生完成本项目训练,评定学生实训成绩,形成书面评价材料,并提交关于本次实训工作的总结报告。

(二)对学生的要求

第一,讨论确定小组有关的调查事项,能够通过文献、资料的查询及实地调研,了解某一品牌或具体产品所指向的市场顾客对该产品的认知、竞争者市场状况、企业自身情况等影响市场定位的因素情况。

第二,整理、分析所掌握的资料,设计"市场定位图",并对所研究项目进行相应分析。

三、理论指导

(一)市场定位的含义

市场定位,也称为"产品定位"或"竞争性定位",即根据竞争者现有产品在细分市场上所处的地位和顾客对产品某些属性的重视程度,塑造出本企业产品与众不同的鲜明个性或形象并传递给目标顾客,使该产品在细分市场上占据强有力的竞争位置。其实,市场定位就是塑造产品在细分市场上的位置,体现企业价值,使市场正确认识和全面理解本企业有别于其竞争者的象征性的行为。因此,市场定位是市场营销战略体系中的重要组成部分,它对于树立企业及产品的鲜明特色,满足顾客的需求偏好,从而提高企业竞争实力,具有重要的意义。

(二)市场定位方法

1. 避强定位

避强定位指企业回避与目标市场上竞争者直接对抗,将其位置定在市场上某处空白领地或"空隙",开发并销售目前市场上还没有的具有某种特色的产品,开拓新产品市场。

2. 迎头定位

迎头定位指企业选择靠近于现有竞争者或与其重合的市场位置,争夺同样的顾客。彼此在产品、价格、分销及促销方面的区别不大。

3. 重新定位

重新定位指企业变动产品特色,改变目标顾客对其原有的印象,使目标顾客对其产品新形象有一个新的认识过程。

(三)市场定位步骤

市场定位的关键是企业要设法在自己的产品上找出比竞争者更具有竞争优势的特性。竞争优势一般有两种类型:一是价格竞争优势,二是偏好竞争优势。企业可以通过识别潜在的竞争优势,确定核心竞争优势和显示其独特的竞争优势来实现市场定位。

1. 识别潜在竞争优势

识别潜在竞争优势是市场定位的基础。企业开展定位工作,能分析目标市场中各个位置的情况,结合自己的实力,找出最适合自己营销的位置。为实现此目标,其一,必须进行规范的市场研究,切实了解目标市场需求特点以及这些需求被满足的程度;其二,要研究竞争者的优势和劣势。通过对竞争者、消费者和本企业多种因素的综合分析,就能确定企业现已具备的发展潜力、通过努力可以创造的相对竞争优势。

2. 确定核心竞争优势

核心竞争优势是与主要竞争对手相比,企业在产品开发、服务质量、销售渠道、品牌知名度等方面所具有的可获得明显差别利益的优势。应把企业的全部营销活动加以分类,并将主要环节与竞争者相应环节进行比较分析,以识别和形成核心竞争优势。

3. 显示独特的竞争优势

企业在市场营销方面的核心能力和竞争优势,不会自动地在市场上得到充分的表现,必须制定明确的市场战略来加以体现。如通过一系列的传播手段强化本企业产品在目标顾客心中的形象,及时矫正目标顾客的理解偏差或企业市场定位宣传的失误。

(四)市场定位战略

差异化是市场定位的根本战略。

1. 产品差异化战略

从产品质量、产品款式等方面实现差别化。

2. 服务差异化战略

向目标市场提供与竞争者不同的优质服务实现差别化。

3. 人员差异化战略

通过聘用和培训比竞争者更为优秀的人员获取差别优势。

4. 形象差异化战略

在产品的核心部分与竞争者类似的情况下,塑造不同的产品形象,以获取差别优势。

四、实训操作

(一)实训组织

将班级同学划分为若干项目小组,小组规模一般为5～7人,各小组成员分工明确。每组确定1人担任项目小组长,负责协调小组的各项工作。由于调研的许多环节存在连续性,且需要小组成员共同作业,所以中途无特殊原因不允许组员变动。注意小组成员在知识、性格、技能等方面的互补性,如性格外向,熟悉计算机文字处理技术、绘图功能等。小组成绩将作为每位组员的实训成绩。

(二)实训过程

第一,各小组讨论决定所研究的产品类型,明确企业想要进入的主要目标市场。

B啤酒有限公司将推出A品牌啤酒,现在我们根据目前的啤酒市场对A品牌啤酒进行市场定位策划。啤酒市场规模巨大,近10年来中国啤酒市场销量增长速度很快。中档啤酒市场品牌众多而分散,其竞争的激烈程度不及高档及低档市场。从长期发展趋势分析,中档啤酒市场将成为成长最快的一个市场。从消费者的角度来看,随着生活品质的提高,人们对产品的要求越来越高,发展中高档产品具有一定的潜力。

第二,各小组进行文献、资料查询以及实地调研,列出目标市场的需求特征。

啤酒作为一种生活中的日常饮用品,产品应铺货到各大商场、超市、酒吧。由于产品本身的包装和质量要求,它的渠道商不应过多,否则会对产品有很大的损伤。对此,可以在各大省份设立总经销商,再由总经销商向下发展各级代理或销售。应建立比较完善的网络,通过网络进行销售,还要以稳定渠道留利水平为主,控制两批"以价格为代价"对终端的竞争。

第三,各小组在对调研的资料进行整理分析的基础上,填写市场细分表,分析各主要目标市场的特征。如表4—4所示。

表4—4　A品牌啤酒市场细分表

地区	性别	使用场所	购买场所	酒精含量
城市	男	聚会、婚庆、商务宴会	商场、酒吧	中浓度
城市	女	聚会、婚庆、商务宴会	大型超市	低浓度
农村	男	节庆、婚宴	小卖部	高浓度
农村	女	节庆、婚宴	超市	低浓度

根据以上分析,从啤酒的浓度来看,除了农村男性消费者喜欢高浓度的啤酒外,大多数消费群体都比较偏爱浓度相对较低的啤酒。从使用的场所来看,城乡消费者无论男女,通常都会在婚宴场所饮用该品牌啤酒。从购买场所来看,女性消费者喜欢在超市购买,农村的男性消费人群喜欢在小卖部购买,城市的男性消费人群喜欢在商场或酒吧购买。

由目标市场分析得到,城市市场因其市场容量大、人口密度高、投资回报高而成为啤酒企业最重视的市场。而啤酒的城市市场具有如下特点:一是人口密度大、消费者集中;二是消费水平差异性大、消费需求多样化、市场机会多;三是中高档啤酒市场发展快、前景广阔;四是强势竞争对手多、市场竞争激烈。在目标市场选择上,由于我们生产的是中高档产品,所以我们将重点市场定位于城市。

第四,明确目标市场竞争状况。在对竞争者调查、分析的基础上,把现有竞争者的定位情况在定位图上标示出来。如图4—1所示。

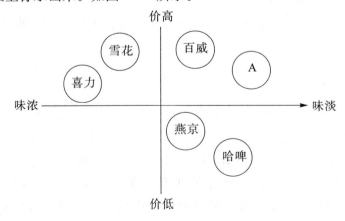

图4—1　A品牌啤酒市场定位

第五,确定企业产品的市场定位,选择市场定位策略,制作市场定位图。

企业根据市场竞争状况,确定企业的竞争优势,选择合适的定位战略,进行正确的市场定位。

这个产品的主要市场是在城市,主要顾客群体是商务人士。因此,在产品包装上我们采用统一的、高档的包装设计,可以给消费者更加深刻的印象,在一定程度上也是向消费者表明产品的定位是中高档产品。

第六,各小组在班级进行交流、讨论。各小组委派一名代表到讲台上通过PPT陈述研究结果。

第七,学生点评,教师总结。

五、实训评价

指导教师根据实训作业、课堂陈述质量与小组成员互评3部分进行考核,各部分成绩比重分别为50%、30%、20%。教师负责实训作业与综合分析成绩评定,小组成员相互评定工作贡献。"市场定位图设计及分析"具体评价项目、评价标准、评价分值如表4-5所示。

表4-5 "市场定位图设计及分析"实训项目考核评价表(教师用)

评价项目	分值	实际得分
项目研究计划的确定	10	
文献、资料获取,实地调研	10	
目标市场的细分及分析	10	
目标市场的竞争状况	10	
市场定位图的设计与分析	20	
市场定位图设计与分析报告撰写	20	
市场定位操作的完整性	10	
小组成员协作	10	
合计	100	

六、实训范例

李氏服装市场定位

李氏集团是一个准备投资服装的中小型企业,对服装市场的情形不太了解。中小企业,由于受财力、技术等方面因素制约,一般无力与大企业抗衡。另外,投资服装企业,首要就是要熟悉服装市场。才起步的企业,要加快了解消费者对服装的各方面需求,尽量去满足消费者的要求。

(一)市场细分

采用的细分方法是多元(三元)细分,采用的细分标准为性别、年龄、产品属性。具体见表4—6。

表4—6 李氏服装市场细分

性别	年龄	产品属类
男	18～30	商务正装
女	30～45	高级时装
	45～65	周末休闲
		新正装

1. 按性别划分

根据性别,可分为男性服装市场和女性服装市场。其中,女装市场一直是服装生产的大头,引领时尚和潮流,是时尚、个性的代表。而根据国家统计局2000年第5次全国人口普查公报,中国男性人口数量为65355万人,占总人口的51.63%,比女性的比例略高,由此可见,中国的男装消费者也构成了一个不容忽视的市场。

2. 按年龄划分

国内成年服装可以按年龄段分为:18～30岁,30～45岁,45～65岁。

3. 产品属类细分

按现有市场中主要服装产品的属类可以划分为:

(1)商务正装系列。商务正装系列包括在正式商务活动及高级商务会晤所穿着的商务服装,如西装(套装)、燕尾服(宴会装)等。

(2)高级时装系列。高级时装也被人称之为"明星服装",这类服装往往价格高昂,可在时尚晚宴及高级典礼时穿着。此系列服装以奢侈、豪华为设计特点,大多以纯个性化(即个人订制)订购为经营模式。

(3)周末休闲系列。在周末休闲的服装系列中,以现今市场中所出现的休闲类型还可进行细分为:大众休闲(如佐丹奴、班尼路等)、运动休闲(如耐克、阿迪达斯、李宁的专业运动休闲;Lacoste的网球休闲;Wolsey的高尔夫休闲等)、时尚休闲(如ONLY、VEROMODA)、户外休闲(如PaulShark的海洋休闲、JEEP的野外休闲)等。

(4)"新正装"系列。随着"知识精英族群"日益成为都市社会的主流人群,品位休闲、人本与自然的双重追求成为时尚。大量生活化正装、休闲化正装、时尚化正装、商务休闲装的出现,跳脱了传统正装或休闲装的领域,这些都可以统称为"新正装"系列。

(二)目标市场的选择

1. 评估细分市场

结合市场调查和以上市场细分,建议李氏集团选择女性服装。原因在于,当前男装市场的竞争相当激烈。男装发展较早且相对成熟,市场也相对稳定,要进入男装市场对一个刚进入服装市场的李氏集团来说,较困难,竞争也相当激烈。相反,选择女装市场的话,有"得女装者得天下"一说。因此,众多企业和资源混战在女装市场里,女装品牌众多规模却不大,总和也只在15%左右。国内女装品牌带有强烈的区域色彩,还没有一个能在全国形成规模和影响,例如颜色鲜艳、色块较大、结合时尚流行款式的"汉派"服装,带有江南文化气息的杭州女装产业和具有港澳风格的深圳、广东虎门女装产业。众多国内女装品牌基本是定位在中低档市场,在中高档市场上还没几家知名品牌。

同时,随着国内消费者消费观念的成熟和国内市场的不断扩大,国外女装大牌也纷纷进军中国,国内市场越来越成为世界女装市场的重要组成部分。虽说国外女装目标渠道较少,价格定位较高,但其对女装高档市场和国内女装趋势的影响却是巨大的,基本占据了高档市场。同时,国外品牌为了开拓更广阔的内地市场和占据中高档女装市场,与国内品牌合作的步伐越来越快,市场竞争也越来越激烈。所以,趁现在选择女装市场,才能够更好、更容易地进入服装市场,然后慢慢站稳脚步。

同时,李氏集团应该选择18～30岁和30～45岁年龄段的消费群体。18～30岁年龄段的消费群体是最主要的群体,是消费群体中服装购买频率最多、总体购买金额较多的群体,该年龄段人口在1.8亿人左右,其中女性略多于男性人口,与中国总体人口中男女比例相反。该群体具有一定的经济基础,很强的购买欲望,时尚,追求流行、个性,敢于尝试新事物,容易接受各种新品牌。该群体中很大一部分容易冲动购物,是目前服装品牌最多、竞争最激烈的细分市场。30～45岁年龄段的消费者群体是服装消费的次主要群体,是消费群体中购买单件服装价值最高的群体,该年龄段人口有3.3亿人左右。该群体是消费群体中经济基础最为雄厚的群体,有较强的购买欲望。但该群体大多数人的人生观和价值观已相对成熟,因此对风格、时尚有自己的喜好,其中相当一部分人已有自己喜好的品牌,对新品牌的接受程度较低,理性购物居多。已有相当部分品牌定位于此细分市场。

而根据我们调查问卷的统计,可以很明显地分析出,18～30岁、30～45岁这2个年龄段大多喜欢休闲运动系列和新正装系列。

休闲品牌领域的竞争者越来越多,各个品牌开始将原有品牌的着装领域进行延伸,并将一些具体的生活或娱乐概念附于其上,使之更为形象也更加容易被消费者接受。例如,正装休闲化已经成为近年国际服装市场的一大流行趋势,"新正装"概念正是近年来在这一潮流趋势下应运而生的,其定位于"知识精英族群"的社会主流人群,着力营造出一种品位休闲、人本与自然双重追求的时尚,为男女士提供了一种8小时以外同样可以展示自己魅力的服装选择。尤其是商务休闲系列是近几年国际消费市场中越来越推崇的着装方式,既能够在一般的商务场合着装,也可以在8小时外着装,可以更加放松地享受工作和生活。因此,越来越受多数白领和成功人士的喜爱。"新正装"继承了正装和休闲装的双重元素,已经成长为一种独立的衣着文化。"新正装"的主导消费群体都是各行业的青年才俊,包括技术型、知识型、艺术型等知识精英族群,而且这个消费群体正在迅速扩大。所以,我公司建议李氏集团选择以休闲运动系列和新正装为主进行生产和销售。

2. 目标市场的选择策略

目标市场策略无论选择哪一种都是有利有弊的,应综合考虑企业资源或实力、产品同质性、市场同质性、产品所处生命周期、竞争者的市场营销策略及竞争者的数目等多方面因素。

我公司通过调查,建议李氏集团生产和销售18~30岁和30~45岁年龄段的女性服装,不需要以整个市场作为营销目标,更不用去满足所有消费者在某方面的需要。

(三)市场定位

根据调查,我们以价格、质量为指标作出以下市场定位图,李氏集团最终的定位点见图4—2:

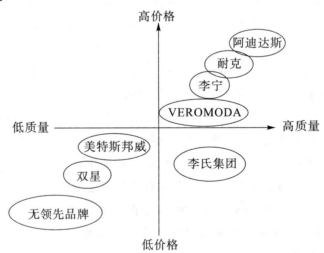

图4—2 李氏集团市场定位

以上市场定位图显示,在高价格高质量的市场已经具有很多的品牌,比如说,阿迪达斯、耐克……都在这个市场,竞争已经非常激烈了,对李氏集团可能是无利可图的,所以首先排除在这个市场里面落脚。一方面,现在有很多个人创业者都会选择低质量、低价格的市场落脚,也就是一些无领先品牌,再加上双星、美特斯邦威都在质量一般、价位较低的市场范围以内,竞争也相对激烈,对于像李氏集团一样准备进入服装市场的企业来说基本无利可图。当然不管是谁都不会去选择一个高价位低质量的东西,这一个市场可以完全省略。同时,由于李氏集团是一个刚准备进入服装市场的企业,所以一定要选择一个容易进入服装市场的策略。李氏集团不妨选择填补式定位,也就是说,避开强有力的竞争对手,将自己的产品定位在目标市场的空白部分或是"空隙"。市场的空缺部分指的是市场上尚未被竞争者发觉或占领的那部分需求空当。企业选择此定位目标,能避开竞争,迅速在市场上站稳脚步,先在顾客心目中建立对自己有利的形象。这种定位方式风险较小,成功率也较高。对消费者来说,这种定位抓住了他们先入为主的心理,消费者一旦对定位产品与企业产生认可,其他的竞争者一时难以改变他们的惠顾心理。根据以上定位图显示,在高质量和低价格的市场中留有很大的空白,所以本公司建议李氏集团的市场定位应该在中端和中高端价格的一个较高质量的市场。这样,李氏集团就可以很容易地进入服装市场,而竞争也没有那么激烈,对于一个才进入服装市场的企业来说,较容易站稳脚跟。

另一方面,由于消费者在挑选产品时,一是考虑商品的实际效用,二是会不由自主地评估不同品牌表现的独特个性,对此,李氏集团还可以塑造个性化差异,建立与竞争对手有明显差异的品牌形象,赋予品牌独有的个性,以迎合消费者。

(资料来源:网络资源《李氏服装市场定位》)

训练三 撰写市场开发分析报告

一、实训任务

第一,要求学生根据前一阶段实践教学项目的积累,在教师的指导下,以小组为单位,把市场细分、目标市场选择和市场定位理论运用于营销实践。本实训是进行市场分析能力培养的综合性实践项目,是整个营销专业教学过程中的重要环节。应通过本实训项目的训练,使学生能够认识到市场开发分析在营销实践中的重要作用。

第二,要求学生综合运用市场细分、目标市场选择、市场定位理论,对小组拟定的项目进行市场细分、目标市场选择、项目定位等方面的分析,论证项目开发方案的可行性,使学生能够掌握项目开发分析报告撰写的步骤、格式和内容,从而培养学生的市场开发分析技能,锻炼学生的社会实践能力。

二、实训要求

(一)对教师的要求

第一,对"市场开发分析报告"在企业市场分析中的实践价值给予说明,调动学生实训操作的积极性。

第二,帮助学生确定调研课题或方向。

第三,对市场细分、目标市场选择、市场定位等相关理论在《市场开发分析报告》实践中的运用给予说明,帮助学生掌握其具体应用。

第四,帮助学生确定选题或研究方向,指导小组确定有关调查事项。

第五,提供《市场开发分析报告》范例,供学生操作参考。

第六,负责指导学生完成本项目研究,评定学生实训成绩,形成书面评价材料,并提交关于本次实训工作的总结报告。要求对市场开发分析报告撰写的具体内容、规范格式等给予说明指导。

(二)对学生的要求

第一,讨论确定小组有关调查事项。能够通过文献、资料的查询及实地调研,了解企业、某一品牌或具体产品的目标市场上顾客对该产品的认知、竞争者市场状况、企业自身情况等市场开发分析内容的各因素情况。

第二,共同参与,小组进行分工撰写,每个学生对自己完成的撰写任务负责。

第三,小组成员依据所掌握的资料完成不少于8000字的市场开发项目分析报告。

三、理论指导

(一)《市场开发分析报告》撰写的程序

1. 确定选题

小组成员对企业定位、产品定位、品牌定位等方面进行讨论,在教师的指导下确定所要研究的具体题目,以便确定所要收集的资料及其具体内容。

2. 开展调查、收集资料

通过市场实地调查、观察、召开座谈会等形式,对项目的消费需求、竞争格局、市场容量等情况进行实地调查,收集第一手资料。

3. 项目的环境分析

对收集的消费者、竞争者、企业的各项资料进行整理,并分析项目所处的宏观、微观环境,为项目开发的初步可行性研究提供依据。

4. 项目的目标市场分析

运用市场细分、目标市场策略理论进行分析。根据企业自身状况、市场状况、产品特性、消费者的需求差异情况等确定细分市场。根据市场的评估条件,对各细分市场进行分析,确定目标市场。根据市场竞争状况,确定本项目在市场中的竞争地位,以此明确本项目是否适应市场需求,从而确定项目的市场定位。

5. 项目投资可行性分析

项目的投资可行性分析为项目的开发决策提供一定的科学依据。根据预测的相关经济指标,确定拟开发项目的可行性,从微观的角度判断本项目的定位。

6. 提出项目分析结论

项目开发可行性分析的主要内容是在市场机会分析的基础上,对项目开发进行客观、全面、系统的分析,目的在于论证项目投资的有效性,从而综合性判断项目的可行性。这一环节是项目分析报告的结论部分。

(二)项目开发分析报告的内容及结构

项目开发可行性分析最终要形成一份书面报告,其结构一般由以下几部分组成:

1. 题目

确定选题以便确定所要收集的资料及其具体内容。

2. 正文

正文是分析报告的主体部分。运用市场细分、目标市场选择理论,对项目的目标市场、环境、机会、投资可行性、市场定位等进行全面、客观、系统的分析。

(1)前言。主要是介绍背景或说明实训目的、项目开发的必要性、分工组织情况等。

(2)目标市场分析。对被选项目的市场环境进行分析,对总体市场状况、消费者需求情况、竞争格局状况进行客观、重点分析。采用市场细分表,进行目标顾客的选择,确定本项目的目标顾客、竞争者,并对其情况进行分析,论证目标市场选择的准确性。

(3)投资可行性分析。一般根据同类项目的投资额及成本费用来估算本项目的投资额与成本费用,以此来分析投资效果。

(4)市场定位设计。根据消费者的需求和竞争状况进行经营特色定位,制作市场定位图。

(5)结论。从报告分析的目标市场、环境、投资可行性、市场定位等方面进行归纳,提出项目结论。

四、实训操作

(一)实训组织

将班级同学划分为若干项目小组,小组规模一般为5~7人,每组确定1人担任项目小组长,负责协调小组的各项工作。由于许多调研环节存在着连续性,且需要小组成员共同作业,所以中途无特殊原因不允许组员变动。组团的时候注意小组成员在知识、性格、技能等方面的互补性,如性格外向,熟悉计算机文字处理技术、绘图功能等。小组成绩将作为每位组员的实训成绩。

(二)实训过程

第一,教师对学生选题给予指导,各小组讨论决定所研究的项目类别。

第二,各小组进行文献、资料查询以及进行实地调研,并将调研情况、背景资料作详细记录。

第三,各小组在对调研的资料进行整理分析的基础上,绘制市场细分表,并进行分析。

第四,各小组根据相应数据和资料,绘制市场定位图,并进行分析。

第五,各小组提供项目开发分析报告。

五、实训评价

指导教师根据实训项目作业、课堂陈述质量与小组成员互评 3 部分进行考核,各部分成绩比重为 50%、30%、20%。教师负责实训作业与综合分析成绩评定,小组成员相互评定工作贡献。"市场开发分析报告"具体评价项目、评价标准、评价分值如表 4-7 所示。

表 4-7 "市场开发分析报告"实训项目考核评价表(教师用)

评价项目	分值(分)	实际得分
项目研究计划的确定	10	
文献、资料获取,实地调研	10	
市场环境分析	10	
目标市场细分及分析	10	
投资可行性分析	10	
市场定位分析	10	
结论分析	10	
市场开发分析报告撰写	30	
合计	100	

六、实训范例

"快餐小屋"(环城东路店)开发分析报告

前言

随着社会经济发展和人民生活水平的不断提高,人们的餐饮消费观念逐步改变,外出就餐更趋经常化和理性化。人们对外出就餐的选择性增强,对消费质量要求不断提高,并且更加追求品牌质量、品位特色、卫生安全、营养健康和简便快捷。因此,快餐的社会需求也随之不断扩大,市场消费大众性和基本需求性特点表现得更加明显。上海奉浦地区商学院及周边的餐饮竞争环境不如市区激烈,周边餐饮门面集中,主要客户群为上海奉浦地区商学院师生。我们快餐小屋计划于2008年8月成立,初步选定在本市奉贤区环城东路458号,投资期为4年。

在上海的市中心,快餐店遍布大街小巷。根据我们组员的调查,商学院及周边地区的店面经营快餐的品种比较单一。除了位于南桥文化广场和乐购旁边的肯德基、麦当劳及集集小镇等以外,就没有真正意义上的快餐店了。追求高生活质量的年轻人,既需要快速解决用餐问题,又追求丰富多样的食品种类,因此在商学院周边设立能提供多样品种的快餐店具有一定的市场。

上海商学院2006级市场营销专业第2小组在前期市场调研的基础上,利用3周时间再次开展实地调查,认真分析研究开发项目,发挥团队合作精神,团结一致、群策群力、共同努力,终于完成了《快餐小屋新店开发(环城东路店)可行性分析报告》。

本报告由许珮君担任主审与主编,参加撰写的人员有:朱灵宪、许珮君、张依琳、张碟。本调研报告撰写的分工为:"前言"和"新店的经营定位分析",由张依琳负责;"新店的目标市场分析"和"新店的选址环境分析",由张碟负责;"新店的经营损益分析",由朱灵宪负责;"新店开发的分析结论"由许珮君负责。

由于时间仓促,所以分析报告有不足之处,敬请老师以及同学提出宝贵的意见。本报告为"快餐小屋"在奉贤区进一步开发的决策依据。

(一)"快餐小屋"的目标市场分析

据对上海快餐店发展状况的调查显示,随着人民生活水平和餐饮社会化程度的逐步提高,2007年我国餐饮消费持续快速增长,在国民经济各行业中继续保持领先地位。快餐店秉承的是方便、快捷、价廉、物美等原则,属于小型商店,营业面积在80~120平方米,可为顾客提供快速、简洁的饮食。

1. 快餐店具有开发价值

随着社会经济发展和人民生活水平的不断提高,人们的餐饮消费观念逐步改变,外出就餐更趋经常化和理性化。就餐的选择性增强,人们对消费质量的要求也不断提高,更加追求品牌质量、品位特色、卫生安全、营养健康和简便快捷。快餐的社会需求随之不断扩大,市场消费大众性和基本需求性特点表现得更加明显。2008年1—2月,全国住宿与餐饮消费继续保持良好态势,零售额实现2535.7亿元,同比增长23.1%,比2007年同期增幅高出6.1个百分点,占社会消费品零售总额的比重达到14.5%,使社会消费品零售总额增长3.28个百分点,对社会消费品零售总额的增长贡献率为16.2%。

为了适应当代快节奏及新颖的生活方式,追求快速便捷的上班族,偏爱价廉物美的学生群以及不甘落后的中年人群都非常喜欢并且愿意尝试如今不可或缺的一种饮食文化——快餐。因此,快餐店具有以下开发价值:

第一，快餐可以满足消费者对方便与快捷的要求。据调查，白领人士每月进入一家消费层次稍高的餐馆消费1~2次，而普通阶层的工人只有每月发工资的时候才可能会进入一家消费层次稍高的餐馆，更别说是学生群。而快餐店既适合普通阶层工人，也适合白领人士，更适合没有收入的学生群。据调查，有47.5%的人会在5~15天内去吃一次快餐。

第二，对食物种类来说，稍高层次的餐馆所供应的是属于一个系列的食品，而且它们变更菜单以及推出新产品的时间间隔相对较长。而快餐店所涉及的品种数量繁多，推出新产品的速度也十分快，满足了现代都市人的新鲜感。这样，消费者就不用为换口味而东家西家地跑了。

第三，客流量大。较那些高层次的餐馆而言，薄利多销是快餐店取胜的法宝。

2."快餐小屋"的目标顾客分析

环城东路店的目标顾客是采用了市场细分技术进行选择确定的，如表4—8所示。

表4—8 快餐小屋市场细分状况

地区	年龄	职业	月收入(元)	购买情况	品牌偏好
校内	18~24岁 *	学生 *	依靠父母 *	大量 *	明显
				一般	不明显 *
				少量	
	25~60岁 *	教师 *	2000~6000 *	大量	明显
				一般 *	不明显
				少量	
		物业人员	800~2000	大量	明显
				一般	不明显
				少量	
		个体经营者	3000以上	大量	明显
				一般	不明显
				少量	
校外	16~24岁	学生	依靠父母	大量	明显
				一般	不明显
				少量	
	18~60岁 *	周边企业职员 *	1000~3000 *	大量 *	明显
				一般	不明显 *
				少量	
	18~60岁	自由职业者	800~2000	大量	明显
				一般	不明显
				少量	

（注：* 为选择的细分市场）

3."快餐小屋"快餐市场细分分析

根据上海奉浦地区商学院校区内及校区外的调查情况看，两地的快餐市场购买群体存在一定差异。在市场细分表上，把"快餐小屋"快餐市场大致分为三类市场。对它们的分析如下：

(1)"学生"市场评估。上海商学院奉浦校区内全日制在校生共计10000名左右，是一个很大的快餐市场。校内快餐市场竞争一般，校办食堂占有主导地位，进入该市场具有一定风险。这个消费群体的收入主要来自于父母，月生活费在800元左右，具有一定的购买力。且该消费群体具有很高的成长性，一旦使其接受了一个品牌，能迅速扩大该品牌市场份额。该消费群体比较容易尝试并接受新的品牌，而校内并不存在如肯德基、麦当劳、必胜客等知名品牌，竞争者较少，市场竞争环境较好。此外，该消费群体注重就餐的方便快捷以及食物品种的丰富多样，因此，企业只要投其所好，便能在该市场获得较好的盈利。

上海商学院奉浦校区外的消费者主要为商学院周边的一些中专以及华东理工大学奉浦校区的师生。这些学校内部本身设有食堂，往往不会特地来商学院内就餐，因此，该消费群体具有不稳定性。

(2)"教师"市场评估。上海商学院奉浦校区内现有专任教师400余人，其中博士生、研究生以上学历占37.9%，副高以上职称占37.4%（其中正教授、研究员40人），拥有一支由国内外著名企业集团董事长、总裁等高级管理人员组成的百余名客座教授队伍。该消费群体约占校内快餐市场的20%。他们具有相当的购买能力，对品牌的偏好较弱，市场盈利性较好。企业进入这一市场后，应着重于服务质量的提高。

(3)"周边企业职员"市场评估。上海商学院奉浦校区周边企业职员主要来自于奉浦大厦内的一些企业、政府单位。这个消费群体重质量、轻价格，他们更看重快餐的品质与便捷性。该消费群体有稳定的收入来源，企业在他们身上能够获得较高的利润，而且，只要他们接受了一种品牌，一般不会轻易改变。因此，市场成长性较高。企业应着眼于食品安全与服务质量。

分析结论：

根据上述细分市场的分析与研究，"快餐小屋"快餐市场应选择如下细分市场。

细分市场一：上海商学院奉浦校区内的广大师生，年龄在18～60岁，学生月生活费主要依赖父母，约为800元，教师月收入为2000元以上。他们对快餐的需求较大，是品牌偏好不明显的消费群体。

细分市场二：上海商学院奉浦校区周边企业职员，年龄在18～60岁，收入在1000元以上，对快餐的需求较大，是品牌偏好不明显的消费群体。

(二)"快餐小屋"的选址环境分析

本项目小组经过周密的调查，根据店铺立地原则，新店选址确定在上海奉贤区环城东路458号。选定的新店位于上海商学院东门口，背依上海商学院，面向新建成的高级住宅区。新店的选址是否正确，我们必须作可行性分析。

新店面对的目标顾客可以囊括上海商学院的每一位学生和老师,周围的各种住宅区以及工厂的员工,其他学校的师生等。根据商圈划分原理,考虑店铺地址所在地段属于学生较为集中地段,所以以100米为半径的商圈划为中心商圈,东至A4公路,北至环城北路,西至韩村路"多多米线店",南至环城东路540号"永和豆浆";以200米为半径的商圈为次级商圈,东至A4公路,北至环城北路,西至韩村路608号"悦和生煎",南至环城东606号"湘乡人家";以350米为半径的商圈为边缘商圈,东至A4公路,北至环城北路,西至环城西路,南至八字桥路。新店商圈的界定,有助于企业合理选择店址,了解哪些是本店铺的基本顾客群和潜在顾客群,保证新店充足的客源。

1. "快餐小屋"的道路交通状况分析

环城东路是一条双车道的商业街,南北走向,车站在道路东边。人流较多,但车流速度一般。沿街分布大量的商店与住宅区,经营较多的是餐馆及娱乐场所,是一条人流较为密集的商业街。

"快餐小屋"所处地段有许多人群集聚场所。北至环城北路,有很多企业;南至八字桥路,内有皇品酒家、KTV、网吧和小吃街;东至A4公路,内有高级住宅区;西至环城西路,内有上海商学院、奉浦中专及诸多居民小区。

"快餐小屋"所在地交通比较便利,拥有多条公交线路。在中心商圈有南桥3线、莘南线、南嘉线、南华线等公交线路车站。在次级商圈有莘海线等公交线路车站。

由上述分析可以推论,在环城东路458号开设"快餐小屋"是最佳选择。该店的地段比较有利,交通方便,人流量较大,足以吸引人们前往消费,市场潜力大,这为快餐店的营销提供了有利的前提条件。这些优越的环境是我们这家快餐店开发时选择的重要因素。

2. "快餐小屋"的购买量分析

一个选址优良的店铺必然拥有一批稳定的目标顾客,这就要求在其商圈范围内拥有足够多的人口。许多店铺设在有较强购买力、人口密度大的地区,其中一个重要原因,就是为了保证周围有持续旺盛的购买力。所以,新店开发必须了解其商圈范围内的中心圈、次级圈内目标顾客的数量和收入程度、职业分布、消费特点与偏好。通过对这些情况的了解,可以对顾客的购买量进行估算(边缘商圈对新店没有影响)。

(1)固定人群消费分析。据调查分析,上海奉浦地区商学院是环城东路上的人口密集点。据调查,上海商学院目前有全日制学生10000名左右,教师400余人。位于商学院西侧(奉浦大道和沪杭公路交叉口的东南)的上海商学院,占地面积约87000平方米,总建筑面积10万余平方米,是新建高级住宅区。预计到七八月份将会有六至七成的住户搬入上院居住。届时,人气将急剧上升。而这些人群都有足够的消费能力,是快餐店的主要客户。据统计,上院及商学院的人每天的入店购买率可达55%,购买金额平均在15~25元。

在次级商圈内现有住户大约1000户,虽然在他们的周遭有一些小餐馆,但是非常缺乏像我们这样品种多样、整洁的快餐店,因此,次级商圈对于我们来说也是一个很重要的市场。据调查,每户的入店购买率为30%,购买金额平均在15元以下(含15元)。

在次级商圈里还有两所院校,虽然他们的购买力不如上院和商学院的强,但是也可以成为新的快餐店的目标顾客。这两个学校的学生为2000人左右,入店购买率可达10%,购买金额平均在12元以下(含12元)。

由此可见,根据"快餐小屋"的商圈固定人群现有数量和收入程度、职业分布、消费特点与偏好,他们具有很强的购买力。

(2)流动人群消费分析。2008年4月8日下午,本小组成员在上海商学院东门门口进行市场调查,调查对象为:商学院内的流动人群。调查结果如图4—3、4—4所示。

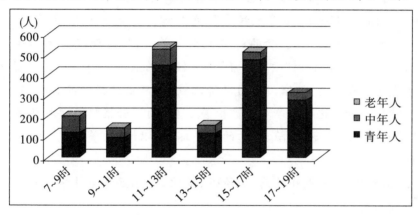

图4-3 上海商学院东门门口的流动人口

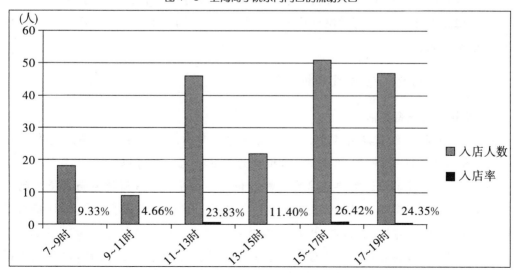

图4-4 出自上海商学院前往快餐店人数及占比

调查显示：奉贤区上海商学院东门门口的流动人群速度较快。由上海商学院前往快餐店就餐的人流要少于上海商学院学生。作为主要目标客户的学生，流动人群的高速流动能为"快餐小屋"带来大量的顾客。

根据我们对上海商学院前往快餐店就餐的人数实地观测统计，估计每天的人流量约为200人次，入店率可超15%，人均消费15元左右。根据这一数据，新店将有比较稳定的营业收入。

从上述分析数据可以推出，"快餐小屋"背靠上海商学院奉贤校区，面向人流密集的学生群体，有一定的市场消费的潜力。因此，在奉贤区环城东路458号开设新的快餐店是可行的。

3."快餐小屋"的竞争状况分析

在对商圈消费潜力分析时，还应调查分析该地区的快餐店竞争状况，了解这个地区内同行的数量，竞争对手的经营状况，并对新店地址的选择作出客观的分析。

在中心商圈内，有一家"多多米线店"，位于韩村路上。这是"快餐小屋"最大的竞争对手，它的门面虽然不大，食品种类也十分单一，但是深受广大学生及居民的喜爱，入店率可达60%，将对"快餐小屋"造成较大的威胁。通过对其经营状况分析后，本小组成员一致认为：该家门店的定价比较低，可供选择食品种类单一，但味道鲜美，独具特色。针对这个竞争对手，"快餐小屋"的经营策略是要提供齐全的食品种类和完善的服务及明亮、宽敞、整洁的就餐环境，以使"快餐小屋"能够与"多多米线店"抗衡。

在次级商圈内，有一些小吃店，但价低、质次，且相互竞争非常激烈，这对"快餐小屋"的影响不大。

本小组还观察到：在商学院里面有一家名为"胜百隆"的快餐店，虽然不提供店内用餐，但是对于路过的商学院学生来说，是一个非常便利的场所。因此，对"快餐小屋"也有一定的影响。

(三)快餐店的经营损益分析

1.快餐店的投资预估

快餐店的投资经营期为4年。投资预估首先考虑店铺租金。快餐店选在奉贤环城东路458号商铺，面积80平方米，租金为4.8万元/年，可以半年交付。

快餐店的投资估计还需要考虑装修费用和设备购置费。该商铺为尚未使用的毛坯房，需要全装修，装修费用预估8万元。快餐店营业需要购置的设备有：不锈钢系列豆浆机、封杯机、电炸炉、电扒炉、电烘炉、冷冻冷藏设备、空调、收银系统、水电设备、办公设备、内仓设备，共计8万元。店铺装修和设备购置费用总计16万元，这些投资预计40个月折旧完毕。工作人员需安排5人。水电煤费用预计2500元/月。

快餐店还需要8万元备用金作为流动资金，用于采购原材料以及日常运营。

2. 快餐店的经营损益评估

(1)月营业额计算。

①月营业收入＝月人均购买金额×月目标顾客数量×市场占有率
　　　　　　＝10×160×30×100%
　　　　　　＝48000(元)

日营业收入＝48000÷30＝1600(元)

(2)合适店铺面积估算。根据行业特点,考虑到我们的快餐店是中西合璧式,所以每天每平方米销售额应定20元,每天的销售额为1600元,合适的营业面积估算如下:

店铺面积＝1600元÷20元＝80(平方米)

快餐店的使用面积应保证在80平方米,月营业收入才能得到保证。

(3)月经营费用估算。快餐店经营费用分为固定费用和变动费用2类。具体估算如下:

①月固定费用估算。

人员工资＝5人×1000元＝5000(元)

房租＝24000元÷6月＝4000(元)

装修分摊费＝80000元÷40月＝2000(元)

设备折旧费＝80000元÷40月＝2000(元)

水电费用＝2500元/月＝2500(元)

管理费用＝500元/月＝500(元)

固定费用总计＝16000(元)

②月变动费用估算。

营业税＝5.0%

运杂费＝0.2%

包装费＝0.1%

商品损耗＝0.1%

总计比重＝5.4%

月变动费用总计＝48000×5.4%＝2592(元/月)

(4)项目损益预算。

经营损益＝销售毛利－变动费用－固定费用

销售毛利＝营业收入×毛利率

①预计月销售毛利＝营业收入×毛利率(餐饮毛利率一般为50%)
　　　　　　　　＝48000×50%
　　　　　　　　＝24000(元/月)

②预计月经营利润＝销售毛利－变动费用－固定费用
　　　　　　　　＝24000－2592－16000

　　　　　　　　＝5408(元/月)
③预计年经营利润＝月经营利润×12
　　　　　　　　＝5408元/月×12
　　　　　　　　＝64896(元/年)
④预计4年经营利润(不考虑资金时间价值)：
4年累计获利＝64896元/年×4
　　　　　　＝259458(元)

(5)投资风险估算。投资风险是对投资的"经营安全率"进行分析。经营安全率是衡量新店经营状况的重要指标。估算经营安全率必须先计算"损益平衡点销售额"。

①估算损益平衡点月销售额。
损益平衡点销售额＝固定费用÷(毛利率－变动费用率)
　　　　　　　　＝16000÷(50％－5.4％)
　　　　　　　　＝35874(元)

②估算经营安全率。
经营安全率＝1－损益平衡点销售额÷预期销售额
　　　　　＝1－35874÷48000
　　　　　＝25.26％

快餐店的经营安全率估算为25.26％,可以列为优良店铺,说明经营风险比较小。

(6)项目资金估算。
投资总额＝半年租金＋装修费用＋设备费用＋流动资金
　　　　＝2.4＋8＋8＋3
　　　　＝21.4(万元)

(7)投资回报估算。项目投资回报估算也应该包括"年投资收益率"与"投资回收期"。

①年投资收益率。
年投资收益率＝年经营利润÷投资总额
　　　　　　＝64896÷214000
　　　　　　＝30.33％

②投资回收期。
投资回收期＝投资总额÷年经营利润
　　　　　＝214000÷64896
　　　　　＝3.3(年)

(四)"快餐小屋"的经营定位分析

"快餐小屋"选址于奉贤区环城东路458号,有很大的商机和发展空间,也有一定的风险。面对机遇与挑战，本小组认为："快餐小屋"应勇于进入市场，开拓新的增长点。面对挑战，"快餐小屋"更应该进行正确的市场定位，在保持原有快餐店特色的基础上，要有自己的经营特色，进一步开拓自己的新亮点。

1. "快餐小屋"经营的市场定位

根据消费者对快餐店需求的主要评价标准：价格和可供食品种类，针对上海商学院奉浦校区周边快餐店的相关竞争情况，我们制定了"快餐小屋"的市场定位图。如图4-5所示。

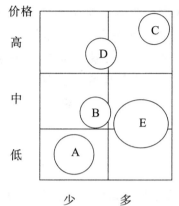

A代表韩村路上的"多多米线店"
B代表"商学院汉堡店"
C代表学校食堂(1~2楼)
D代表学校食堂(3楼)
E代表"快餐小屋"

图4-5 "快餐小屋"的市场定位

该图说明了中西式结合的"快餐小屋"经营的市场定位。该图中横轴代表快餐店的可供选择食品种类的多少，纵轴代表了快餐店消费价格的高低。其中，A代表韩村路上的"多多米线店"的定位情况，它的产品种类单一，主要就是米线，但是价格还是比较便宜的，辐射范围除了上海商学院的学生外，还有一些周边学校的学生。B代表"商学院汉堡店"的定位，它的价格比肯德基、麦当劳要便宜些，产品种类相对较多，辐射范围主要是上海商学院的学生，客户群相对比较狭窄。C、D代表了上海商学院的学校食堂，他们的产品种类比较多，规模比较大，相对价格也比较高，辐射范围主要是上海商学院师生。E代表"快餐小屋"的定位，价格中下，产品种类较多，辐射范围除了上海商学院的学生外，还有一些周边学校的学生、居民。该店的特色在于快餐食品既有中式的点心也有西式的汉堡、薯条，并且提供送餐服务。

"市场定位图"显示，"快餐小屋"的市场定位方案采用的是"填补定位"策略，也就是为避免市场现有的竞争对手，将产品定位在目标市场空白的部分。这样能够迅速在市场上站稳脚跟，并能在消费者或用户心目中迅速树立新的品牌。这一方案的风险较小，成功率较高。而且同时提供中式及西式的食品，能够满足不同顾客的需要，使产品在种类上具有竞争优势，有利于在奉浦地区发展出一定的规模，以达到经营目标。

2. "快餐小屋"的经营特色

(1) "快餐小屋"为目标顾客提供便捷购买、优质食品、合理价格与热诚服务。首先,对商品摆放进行程式化设计,使消费者在10分钟内购买到所需要的商品。其次,确保商品的质量,加强管理,以优质的食品满足目标顾客的需求。提供便民服务,可以考虑提供减肥套餐、运动型套餐、老年人套餐、中式早点、西式下午茶,提供特殊食品与服务(包括外送早餐服务)。最后,以合理的定价吸引消费者,击败竞争者,抢占市场份额,树立快餐小屋独具匠心的第一形象。

(2)营业布局,食品样品陈列简洁优雅,环境布置宽敞亮堂。本小组成员认为:针对该地段的消费层次上的实际情况,"快餐小屋"的营业布局,食品样品陈列和环境布置都应该与绿地南桥老街即将入住的居民和一批又一批考入上海商学院的学生消费需求特点相适应。设计宽敞的货架,留出更多的空间,开放休闲区,让顾客可以在用餐后小坐休息,利用自己的手提电脑免费上网。店堂环境布置要求简洁优雅,适当播放背景音乐。力求使消费者耳目一新,对本店留下良好、深刻的印象。"快餐小屋"的布局在方便快捷的前提下,还可以进行微小的改变,这对该店的发展是有益的。

(五)"快餐小屋"开发的分析结论

综合上述各项评估分析,"快餐小屋"是一项可行的投资项目。其理由如下:

1. 快餐消费潜力大

随着经济的发展、教育水平的提高,人们的生活方式已发生了翻天覆地的变化。但"民以食为天",和人们生活息息相关的"食"依然是重中之重。而生活环境的变化,为快餐业的发展提供了一个广阔的空间。上海商学院奉贤校区周边餐饮店提供的产品品种比较单一,越来越不能满足上海商学院学生及周边企事业单位职工的需要,因此这部分客户群是"快餐小屋"的目标客户。

2. "快餐小屋"的选址是正确的

新址选在奉贤区环城东路458号,位于上海商学院东门口,背依上海商学院,面向新建成的高级住宅区,交通便利,目标客户群比较密集,顾客有较强的购买力。

3. "快餐小屋"具有一定的投资收益

新店开发资金为21.4万元,与周边的店铺相比略高(主要是租金及装修费较高)。经估算,月经营利润为5408元,年经营利润为64896元,经营安全率为25.26%,说明经营的风险较小,可以列为优良店铺。年投资收益率为30.33%,投资回收期为3.3年,说明此项目具有一定的收益。

本项目小组认为:新店开发的投资风险与回报是成正比的,鉴于"快餐小屋"选址地目前由金叶超市转租,转租进程未结束,所以有充足的时间供决策者讨论和准备。希望决策者能充分考虑本项目小组的报告,有效地进行"快餐小屋"环城东路店的开发。

(资料来源:上海震旦职业学院精品课程《市场营销学》实训报告样式)

第五章 营销策略

内容简介

营销策略执行是营销战略的实施和延伸,也是营销职场必然涉及的技能。按照营销人员的职业能力设计营销策略,旨在培养其必备的产品认知能力、商务谈判能力、分销渠道设计能力及营销传播能力。这一部分包括:商品感官质量审评、CIS设计、广告创意设计、分销策略设计及模拟商务谈判。

训练一 商品感官质量审评

一、实训任务

第一,通过商品感官质量审评,掌握感官质量审评方法;
第二,以茶叶为代表性商品,运用感官质量审评方法对其质量进行审评;
第三,通过了解大类产品的基本质量特征,为产品营销奠定良好的基础。

二、实训要求

第一,掌握感官检验法、理化检验法等基本质量检验方法;
第二,掌握茶叶的主要成分及特性、茶叶的分类、主要品种及其特征;
第三,掌握茶叶及茶具的选购技巧;
第四,掌握茶叶感官质量审评的基本程序。

三、理论指导

(一)商品质量检验方法

1. 感官检验法

感官检验法,又称"感官分析""感官检查"或"感官评价",是利用人的感觉器官作为检验器具,对商品的色、香、味、形、手感、音色等感官质量特性作出判断和评价的检验方法。

感官检验法在商品流通领域中使用比较广泛。处在流通领域中的商品都已经通过出厂检验且配有合格证,但在储存、运输或进出货过程中,经常需要对商品的外形结构、外观疵点、色泽、硬度、弹性、气味、声音、包装物等品质变化作出判断,所以流通中的检验以感官检验为主。另外,对于某些特殊商品的感官检验(比如酒类的品评),国家还制定了检验标准。感官检验的优点是:不需要复杂的精密仪器、简便易行、快速灵活、成本低、可以依赖实践经验进行判断;缺点是:准确度低、检验项目受感官能力限制、只能得出初步判断、需要进一步检验等。

感官检验法可以分为视觉检验法、嗅觉检验法、味觉检验法、触觉检验法和听觉检验法等。

(1)视觉检验法。视觉检验是用人的视觉器官来检验商品的外形、结构、颜色、光泽以及表面状态、疵点等质量特性。凡是直接能够用眼睛分辨的质量指标都适合采取视觉检验法。

视觉检验中,有时要使用标准样品。如茶叶、烟叶、棉花、羊毛和生丝等商品均制定有标准样品。标准样品是实物标准,它是标准的另一种存在形式,它与文字标准合在一起构成完整的标准形态。自从20世纪初美国研制成功第一个冶金标准样品(Standard Sample)以来,经过约100年的发展,和我国均已经建立了完整的标准样品管理体系,体系包括一套行政管理和技术管理法规体系和相应层次的管理机构。我国标准样品技术委员会还分别批准成立了冶金、有色金属、环保、农药、气体化学品、无损探伤、酒类等7个分技术委员会以及多个专业技术工作组。

视觉检验鉴定者应该具有丰富的关于被鉴定商品外观形态方面的知识,并熟悉标准样品中各等级需满足的条件、特征和界限;视觉鉴定过程中要注意对光线强弱的要求。

(2)嗅觉检验法。嗅觉检验是通过人的嗅觉器官检查商品的气味,进而评价商品的质量。这种方法适用于食品、药品、化妆品、洗涤用品、香料等商品的气味检验和评价;也适用于一些通过燃烧气味进行品质成分鉴定的检验实验。例如,当食品或工业品的质量发生变化时,气味也会发生相应的变化;某些具有吸附性的商品,吸收了其他异味则会影响商品本身的品质;某些商品本身具有独特的芳香气味,有时质量产生变化或进行不适当的加工会改变这种独特的香气,这些情况都可以通过嗅觉检验法来对商品进行鉴定。嗅觉鉴定者要具备所要求的生理条件和丰富的实践经验。同时,嗅觉鉴定场所也要符合鉴定标准的要求。

(3)味觉检验法。味觉检验法是利用人的味觉器官检查有一定滋味要求的商品(如食品、药品等),并作出一定判断的检验方法。通常酒类品评主要使用味觉检验法。商务部制定了《酒类商品批发经营管理规范》和《酒类商品零售经营管理规范》,并对品酒员、品酒师、高级品酒师进行三级管理。中国酿酒协会设有白酒品酒员培训班,学员通过考核合格后,可以获得中国酿酒协会颁发的全国统一专业资格证书。鉴于味觉检验依靠检验者味觉的敏感度,检验者味觉的敏感度决定了检验结果的准确性,为此国家制定了 GB/T12312-1990《感官分析·味觉敏感度的测定》标准以评判检验者味觉的敏感度。

(4)触觉检验法。触觉检验是利用人的触觉感受器官对被检商品的反应来评价商品质量。如触摸、按压、拉伸、拍敲、抓摸商品,从而评判商品的光滑细致程度、软硬程度、干湿程度、弹性拉力、弹力大小等特性。

(5)听觉检验法。听觉检验法是凭借人的听觉器官来检验商品质量的方法。如检查玻璃、陶瓷、金属制品有无裂纹;评价家用电器、乐器的音质等。

以上5类感官检验方法各有特点,在进行实际检验时可以综合运用。感官检验要运用人的感觉器官,要求操作者具有灵敏的感觉,有良好的生理、心理素质,有丰富的商品知识和实践经验。在实施感官检验时还要注意检验环境的配合,一般要求检验场所空气清新,无异味;光线柔和自然,避免使用强光或有颜色的光线;场地安静,装饰搭配不影响检验效果。

2. 理化检验法

理化检验法是在一定环境条件下的实验室中,借助各种仪器、设备和试剂,运用物理、化学的方法来检测、评价商品质量的一种方法。它主要用于检验商品的成分、结构、物理性质、化学性质、安全性、卫生性以及对环境的污染和破坏性等。

理化检验法的优点包括:检验结果精确,可用数字来定量表示(如成分的种类和含量、某些物理化学特性、机械性能等);检验的结果客观,不受检验人员主观意志的影响,从而使得对商品质量的评价具有客观而又科学的依据;能深入地分析商品成分的内部结构和性质,能反映商品的内在质量。

理化检验法的局限性包括:需要一定的仪器设备和场所,成本较高,要求的条件较为严格;往往需要破坏一定数量的商品,消耗一定数量的试剂,费用较高;要求检验人员具备扎实的基础理论知识和熟练的操作技术。因此,商业企业较多采用理化检验法,一般将其作为感官检验之后,必要时进行补充检验的方法。

理化检验法主要包括化学分析检验法、仪器分析检验法、物理检验法、生物学检验法等。

(1)化学分析检验法。化学分析检验法是利用化学原理与方法,应用试剂与仪器对商品的化学成分及其含量进行测定,进而判断商品品质是否合格的检验方法。

化学鉴定的主要内容是化学分析,包括定性分析与定量分析。定量分析又分为重量分析和滴定分析两类。重量分析是将试样中的被测成分与其他成分分离,根据被测成分的重量计算占试样重量的百分含量,如各类食品的水分含量、灰分含量、纤维素含量等。滴定分析是将已知准确浓度的标准溶液通过滴管滴加到被测溶液中直到等当点,然后根据体积计算被测成分含量的方法。各类食品中的蛋白质含量、酸度等都使用滴定分析法。

(2)仪器分析检验法。仪器分析检验法是采用光、电等比较特殊或复杂的仪器,通过测量商品的物理性质或化学性质来确定商品所含化学成分的种类(定性)、含量和化学结构以判断商品质量的检验方法。仪器分析检验法包括光学分析法和电学分析法,光学分析法是通过被测成分吸收或发射电磁辐射的特性差异来进行成分鉴定的,具体有比色法、分光光度法、荧光光度法等。如利用光量光谱仪可以在 1~2 分钟内测出钢中 20 多种合金元素的含量;用气相色谱法测定绝缘油中溶解气体的组分含量(该种方法是判断运行中的充油电力设备是否存在潜伏性的过热、放电等故障,以保障电网安全有效运行的有效手段,也是充油电气设备制造厂家对其设备进行出厂检验的主要手段)。变压器油色谱分析系统采用单柱流程系统,一次进样即可完成绝缘油中溶解气体组分(包括氢气、氧气、甲烷、乙烯、乙烷、乙炔、一氧化碳和二氧化碳)含量的全分析。电学分析法是利用被测物的化学组成与电物理量之间的定量关系来确定被测物的组成与含量,具体有光谱法、电位滴定法、电解分析法等。

仪器分析检验法投资成本比较高,普及起来比较困难。但是,仪器检验法的检验速度快、准确度高,当检测量达到一定程度时单位检测成本会降低。如美国一直使用大型 X 射线装置检验集装箱,X 射线对装在铁盒里的核弹或浓缩钚无能为力,所以出于安全考虑,美国劳伦斯·利弗莫尔国家实验室 2004 年试验用活性中子探寻法检测可疑货物,每个集装箱不到 1 分钟的时间就可以完成扫描,差错率小于千分之一,而且对人和货物都安全无害。

(3)物理检验法。这是在一定的实验环境条件下,利用各种仪器、器具作为手段,运用物理的方法来测定商品质量指标。物理检验法包括一般物理检验法、光学检验法、热学检验法、机械检验法、力学检验法、电学检验法。

①一般物理检验法。一般物理检验法即通过各种量具、测量仪、天平及专门仪器来测定商品的长度、细度、面积、体积、厚度、比重、黏度、渗水性、透气性等一般物理特性的方法。例如,棉纤维长度和细度的测定。

②光学检验法。光学检验法是通过各种光学仪器来检验商品品质的方法。该方法可以用来检验商品的物理性质,也可以用来检验某些商品的成分和化学性质,常用的仪器有显微镜、折光仪、旋光仪、比色计等。如用折光仪来检测油脂的折光率,可以判断油脂的新陈;利用旋光仪检测糖液的比旋光度,可以测定溶液中可溶性固体物的含量等。

③热学检验法。热学检验法是利用热学仪器测定商品的热学特性的一种检验方法。这一方法可以用来检验商品的熔点、凝固点、沸点、耐热性能等,如对玻璃、金属、塑料、橡胶等商品的质量检测。

④机械检验法。机械检验法是利用各种力学仪器来测定商品机械性能的检验方法。工业品的质量指标,如抗拉强度、抗压强度、断裂伸长率、抗顶强度、硬度、弹性、塑性、脆性等多采用这种检验方法。机械检验法使用的仪器设备有万能材料试验机、冲击试验机、扭力试验机、硬度试验机等。

⑤力学检验法。力学检验法是指通过各种力学仪器测定商品的力学性能的检验方法。这些性能主要包括商品的抗拉强度、抗压强度、抗弯曲强度、抗冲击强度、抗疲劳性

能、硬度、弹性、耐磨性等。

⑥电学试验法。电学试验法是利用电学仪器来测定商品所具有的电学特性的一种检验方法。检验的项目有电阻、介电系数、电容、电压、电流强度等。电学检验的优点是：节省材料、检验速度快、结果准确。

(4)生物学检验法。生物学检验法是食品、药品和日常工业品质量检验的常用方法之一，包括微生物学检验法和生理学检验法两种。

微生物学检验法是利用培养法、分离法、显微镜观察法、形态观察法等，对商品中有害微生物存在与否及其存在的数量进行检验，判断其是否超过允许限度。微生物学检验法是判断商品卫生质量的重要手段。

生理学检验法是用来检验食品的可消化率、发热量及营养素对机体的作用及食品和其他商品中某些成分的毒性等的一种检验方法。检验中有时使用鼠、兔等进行毒理、病理试验。经过动物试验后验证无毒害，经有关部门批准，才能在人体上进行试验。现在科学家们正在尝试避免使用动物做试验，寻找更好的办法对一些有毒化学品进行检测。如马歇尔航天飞行中心的科学家利用微生物在低重力下对有毒化学品敏感导致游动速度和方向都发生改变的现象检测化学品、废水和潜在污染源。这一机理对检测化妆品的生理毒性、过敏反应等非常有效。

(二)茶叶基本知识

茶叶就是对茶树的嫩叶或嫩芽进行加工制成的干制品。茶叶起源于我国，相传公元前 2700 年前，神农氏最早发现茶树。如今，茶叶与咖啡、可可并称为"世界三大饮料"，我国也被称为"茶叶的故乡"。茶叶具有重要的生理功能，可止渴解热、兴奋神经、解除疲劳、促进消化、利尿解毒、补充维生素；能预防辐射，对减肥、美容、防癌有一定效果。

1. 茶叶的主要成分及特性
(1)茶叶的主要成分。

①茶多酚。茶多酚也称"茶单宁"或"茶鞣质"，是一类多酚化合物的总称，包括儿茶素、黄酮、花青素、酚酸四类化合物，其中儿茶素在茶多酚中所占的比例最大。儿茶素具有杀菌、降压、强心等功效，对尼古丁和吗啡等有毒生物碱还有解毒作用。儿茶素与茶叶质量关系密切：它既与饮茶的功效有关，也是决定茶叶色、香、味的主要成分。

②生物碱。茶叶中的生物碱主要是咖啡因、茶碱和可可碱等，一般含量为 2%～4%。纯的咖啡因是针状结晶，微溶于冷水，其溶解度随水温升高而增大，会出现"冷后浑"现象。咖啡因能使中枢神经兴奋、解除大脑疲劳、强心利尿，并能减轻酒精、烟碱等有害物质对人体的伤害。

③芳香油。也叫"茶香精"，是酯、醇、酮、酸、醛类等有机物的混合物，易挥发。它是赋予茶叶香气的最主要成分。茶叶中芳香油的含量极少，为 0.003%～0.02%(干茶)。一般情况下嫩叶高于老叶，高山茶多于平地茶，红茶多于绿茶。由于芳香油属易挥发成

分,所以陈茶的茶香较差。

④蛋白质和氨基酸。茶叶中含有较多的蛋白质,为17%～20%(干茶)。除蛋白质外,还含有一定量的游离氨基酸(1%～3%),氨基酸有利于改善茶汤的滋味,使茶汤具有鲜爽味。

⑤糖类。茶叶中含糖为20%～30%,有单糖、双糖及淀粉、纤维素、果胶质等多种糖类成分。单糖和双糖能使茶汤具有甜醇味,还有助于提高茶香。可溶性果胶质可以使茶汤具有醇厚感。

⑥色素。色素是构成干茶、茶汤、叶底颜色的主要物质。绿茶的色素物质主要是叶绿素,故茶绿、汤绿、底绿。红茶的色素主要是儿茶素的氧化产物——茶黄素和茶红素等,因此茶红、汤红、底红。

(2)茶叶的特性。

①陈化性。茶叶经长时间贮存后,会出现香气下降、色泽变暗等变化,即陈化现象。这主要是因为茶叶的香气成分芳香油易挥发,经长时间贮存后,香气散失。

②吸湿性。茶叶由于经干制形成了疏松多孔的组织结构,并且茶叶的很多成分如茶多酚、咖啡因、糖类、蛋白质等都具有亲水性,所以茶叶具有很强的吸湿性。

③吸附异味性。茶叶的多孔结构和疏松状态使茶叶具有较强的吸附异味性。茶叶在储运、销售与存放过程中应避免与有异味的物质接触,以免影响茶叶的质量,甚至丧失饮用价值。

2. 茶叶的种类

我国茶叶种类繁多,按茶叶加工方法不同,可分为绿茶、红茶、乌龙茶、花茶、紧压茶等。

(1)绿茶。绿茶是我国茶叶中产量最多的一种。我国绿茶产品约占世界绿茶产量的70%,花色品种也居世界之首,每年的出口量约为5万吨。绿茶的加工过程为:"鲜叶—杀青—揉捻—干燥—绿毛茶"。绿茶的品质特点是:干茶色绿、味道清香、鲜醇爽口、浓而不涩,其冲泡后清汤绿叶。杭州西湖龙井就以"色绿、香郁、味甘、形美"四绝著称。

(2)红茶。红茶是我国茶叶产量中次多的一种,其中,工夫红茶以做工精细而闻名,远销海外60多个国家和地区。红茶为发酵茶,即茶叶中的茶多酚在酶的作用下发生了氧化,其加工工序为:"鲜叶—萎凋—揉捻—发酵—干燥"。红茶的品质特点为:干茶色泽乌黑油润,冲泡后红汤红叶,香味如甜花香或蜜花香。福建的"正山小种"出现最早且品质也最好。

(3)乌龙茶。乌龙茶又称"青茶",属半发酵茶类。青茶加工工序为:"晒青—摇青—凉青—杀青—初揉—初烘—包揉—复烘—烘干"。青茶的品质特点为:干茶外形条索粗壮,色泽青灰有光,冲泡后茶汤橙黄清澈,香味浓郁有如花茶。青茶中,岩茶采制技术最为精细,质量也最好。岩茶外形粗壮、紧实,色泽油润红点明显,不带梗,香味浓而持久,其中,最著名的有闽北的"武夷岩茶"。入口微苦后转甜的闽南"安溪铁观音"、广东潮安

"绿叶镶红边"的凤凰单丛水仙也都是青茶中的名品。我国宝岛台湾也盛产青茶,其中"台湾乌龙"较为著名。

(4)紧压茶。紧压茶又称"黑茶",是用较粗老的鲜叶加工而成的,是藏族、蒙古族、维吾尔族等少数民族日常生活的必需品。黑茶一般经杀青、揉捻、渥堆、干燥等工序压制而成。其主要类别有砖茶、饼茶、圆茶、方茶等。黑茶的品质特点是:色泽黑褐油润,汤色橙黄或橙红,香味纯正不苦涩,叶底黄褐粗大。黑茶的品种主要有:湖南黑茶(每块约重2千克)、湖北的老青茶、四川边茶、滇桂黑茶,其中以云南普洱散茶和方茶最为著名。

(5)白茶。白茶是我国的特产,因采摘细嫩、叶背多白茸毛的芽叶而得名,产量较少,主要产于福建的福鼎、政和、松溪和建阳等县。白茶的品质特点是:毫色银白,具有"绿装素裹"之美感,芽头肥壮,汤色黄亮,滋味鲜醇,叶底嫩匀。白茶的主要品种有银针、白牡丹、贡眉、寿眉等。

(6)黄茶。黄茶也属我国的特产,因在制茶过程中将茶叶进行闷堆捂黄而得名。黄茶的品质特点是:黄叶黄汤,多数叶芽细嫩显毫,香气浓醇。黄茶的品种主要有湖南的"君山银针""北港毛尖",四川的"蒙顶黄芽"和安徽的"霍山黄芽"等。

表 5-1 中国茶叶分类

种类	发酵程度	制作过程	品种
白茶	不发酵茶	制作时不炒、不揉,萎调时间长	白毫银针等
黄茶	不发酵茶	茶叶揉捻后盖布,让茶叶操持在较高的温度及湿度之下,促使茶叶氧化,使得茶叶变黄。	君山银针、黄芽、沩江白毛洒、黄汤、黄大茶、大叶青、海马宫茶
绿茶	不发酵茶	制作重点在于"杀青",用高温破坏茶叶中的酵素作用,停止茶叶发酵。	碧螺春、龙井、毛峰
青茶	部分酵茶	制作重点在于"静置搅拌",将萎调的茶叶摊帮在筛篚上静置及翻动搅拌,茶叶在反复挤压碰撞后,边缘细胞受到破坏,进而促进氧化作用,产生"绿叶镶红边"的发酵效果。	包种茶、高山乌龙、冻顶乌龙、金萱、四季春、翠玉、铁观音、白毫乌龙(东方美人)
红茶	全发酵茶	红茶的重点是在发酵,让茶叶在空气中氧化,产生了茶黄素、茶红素、茶糊素,因此茶汤呈深红色。	云南滇红、祁门红茶、畅兰红茶、阿萨螺
黑茶	后发酵茶	将茶叶的温度控制在适合的环境下进行增湿,通常不能超过43℃,利用菌种的好氧反应,将茶叶中的植物蛋白水分解成氨基酸,并分解茶叶的叶绿素,氧化过程产生茶红素及茶褐素。	普洱、茯茶

3. 茶叶的选购方法

确定自己欲购的茶类后,究竟怎样区分各种茶的花色、等级及其他品质指标呢?一般先从特色、价格等方面考虑,通过感观辨别来进行判别。

(1)一摸。以手触摸可判别茶的干燥程度。选一片茶叶,以手折断,断片放在拇指与食指之间用力一捻即成粉末则干燥程度是足够的,若为小碎粒则干燥度不足,即使购买,也需事后加以处理,否则不易保存。

表 5－2　判断茶叶含水量的感官标准

含水量	手感	手捻	嫩梗	茶香
5%	很刺手	即成粉	轻折即断	香气高
7%	感觉刺手	即成粉	轻折即断	香气充足
10%	有些刺手	有片末	稍用力可折断	香气正常
13%	微感刺手	略有碎末	用力可折断，但梗皮不脱离	香气微弱

(2)二看。将茶放入样盘中(若无,可用白纸代替),双手持盘以顺或逆时针方向旋转摇动以看干茶外形——是否具该花色的特色;色泽——是否新鲜;匀净度——是否均匀,无杂物;整碎度——是否完整,少断碎。

(3)三嗅。嗅闻干茶的香气。香气的高低——浓淡;香型——清香、甜香、花果香;气味的纯异——辨别是否有烟、焦、酸、馊、霉等劣变气味和各种夹杂的气味。

(4)四尝。当干茶的含水量、外形、色泽、香气均符合要求后,取数条干茶放入口中含嚼辨味,根据味觉进一步了解茶的内质优劣,但这一点需有审评的基本功方能做到。

(5)五泡。取一撮干茶(3～4克)置茶杯中,冲入沸水 150～200 毫升,泡绿茶不必加盖,其他茶均需加盖。5 分钟后将茶汤倒入另一杯或碗中,嗅叶底的香气,看汤色,尝茶味,观看和触摸叶底。

4.茶具的选择

茶具是指茶杯、茶壶、茶碗、茶盏、茶碟、茶盘等饮茶用具。中国的茶具种类繁多,造型优美,除实用价值外也有颇高的艺术价值,因而驰名中外,为历代茶爱好者所青睐。根据制作材料和产地的不同,茶具可分为陶土茶具、瓷器茶具、漆器茶具、竹木茶具、玻璃茶具和金属茶具等。

(1)陶土茶具。陶土茶具中的佼佼者首推宜兴紫砂茶具,它早在北宋初期就已经崛起,成为独树一帜的优秀茶具,在明代大为流行。紫砂壶和一般陶器不同,其里外都不敷釉,采用当地的紫泥、红泥、团山泥焙烧而成。由于成陶火温较高,所以烧结密致,胎质细腻,既不渗漏,又有肉眼看不见的气孔,经久使用,还能吸附茶汁,蕴蓄茶味。紫砂传热不快,不致烫手,若热天盛茶,则不易酸馊,即使冷热剧变,也不会破裂,甚至还可直接放在炉灶上煨炖。紫砂茶具还具有造型简练大方、色调淳朴古雅的特点,外形似竹节、莲藕、松段和仿商周古铜器形状。《桃溪客语》说:"阳羡(即宜兴)瓷壶自明季始盛,上者与金玉等价。"

(2)瓷器茶具。瓷器茶具的品种很多,主要包括青瓷茶具、白瓷茶具、黑瓷茶具、彩瓷茶具和红瓷茶具等。

①青瓷茶具。青瓷茶具的生产可追溯到东汉时期,那时已经能够生产透明发光、色泽纯正的青瓷了,到了晋代,青瓷茶具开始发展,那时青瓷的主要产地在浙江,最流行的是一种叫"鸡头流子"的有嘴茶壶。六朝以后,许多青瓷茶具拥有莲花纹饰。宋朝时五大名窑之一的浙江龙泉哥窑达到了鼎盛时期,生产各类青瓷器,包括茶壶、茶碗、茶盏、茶杯、茶盘等,那时的青瓷已经能够畅销各地。到了明代,青瓷茶具在制作工艺上又有了很大的改进,质

地更加细腻,造型更加端正,生产出来的青瓷茶具驰名中外。在众多青瓷茶具中,以浙江的龙泉青瓷最为著名。龙泉青瓷茶具在造型上的基本特色,是对传统器形选择的继承。一些已经被定性的器物造型,很好地被传承了下来。因为,茶具本身色泽青翠,青瓷茶具用来冲泡绿茶,使得汤色更加鲜美,但是,如果用青瓷茶具来冲泡红茶、白茶和黑茶等,就会使这些茶的汤色从视觉上发生变化,这也是青瓷茶具冲泡别的茶叶的不足。

②白瓷茶具。白瓷茶具有坯质致密透明,上釉、成陶火度高,无吸水性,音清而韵长等特点。因色泽洁白,能反映出茶汤色泽,适合冲泡各类茶叶,传热、保温性能适中,加之色彩缤纷,造型各异,堪称"饮茶器皿中之珍品"。早在唐朝时,河北邢窑生产的白瓷器具已"天下无贵贱通用之"。唐朝诗人白居易还作诗盛赞四川大邑生产的白瓷茶碗。元代,江西景德镇所产白瓷茶具已远销国外。白瓷茶具通常造型精巧、装饰典雅,其外壁多绘有山川河流、四季花草、飞禽走兽、人物故事,或缀以名人书法,颇具艺术欣赏价值。所以,其使用最为普遍。

③黑瓷茶具。黑瓷茶具始于晚唐,鼎盛于宋,延续于元,衰微于明、清。这是因为自宋代开始,饮茶方法已由唐朝时的煎茶法逐渐改变为点茶法,而宋代流行的斗茶又为黑瓷茶具的崛起创造了条件。

宋人衡量斗茶的效果,一看茶面汤花色泽和均匀度,以"鲜白"为先;二看汤花与茶盏相接处水痕的有无和出现的迟早,以"盏无水痕"为上。时任三司使给事中的蔡襄,在他的《茶录》中就说得很明白:"视其面色鲜白,着盏无水痕为绝佳;建安斗试,以水痕先者为负,耐久者为胜。"而黑瓷茶具,正如宋代祝穆在《方舆胜览》中说的"茶色白,入黑盏,其痕易验"。所以,宋代的黑瓷茶盏成了瓷器茶具中的最大品种,福建建窑、江西吉州窑、山西榆次窑等都大量生产黑瓷茶具,从而成为黑瓷茶具的主要产地。黑瓷茶具中,建窑生产的"建盏"最为人称道。蔡襄《茶录》中这样说:"建安所造者最为要用。出他处者,或薄或色紫,皆不及也。"建盏配方独特,在烧制过程中使釉面呈现兔毫条纹、鹧鸪斑点、日曜斑点,一旦茶汤入盏能放射出五彩纷呈的点点光辉,从而增加了斗茶的情趣。明代开始,由于"烹点"之法与宋代不同,黑瓷建盏"似不宜用",仅作为"以备一种"而已。

④彩瓷茶具。彩色茶具的品种花色很多,其中以青花瓷茶具最引人注目。青花瓷茶具,其实是指以氧化钴为着色剂,在瓷胎上直接描绘图案纹饰,再涂上一层透明釉,然后在窑内经1300℃左右高温烧制而成的器具。然而,对"青花"色泽中"青"的理解,古今有所不同。古人将黑、蓝、青、绿等诸色统称为"青",故"青花"的含义比今人所理解之义要广。它的特点是:花纹蓝白相映成趣,有赏心悦目之感;色彩淡雅,有华而不艳之力。加之彩料之上涂釉,显得滋润明亮,更增添了青花茶具的魅力。

元代中后期,青花瓷茶具开始成批生产,特别是景德镇,成了中国青花瓷茶具的主要生产地。由于青花瓷茶具将中国传统绘画技法运用在瓷器上,所以对绘画工艺水平的要求特别高。这也可以说是元代绘画的一大成就。元代以后除景德镇生产青花瓷茶具外,云南的玉溪、建水,浙江的江山等地也有少量青花瓷茶具的生产,但无论是釉色、胎质,还是纹饰、画技,都不能与同时期景德镇生产的青花瓷茶具相比。明代,景德镇生产的青花瓷茶具,诸如茶壶、茶盅、茶盏,花色品种越来越多,质量越来越好,无论是器形、造型、纹饰等都冠绝全国,成为其他生产青花瓷茶具窑场模仿的对象。清代,特别是康熙、雍正、乾隆时期,青花瓷茶具在古陶瓷发展史上又进入了一个历史高峰,它超越前朝,影响后代。康熙年间烧制的青花瓷器具更是史称"清代之最"。

⑤红瓷茶具。明代永宣年间出现的祭红,娇而不艳,红中透紫,色泽深沉而安定。古代皇室用这种红釉瓷作祭器,因而得名"祭红"。因烧制难度极大,成品率很低,所以身价特高。古人在制作祭红瓷时,可谓不惜工本,用料如珊瑚、玛瑙、寒水石,甚至黄金,可是烧成率仍然很低。"祭红"的烧成仍是一门"火的艺术",即使有了好的配方也常有满窑器皆成废品之例,故有"千窑难得一宝,十窑九不成"的说法。

红瓷历来就是古代皇室和国内外收藏家渴求的珍品,但千百年来历朝创烧的红釉瓷器中,唯独没有象征吉祥喜庆、最为中国人喜爱的大红色瓷。而今借鉴历代红釉瓷的烧制经验,运用现代科技手段,进行配方创新,使用比黄金还贵重的稀有金属"钽",历经数年,终于在高温下能批量烧制出与国徽、国旗一致的,极为纯正的高温红釉瓷,从而结束了中国瓷器无纯正大红色的历史。从此,昔日只有皇室专享的彰显富贵尊崇的红釉珍品,如今已成为走出国门的国瓷珍品、国宾礼品、政务礼品,也成为日常生活中的商务礼品、节庆礼品、收藏品等,极大地丰富了人们的社会活动,美化了现代生活,开创了中国陶瓷的新篇章。

(3)漆器茶具。漆器茶具始于清代,主要产于福建福州一带。福州生产的漆器茶具有"宝砂闪光""金丝玛瑙""釉变金丝""仿古瓷""雕填""高雕"和"嵌白银"等品种,特别是有了红如宝石的"赤金砂"和"暗花"等新工艺以后,使之更加鲜丽夺目,惹人喜爱。

(4)竹木茶具。隋唐以前,中国饮茶虽渐次推广开来,但属粗放饮茶。当时的饮茶器具,除陶瓷器具外,民间多用竹木茶具。陆羽在《茶经·四之器》中开列的28种茶具,多数是用竹木制作的。这种茶具,来源广、制作方便、对茶无污染、对人体又无害,因此,自古至今,一直受到茶人的欢迎。但缺点是不能长时间使用,无法长久保存,失却了文物价值。到了清代,在四川出现了一种竹编茶具,它既是一种工艺品,又富有实用价值,主要品种有茶杯、茶盅、茶托、茶壶、茶盘等,多为成套制作。

竹编茶具由内胎和外套组成,内胎多为陶瓷类饮茶器具,外套用精选慈竹,经劈、启、揉、匀等多道工序,制成细如发丝的柔软竹丝,经烤色、染色,再按茶具内胎形状、大小编织嵌合,使之成为整体如一的茶具。这种茶具,不但色调和谐、美观大方,而且能保护内胎,减少损坏;同时,泡茶后不易烫手,并富含艺术欣赏价值。因此,多数人购置竹木茶具,不在其用,而重在摆设和收藏。

(5)玻璃茶具。到了现代,玻璃器皿有了较大的发展。玻璃质地透明、光泽夺目,可塑性大,形态各异,用途广泛。用玻璃杯泡茶,茶汤的鲜艳色泽,茶叶的细嫩柔软,茶叶在整个冲泡过程中的上下穿动,叶片的逐渐舒展等,可以一览无余,这可说是一种动态的艺术欣赏。特别是冲泡各类名茶,茶具晶莹剔透。杯中轻雾缥缈,澄清碧绿,芽叶朵朵,亭亭玉立,观之赏心悦目,别有风趣,更兼玻璃杯价廉物美,所以深受广大消费者的喜爱。玻璃器具的缺点是容易破碎,比陶瓷烫手。

(6)金属茶具。自秦汉至六朝,茶作为饮料已渐成风尚,茶具也逐渐从与其他饮具共享中分离出来。大约到南北朝时,中国出现了包括饮茶器皿在内的金属器具。到隋唐时,金属器具的制作技术达到高峰。

20世纪80年代中期,陕西扶风法门寺出土的一套由唐僖宗供奉的鎏金茶具可谓是金属茶具中罕见的稀世珍宝。但从宋代开始,古人对金属茶具褒贬不一。元代以后,特别是从明代开始,随着茶类的创新、饮茶方法的改变,金属茶具逐渐消失,尤其是用锡、铁、铅等金属制作的茶具,用它们来煮水泡茶,被认为会使"茶味走样",以致很少有人使用。但用金属制成贮茶器具,如锡瓶、锡罐等,却屡见不鲜。这是因为金属贮茶器具的密闭性要比纸、竹、木、瓷、陶等好,具有较好的防潮、避光性能,有利于散茶的贮藏。因此,用锡制作的贮茶器具,至今仍流行于世。

四、实训操作

(一)茶叶审评的意义

茶叶的审评在茶叶收购、拼配、销售、科研中均十分重要,是评定茶叶等级和规格的主要技术依据。目前,国内外贸易活动中仍采用感官检验法来审评茶叶。茶叶审评的技术性强,有严格的评审制度。往往需要认识和掌握各种茶叶的特征,以及外形和内部质量优劣的情况。这样,审评结果才能正确可靠。

茶叶的品质主要是依靠人的感觉(视觉、嗅觉、味觉、触觉)来鉴定。相对于理化检验,茶叶感官审评的主要内容是茶叶品质、等级、制作等质量问题,包括外形、汤色、香气、滋味、叶底这五项,简称"五项因子",对其相应定义了500余条专用评茶术语。

(二)茶叶感官质量审评的实施条件

感官审评需要有一个适合的评茶室,室内光线要充足、均匀,避免阳光直射。室内墙壁、门窗、天花板宜涂成白色,并安装足够的灯管以便在自然光较少时使用。评茶室要求干燥清洁,最好设在楼上远离有异味的场所。评茶室设有干评台、湿评台、样茶柜架,分别用于审评样茶的外形,存放茶样。评茶需要如下专门用具:

1. 审评盘

审评盘用于审评茶叶的外形,以木质为宜,涂成白色,形状有方形和长方形,规格为23厘米×23厘米×3厘米或25厘米×16厘米×3厘米。

2. 审评杯

审评杯用来泡茶和审评香气,瓷质白色,杯盖上有一小孔,在杯柄对面的杯口上有一弧形或锯齿形，容量一般为150毫升。

3. 审评碗
审评碗用于审评茶叶的汤色和滋味，白色瓷质，容量与审评杯一致。

4. 叶底盘
叶底盘是审评叶底时使用的，一般为木质，涂成黑色，有正方形(10厘米×10厘米×2厘米)和长方形(12厘米×8.5厘米×2厘米)两种。

5. 天平秤
天平秤用来称量茶叶。

6. 计时器
计时器用来记录开汤的时间。

7. 网匙
网匙用于取茶汤中的碎片茶渣。

8. 茶匙
茶匙用于取茶汤评滋味。

9. 吐茶筒
审评时吐茶及盛废水茶渣用。

10. 烧水壶
烧水壶用于烧开水。

(三) 茶叶感官质量审评的步骤

茶叶感官质量审评可以分为干评和湿评。按外形、香气、汤色、滋味、叶底的顺序进行。不同类别的茶叶，彼此间有较大差别。同类茶叶不同等级的质量特征也可在审评中区别出来。一般操作程序为：

1. 把盘
审评精茶外形一般是将茶样倒入木质审评盘中，双手拿住审评盘的对角边，一手要拿住样盘的倒茶小缺口，用回旋筛转的方法使盘中茶叶分出上、中、下三层。一般先看面装，再看中段茶。外形包括形状、色泽、级别、老嫩、整碎、净度等内容。各种商品茶都有特定的外形，这与制茶方法密切相关。审评各种茶外形的共同之处在于要求形态一致，以规格零乱、花杂为次，在依据实物标准样品划分等级时，尤其强调嫩度、整碎和净度。

2. 开汤
开汤俗称"泡茶"或"沏茶"，为审评内质的重要步骤。一般将红、绿、黄、白散茶，称取3克投入审评杯内，然后以慢快慢的速度冲泡满杯，5分钟时按冲泡次序将杯内茶汤滤入审评碗内。开汤后应先嗅香气，看汤色，再尝滋味，后评叶底(审评绿茶有时先看汤色)。

3. 嗅香气
嗅香气应一手拿住已倒出茶汤的审评杯，另一手半揭开杯盖，靠近杯沿用鼻轻嗅。

为了正确辨别香气的类型、高低和长短,嗅时应重复一两次,但每次嗅的时间不宜过久,一般是3秒左右。嗅香气应以热嗅、温嗅、冷嗅相结合进行。热嗅重点是辨别香气正常与否及香气类型和高低,温嗅能辨别香气的优次,冷嗅主要是为了了解香气的持久程度。茶叶中已知的香气成分达百种之多,组成上的差异就形成了各种不同的香气,如绿茶多具清香,红茶显糖香,黄茶有甜熟香,乌龙茶有花果香,白茶透毫香,黑茶带陈香,各种花茶尚含附加的花香。

4. 看汤色

汤色是指冲泡茶叶后,沥入审评碗中的茶汤呈现的颜色、亮度与清浊度。就茶叶本身而言,不同的茶树品种、加工技术和贮运等因素都会影响汤色,如绿茶多绿明,红茶显红亮,乌龙茶为橙黄(红)色,黄茶、白茶为黄色,黑茶具棕色等。但审评不同茶类对汤色的明暗、清浊的要求是一致的:汤色明亮清澈表示品质好;汤色深暗浑浊,则品质表现差。

5. 尝滋味

尝滋味时茶汤温度要适宜,以50℃左右为佳。评茶味时用瓷质汤匙从审评碗中取一浅匙吮入口内,由于舌的不同部位对滋味的感觉不同,所以茶汤入口后要在舌头上循环滚动,才能较正确、全面地辨别滋味。审评滋味主要按浓淡、强弱、爽涩、鲜滞、纯异等标准来评定优次。审评不同的茶类,对滋味的要求也有所不同,如绿茶要求鲜爽,红茶强调滋味浓度等,但各类茶的口感都必须正常无异味。

6. 评叶底

将冲泡过的茶叶倒入叶底盘或审评盖的反面,拌匀、铺开、撳平,观察其嫩度、匀度和色泽的优次。不同茶叶的叶底形态、色泽不尽相同,如绿茶色绿,红茶具紫铜红,青茶红绿相映,黑茶深褐,黄茶呈黄色,白茶多显灰绿。又如条形茶的叶底芽叶完整,而碎茶则细碎匀称。各类茶也有相同之处:均以明亮调匀为好,以花杂欠匀为差。茶叶的品质审评一般要通过上述5个项目的综合观察,才能正确评定品质的优次和等级价格的高低。

审评结果可以填写在表5-3中:

表5-3 茶叶感官质量审评表

茶叶品种	级别	干茶外形	茶汤			叶底	审评意见
			香气	汤色	滋味		

五、实训评价

1. 实验态度(25分)

学生在进行茶叶感官质量审评实验时,要树立严谨的态度,切不可将实验和品鉴混为一谈,更不能将实验室视为茶馆,端正实验态度是进行实验评价的重要指标。

2. 实验准备(25分)

实验准备包括知识的储备和实验工具、材料的准备。实验工具、材料由指导教师统一提供,知识的储备包括茶叶基本知识及茶叶感官质量审评的基本程序,实验准备直接影响到实验效果。

3. 实验过程(25分)

实验过程中,重在考查学生是否能够按照茶叶感官质量审评的基本程序进行操作,即按照把盘、开汤、嗅香气、看汤色、尝滋味、评叶底的顺序依次进行。

4. 实验结果(25分)

重在考查学生通过实验得到的实验结果是否和实际结果相符以及相符的程度。两者之间相符程度越高,量分越高,反之则越低。

六、实训范例

"六安瓜片"感官质量审评

六安瓜片品质独特,成品与其他绿茶大不相同:叶缘向背面翻卷,呈瓜子形,自然平展,色泽宝绿,大小匀整。每一片均不带芽和茎梗,微向上重叠,形似瓜子,内质香气清高,水色碧绿,滋味回甜,叶底厚实明亮。假的则味道较苦,水色较黄。六安瓜片宜用开水沏泡,沏茶时雾气蒸腾,清香四溢;冲泡后茶叶形如莲花,汤色清澈晶亮,叶底绿嫩明亮,气味清香高爽,滋味鲜醇回甘。六安瓜片还十分耐冲泡,其中二道茶浓郁清香,香味最好。

表5-4 不同品级六安瓜片的特征

品级	形状	色泽	嫩度	净度	香气	滋味	汤色	叶底
一级	形似瓜子,匀整	色绿上霜	嫩度好	无芽梗、漂叶和茶果	清香持久	鲜爽醇和	黄绿明亮	黄绿匀整
二级	瓜子形较匀整	色绿有霜	较嫩	稍有漂叶	香气较纯和	较鲜爽醇和	黄绿尚明	黄绿匀整
三级	瓜子形	色绿	尚嫩	稍有漂叶	香气较纯和	尚鲜爽醇和	黄绿尚明	黄绿匀净
极品	瓜子形,平伏,大小匀整	宝绿上霜	嫩度高显毫	无芽梗、漂叶和茶果	清香高长持久	鲜爽,回味甘甜	清澈晶亮	嫩绿鲜活
精品	瓜子形匀整	翠绿上霜	嫩度好显毫	无芽梗、漂叶和茶果	清香高长	鲜爽醇厚	清澈晶亮	嫩绿鲜活

1. 把盘

(1)望色。通过观望应具备铁青(深度青色)透翠之色,老嫩、色泽一致说明烘制到位。

(2)闻香。通过嗅闻应具备透鼻的香气,尤其是有如烧板栗那种香味或幽香的为上乘;有青草味的说明炒制功夫欠缺。

(3)嚼味。通过细嚼应感受头苦尾甜、苦中透甜的味道,略用清水涮口后有一种清爽甜润的感觉。

(4)观形。通过察看应具备片卷顺直、长短相近、粗细匀称的条形,表明形状大小一致、炒功到位。

2. 开汤

茶具一般选用白瓷茶杯(碗),以泉水或深井水为佳,没有条件的可选用矿泉水或纯净水等PH值近于中性的水质为宜。根据茶具容量,放入适量茶叶,不宜过多。为避免片茶原香流离,主张用开水高冲、缓收、起壶至茶具2/3处加盖稍候片刻(新嫩茶不宜满加盖)。片刻后,即可审评。

3. 嗅香气

靠近杯碗口或口面,感觉是否有悠悠的茶叶清香;以其香味浓度体验茶叶的香醇。

4. 看汤色

用碗盖拂动茶叶查看汤色,一般是青汤透绿、清爽,没有一点浑浊。其叶片颜色依时节有所不同,一般谷雨前10天的茶草制作的新茶泡后叶片颜色有淡青、青色的,不匀称;相近谷雨或谷雨后茶草制作的片茶,泡后叶片颜色匀称,一般是青色或深青的,茶汤相应也浓些,若时间稍候一会儿青绿色也深些。干茶开水发汤后,先浮于上层,随着叶片的开汤,叶片一一地自下而上陆续下沉至杯碗底。由原来的条状开发为叶片状,叶片大小相近,片片叠加。

5. 尝滋味

通常是先慢喝两口茶汤后,再细细品味,正常都有微苦、清凉并伴有丝丝的甜味。用茶草制作的片茶沏泡的茶汤,往往能够明显感觉到茶汤的柔度。

6. 评叶底

将冲泡过的茶叶倒入叶底盘或审评盖的反面,先将叶张拌匀、铺开、撤平,观察起嫩度、匀度和色泽的优次。优质六安瓜片的叶底应当黄绿匀整。

训练二 CIS 设计

一、实训任务

第一,要求学生把"CIS设计"的理论运用到实践中,联系有关项目,为某个项目设计具体的形象策划方案。

第二,要求学生依据企业形象设计的内容,根据具体的情况,对"CIS设计"中的"理念识别""行为识别"和"视觉识别"分别进行设计。

第三,要求学生通过"CIS设计"实训项目的训练,更好地理解企业形象策划的重要作用,掌握企业进行形象策划的基本技能。

二、实训要求

第一,要求教师对"CIS 设计"在市场营销活动中的实践应用价值给予说明,调动学生参与实训项目的积极性。

第二,要求教师对"CIS 设计"中的"MI""BI""VI"三个子系统的操作步骤、设计思路和设计方法进行具体指导。

第三,要求学生为所在学校进行形象策划。通过对所在学校背景的调查,结合企业形象设计的内容,正确运用企业形象策划的原则、步骤和时机,加深对企业形象策划的理解,树立正确的企业形象策划理念。

第四,要求教师提供"CIS 设计"实训范例,供学生操作参考。

三、理论指导

(一)企业形象策划的概念

企业形象策划是指企业形象识别系统策划,是运用统一的整体传达系统将企业经营理念与精神文化传达给企业周边的关系或团体,并使其对企业产生一致的认同感与价值观,从而形成良好的企业形象和促进企业产品销售的策划。

企业形象策划不同于局部的营销策划,它是一个系统工程,也是一个整体系统,它由理念识别(MI)策划、行为识别(BI)策划、视觉识别(VI)策划三个子系统组成,这三个子系统有机地结合在一起,相互作用,形成完整的企业识别系统。

企业形象策划中的三大基本要素各具特色,并且其重点各不相同。理念识别策划是企业最高层次的思想系统和战略系统,它是企业的灵魂,是企业形象策划的核心和原动力。它通过行为识别策划、视觉识别策划表现出来。行为识别策划是企业内外各项运行活动的行为方式,是动态的识别形式。它规范着企业内部的组织、管理活动与对外的经营过程和社会活动,它实际上是企业的运作模式。视觉识别策划是体现企业经营理念和设计、精神文化的外在视觉形象设计,是企业形象策划最直观、最外在的部分,是静态的识别符号,也是企业形象策划中与社会公众联系最为密切、影响层面最为广泛、能直接快捷地向社会传递企业信息的部分。同时,视觉识别策划本身具有美学价值,能艺术地提升企业形象。如果把企业形象策划比喻为人的形象策划,那么理念识别策划是人的思想策划,行为识别策划和视觉识别策划则分别是人的行为举止和外表形象,三者共同构成了企业形象策划的完整内涵。

(二)企业形象策划的特征

1. 多面性

企业形象不是挂在墙上的一副单调的平面绘画,它是社会空间中的企业组织在公众心里的立体反映。由于公众的层次不同、观察的角度不同和需求不同,所以每个人都可能从个人需要出发,站在特殊的角度来观察同一种企业行为,该企业的形象特征在公众心目中就明显带有从这一角度所看到的侧面所具有的特征。例如,政府官员与普通客户对一个企业组织的评价取向往往不同,政府官员注重企业的总体价值、社会价值和长期发展价值,而客户则更多地注重产品本身的价值。从总体上来看,不同的企业其社会存在的价值不同、目的也不同。这说明每一家企业的形象都存在多面性,所以不能对所有企业提出同样的形象要求。

2. 创新性

企业形象策划的思维过程是一种创造性思维过程。策划设计往往追求独创性,从而以新颖的策划设计方案提高企业形象活动成功的概率。创新性是企业形象策划的生命力,它集知识、智慧、谋划、新奇于一身,不断放射出耀眼的光芒,成为当今企业谋求发展的一大法宝。只有创新的企业形象行为才能吸引公众的眼球,才能吸引公众参与企业形象活动,在活动中接受企业形象的信息,达到塑造企业形象的目的。任何成功的企业形象策划都是具有创新性的策划。

3. 可变性

人们对某一事物形象的形成有赖于信息的刺激,人们对这一事物的形象的改变也借助于信息的刺激。就一般认识规律而言,事物对人们的刺激使人们产生了对该事物的认识、理解及评价,从而在心目中形成该事物的形象。同样的道理,要想改变这一形象也是可能的,只是需要一个更加强烈的信息刺激而已。企业形象的形成与改变也是同样的道理。

4. 思想性

企业的形象策划过程是一种思维过程,它受到思想特质支配的人脑的制约,并通过策划者对社会环境、企业条件和策划目标的分析来完成。思维方式是人类运用思维规律、思维方法进行思维活动的综合表现形式,是人类进行思维的具体模式,其随着科学技术的进步、社会生产方式的变革而改变。不同的文化背景下会出现不同的思维方式,不同的思维方式会产生不同的谋略策划,并产生不同的效果。因此,在策划时要充分考虑所处国家的政治、经济、文化、民族心理、价值观等,并且作为一种社会活动在思想上作出正确的引导。

(三)CIS 策划设计

1. MI——理念识别策划

CIS 策划开始于 MI。MI 是 BI 和 VI 的基础,即 BI 和 VI 都是在 MI 的基础上进行设计与实施的。MI 策划主要包括企业理念的开发、企业理念的定位和企业理念的实施等内容。

(1)理念识别的定位。理念识别主要有如下类型:目标导向型、团结创新型、产品质量与技术开发型、市场营销型、优质服务型。

①目标导向型。用精炼、概括的用语反映出企业所追求的精神境界和经营战略目标。

②团结创新型。用简洁、精炼、概括的用语反映出企业团结奋斗的优良传统以及拼搏、开拓、创新的团队精神和群体意识。它的主要目标是企业的内部公众。

③产品质量与技术开发型。用简洁、精炼、概括的用语突出强调企业名牌产品的质量或强调尖端技术的开发意识,以此来代表企业精神、展示企业形象,有效传达企业对社会的贡献。

④市场营销型。它的目标是外部公众,强调市场的覆盖和开拓,争创最佳的经济效益。

⑤优质服务型。它的主要目标也是企业的外部公众,它着重强调的是"顾客是上帝"的原则。

(2)企业理念的应用。企业理念主要用于标语、口号、广告、企业歌曲。

①标语、口号。标语用于横幅、墙壁、标牌上,陈列起来或四处张贴使员工随时可见,从而形成一种舆论气氛和精神氛围。口号是用生动有力、简洁明了的句子来表达。标语和口号的表达方式可以是比喻式、故事式、品名式和人名式等。

②广告。企业理念一般比较稳定,而广告语可以根据不同时期、不同地域、不同环境进行灵活改变。

③企业歌曲。优秀的企业歌曲能够激发人们团结、奋进、向上的激情。

2. BI——行为识别策划

行为识别策划包括企业内部的行为识别和企业外部的行为识别。

(1)内部的行为识别。进一步规范企业的内部行为,这是 BI 设计的关键内容,包括员工招聘、员工考评、员工实训、员工激励、员工行为、领导行为和内部沟通等。

(2)外部的行为识别。企业外部的行为识别主要包括广告行为、推销行为、推广行为、公共关系等。

3. VI——视觉识别策划

在企业的视觉识别系统中包含两类要素:基本要素和应用要素。

VI 的基本构成要素有企业名称、企业品牌、标志、标准字、印刷字体、标准色彩、企业象征造型及企业标语口号等。这些基本要素不仅单独予以应用,而且通过组合构成企业识别标志,应用于企业生产经营过程中,从语义名称、形象感染、色彩冲击这三方面传播企业的视觉识别形象。

(1)企业名称。企业定名的要诀在于:

①简洁。越单纯、明快的名称,越易于和消费者进行信息交流,从而刺激消费者的遐想。

②特殊。强调特殊性,使之独一无二。

③新异。名称新奇、标新立异。

④响亮。取名节奏感强,响亮有气势。

⑤巧妙。巧妙利用联想的心理现象,使企业名称能给人以好的、吉利的、优美的、高雅的等多方面的提示和联想,较好地反映出企业的品位,在市场竞争中给消费者好的印象。

(2)标志设计。企业在标志的设计中必须注意以下几点:简洁鲜明,富有感染力;把握一个"美"字,使符号的形式符合人们对美的共同感知;在保持相对稳定性的同时,也应具有时代精神,适时作必要的调整和修改。世界各地企业标志设计的发展趋势的总特点是出现了"感性凌驾理性"的发展新趋势。

(3)标准字设计。所谓"标准字"是指企业在各种场合下使用的宣传内容(包括广告、标志、名称以及各种媒体)都要使用统一的字体。确定标准字的原则在于:

①集中表现企业理念。

②体现企业的统一性和独立性,通过标准字加以统一和规范,给人以独特完整的形象。

③给人一种可靠和稳定的感觉。

(4)企业标准色。在视觉识别中,标准色占有十分重要的位置,确定标准色时要体现商品的特性并能感染公众。比如,能够引起食欲的颜色有红色、橙色、茶色、不鲜明的黄色、温暖的黄色、明亮的绿色,这些颜色统称为"食欲色";其中,纯红色不但能引发食欲,还能给人以"好滋味"的联想;绿色较容易给人以好感。

(四)企业形象策划的过程

1. 企业形象调研

为了增强导入企业形象行为的目的性,使企业形象的设计开发取得更好的成效,我们必须对企业的形象进行广泛而深入的调查。调查报告是否完善、充实是决定企业形象策划成败的关键。

(1)企业形象调研的程序。这一程序包括调查准备阶段、资料收集阶段、整理分析阶段、报告写作阶段和总结评估阶段。

(2)企业形象调查的内容。调查内容包括企业外部环境调查、企业内部环境调查以及企业形象调查。

2. 企业形象策划方案的制定

通过企业形象调查研究,了解企业形象环境,确定企业形象问题。企业为完善自身形象或进一步提高自己的形象,需要分析现有条件,并设计最佳行动方案。企业形象策划方案设计程序如图5-1所示。

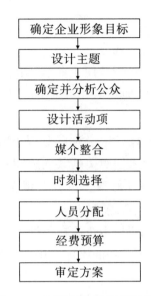

图 5-1 企业形象策划方案设计程序

3. 企业形象策划方案实施

企业形象策划方案的实施是企业形象策划方案所规定的目标和内容变为现实的过程,是整个企业形象塑造工作中最为复杂、最为多变、最为关键的环节。一项企业形象策划方案的实施,其重要性足以和拟订方案本身相比。从某种意义上说,实施甚至比方案的拟订更为重要。

4. 企业形象策划评估

在提出企业形象策划活动实施效果的评判标准和要素后,企业形象评估人员该做的就是认真比较预期与实际实施效果之间的差距。在比较差距的过程中,重要的是寻找发生差距的原因。在提出评判的标准时,必须先找到一个基点,然后以这个基点来衡量实际的情况。

通过比较,评估人员可以在大量原始记录和数据中仔细搜索和考查发生差距的原因,撤去主观人为因素的影响,更多地从客观的角度去审查发生的原因。这样,提出的看法会更有助于今后企业形象策划活动的改进。

四、实训操作

其一,以班为单位分为若干组,每小组 5~10 人。

其二,各小组分别为所在学校进行形象策划。

其三,各小组分别提交形象策划方案,由教师和学生共同评分,以选出优胜组。

五、实训评价

"CIS 设计"实训项目总分 100 分,实训评价标准及其评价分值如表 5-5 所示。

表5—5　CIS设计评价标准及其评价分值

评价指标	评价标准	评价成绩
一、MI设计 ∑30	1. 学校使命清晰(10分) 2. 学校精神概括准确(10分) 3. 办学思想清晰(10分)	
二、BI设计 ∑30	1. 学校管理行为策划合理(10分) 2. 公关策划新颖(10分) 3. 学校宣传材料新颖(10分)	
三、VI设计 ∑40	1. 学校视觉识别设计合理(10分) 2. 学校校标新颖(10分) 3. 学校校训设计准确(10分) 4. 校徽设计新颖(10分)	

六、实训范例

范例一　中国建筑工程总公司企业形象策划方案

近年来,大型国有企业集团的改革一直是政界、理论界与商界关注和讨论的话题,这些企业集团很多都属于国有资产管理体系的中介组织。主要是以行政力量建立起来的集体企业,但在实际的市场运作中却遇到了种种梗阻。行政纽带和有形资产在某种程度上都未能使集团企业成为一个真正统一的实体,集团的优势并没有充分发挥出来。梗阻产生的原因是什么?该如何解决?

下面我们将从以下案例进行分析,希望能够从企业形象的角度找出以上问题的答案。

图5-2　中国建筑工程总公司

中国建筑工程总公司(以下简称中建)成立于1982年由建设部授权统管8个工程局的运作,由此成为工程局(企业)与建设部(政府)之间的中介。下属8个直属工程局(早在50年代就已形成,直属建设部)、6个勘察设计院、44个子公司、57个驻外机构。这样庞大的企业机构,实际上是先有子后有母的一种存在方式(即先有子公司、分公司,后有总公司),无论从企业的规模、还是企业的经营业绩来说,中建都是当之无愧的龙头老大,到1996年的时候,集团公司办公厅的刘主任提出来在中建全系统贯彻CI和启动CI系统。

他为什么会在这种时候提出导入CI的这件事呢？刘主任本人以前曾是中建总公司在香港的一个海外集团的办公室主任，他本人在市场的运作过程中，充分接受了真正的市场经济体制的竞争模式。他在上调到总公司之后，即上报总公司领导，建议公司全面导入CI，因为他以前所在的中国建筑海外公司，已经在香港聘请一家策划公司导入过CI，效果良好，同时中建总公司本身对于自身的要求（包括员工素质、建筑质量等）也想进一步提高。

CI一切的工作必须在调研的前提之后，才能正式入手，对于中建的调研是相当困难的，因为中建在全国几乎所有的城市都有其分支机构，所涉及的人员庞大到无法统计的地步。于是相关部门根据这种情况就采取了一些行之有效的方法（如：大规模问卷和小规模访谈的方式），进行了将近一个月的调查，基本上比较明确地了解到中建的大致情况，包括中建在海外的分支机构。

作访谈的工作尤其是对企业决策领导的访谈，是CI工作里非常重要的环节。企业的决策层一定要在CI整个项目过程中投注相当一部分的精力，而不是说单单委派下面的人和CI公司对接就可以了，因为决策层是一个企业的灵魂（从人的角度来说），决策层领导的一言一行，他的观点、他的意见是否正确等，是CI成败的关键问题。（中国的很多企业，以前是CI公司亲自去找他们，向他们详细说什么叫CI，CI的作用如何，经过七、八年的时间现有了很大的进步，企业界已经对CI的认识也已相当充分。）

中建的领导层在思想上已接受了CI的理念，在相互的接触当中，有了相互深入的了解。在进行CI之前，必须了解决策层的意见。中建的总体需求有如下：

一是企业家需求：作决策层访谈目的就是要充分了解企业家的需求，企业在什么方面需要重点做企业形象建设方面的工作相当重要。

二是相互沟通：希望这些企业的决策层能够充分了解策划公司的想法，在企业导入CI的前体下，有一个相同和相似的认同。

三是市场调研：要在市场上通过调研来检验策划公司的做法和企业决策层的想法以及市场的需求是不是能够达成共识，这也是CI全部工作第一件要做的事情。

中建决策访谈：决策层访谈领导6人，共26人次（一对一访谈），执行层访谈126人次，座谈会8人次，工地走访20个，涉及城市6个，发放问卷200余份。

经过访谈和工地实地走访以及问卷的调查，发现中建内部员工对企业只是有一个初步的了解，而对于企业外的人员大都只知中建是一个建筑公司，至于有多大规模、实力、信誉等都无从知道，而且品牌识别相当混乱，有的写中建一局、有的写中建某公司等各种各样的牌子。根据调研的结果，向中建递交了调研报告。

当时中建的问题可以归纳为一句话，即集团"集而不团"，没有形成真正的一体化。

(1) 以行政组带为基础的企业集团——先有子先有母；
(2) 有资产组带的关系——决策指令传达不畅；
(3) 成立了企业集团——品牌识别混乱；
(4) 母公司——子公司形成诸侯割据现象；
(5) 总公司实力雄厚——但品牌力薄弱。

通过调研之后，接下来的任务是为企业明确它的发展战略，因为这也是一切后续工作的基础。经过调研资料分析以及与企业领导层的多次沟通，最终制定了如下的发展战略。

一、企业发展战略定位："五最四跨"战略目标

五最四跨：人才最集中，跨行业；科技最先进，跨地区；资本最雄厚，跨所有制；管理最科学，跨国；效益最佳化。

这里的"四跨"目标，并不是一个新的构想，中建本身现已有了这四跨的范畴，将这四跨进一步落到实处，形成一个新的起点，使每一项进行一个更加明确的规化，使企业有一个清晰的认识。而"五最"的目标希望在8年内实现，当然这仅指建筑业的五跨。

二、企业形象定位

中国最大的 跨国经营 建筑承包 企业集团

这既是一句话，同时又是四个单项定位。企业定位简练、集中，把企业的基本形态勾勒出来。只有一个明确的战略目标确立之后，才能着手一些具体的东西、如设计工作。

首先从它的标志入手。一个企业的标志不是好看不好看的问题，应该是这个标识能够真正表达出企业的战略、企业的经营思想等，这样才是一个好的标识。

图5-3 中国建筑工程总公司中英文全称

这是中建的中英文全称，标是中建需要表达的内容。用英文的缩写构筑成一个建筑物的形态，再放在一个非常坚实、稳定框架之中，构成完整的标识。为什么要采用英文的缩写呢？因为中建本身是一个跨地区、跨国经营的企业，所以必须有国际的语言，达到国际规范。这个标本身很普通，也不见得好看，但正确地、准确地表达了企业形态。

有了最基本的核心之后(标志、标准色、标准字)关于标准字，中国的企业，不仅

是大中型企业,即使小到一个餐馆都喜欢找一些名人、领导题字。针对于市场经济来说,这种方式没有任何实际意义的,应该放弃。中建本身也有一个请人书写的字体,在保留原有字体的前提下,重新设计了标准字。企业的标准字也要在一定程度上传达企业自身的形象,这一点非专业人士是无法办到的)。开始在中建的全系统执行实施,但是实施的难度是非常之大的。因为各个下属子公司不认账,觉得没有必要,最后采取下发红头文件的形式硬性贯彻,先实施后消化,时间一长就会接受的。

同时为了CI的工作有一个正式的开端,举行了CI新闻发布会,CI新闻发布会是相当重要的,就如跑步比赛时,有一个发令枪似的。

关于理念方面,提出了"创造、希望、个人"这六个字理念,同时也去努力发掘中建作为建筑公司在各方面的文化发展,因为这一点非常重要。要在建筑行业不断培养行业的文化氛围和文化思想,不是专门盖房子的,而是对人、社会、对于家庭非常具体的关照。也让员工通过这些理解,超出建筑施工最原始的境界来理解建筑工程公司。

针对于这些情况,制定了一系列的理念口号,如"把现代生活信息传至每个角落是我们的美好愿望"。民用建筑的口号:把我们的爱心,融于典雅的社区环境为世人构筑一个温馨的家庭。我们要让每一个工人都要理解这些话的意思,我们所建的每一个住宅小区是为千家万户构筑一个温馨的家园,而不是说将钢筋、水泥、砖堆砌在一起就完事。只有在全系统真正设立了这样的概念,才可能在每一个环节达到更好的目的,同时也开发物品,对于企业形象的构筑来说是相当重要的。

通过CI的全面推进,中建发生了非常大的变化。中建CI项目的最大成果是形成了中建的统一视觉形象。CI解决了中建"集而不团"的问题。且CI的推进对他们的管理来说仍然起到了非常好的作用。例:中建的员工大都是一些民工,相对来说文化水平不是很高,但是因为有了统一的着装之后,工人在自信心方面有了很大的提高,整体面貌也焕然一新,不再像以前那种散兵游勇似的,也有的员工特意穿上服装去拍照,寄回老家。

因为企业形象的提升,经营业绩也随之提升,国外有很多投资商到中国来做房地产开发等,他们到很多城市都指明要中建,为什么呢?因他们在海外的许多地方都曾看到过中建的统一形象,并且产生了良好印象。

经过一年多的CI推广,中建总公司现在有了一个新的提高,尤其在几个方面:

(1)管理问题:诸侯割据——天下一统;

(2)品牌问题:混乱不清——清晰统一;

(3)市场问题:局部市场——整体市场;

(4)进入百家国际最大承包商排行榜;

(5)被评为世界十大房屋城建商第七名;

(6)被评为中国五百家最大服务企业国际经济合作类榜首。

中建 CI 项目的主要成功因素在于该项目的有效推广和执行。

1.在集团的高层领导对于统一形象的推广始终持坚定的意见。如上所述,中建下属的某些单位由于难以舍弃已有的无形资产,CI 导入初期曾有抵触情绪和行为,这时,就需要集团高层领导有高瞻远瞩的气魄和胆识,他们以核心领导层的坚定信念保证了 CI 的迅速推广。

2.采用多样化的监督和奖罚方式提高 CI 推广和执行的效果。CI 的成功推广除了要有高层领导的坚定意见,还要因地制宜地采用多样化的监督和奖罚方式。在这方面,设计公司与中建总公司共同研究和思考,创造出有效的监督和奖罚办法。

3.员工的积极配合也是 CI 成功的重要因素。员工是企业有形产品和无形服务的最终制造者,他们对 CI 的接受、理解和认可程度以及对 CI 推广的配合程度,直接关系到 CI 产生的经济效益的大小。中建的员工在整个 CI 过程中始终持积极态度,这一方面是由于推广和执行手段的有效运用,另一方面或更重要的是员工对企业导入 CI 的理解和自豪感。

中建的案例告诉我们,CI 的成功不仅要有无限的创意、缜密的思维、系统的设计,更要有从最高层领导到最基层员工企业全员的真正理解和配合,不然,再完整、科学的 CI 策划也只是一纸无用的文书。

思考与讨论

思考并讨论中建集团的 CI 导入过程。

范例二 企业形象设计案例分析——中国移动通信

现今的网络通信市场,已经进入一个买方市场时代。俗话说,酒香不怕巷子深。到了今天这个多元选择的时代,恐怕得改成"酒香还要多广告"。套用到专业领域,就是导入 CIS 战略。将企业形象广而告之,通过量身定做的 CIS 战略系统,打造企业的个性与美感,从而使其在市场中占有一席之地。

图 5-4 中国移动通信企业标识

中国移动通信集团公司(英文:China Mobile Communications Corporation,简称 China Mobile)是一家基于 GSM 网络(即 GPRS 网络)的移动通信运营商,简称中国移动,前身为中国电信移动通信局。于 2000 年 4 月 20 日成立,由中央政府管理。2000 年 5 月 16 日正式挂牌。注册资本为 518 亿元人民币,资产规模超过 7000 亿元。中国移动是中国唯一专注于移动通信运营的运营商,拥有全球第一的网络和客户规模,是北京2008奥运会合作伙伴。国资委公布的2009年度运营状况显示,中国移动通信集团以利润总额1484.7亿元再次蝉联榜首。

标识释意

图5-5 中国移动通信企业标识释义

中国移动通信集团公司标识是一组回旋线条组成的平面,造型为六面体的网络结构,象征着移动通信的蜂窝网络。线条纵横交错,首尾相连,由字母CMCC(中国移动通信集团 China Mobile Communications Corporation 的缩写)变形组合而来,两组线条犹如握在一起的两只手,象征着和谐、友好、沟通。中国移动通信一直致力于通过自己的服务,拉近人与人之间的距离。线条组成的图案在圆形(地球)之中,寓意中国移动通信四通八达,无处不在。

全图以沟通为诉求点,流畅的线条上下贯通、左右结合,体现出中国移动作为信息传递与情感交流的沟通纽带是值得信赖的企业,是中国移动"正德厚生、臻于至善"企业核心价值观的集中体现。

标识中、英文组合

图5-6 中国移动通信企业标识中英文组合

企业识别系统:中国移动通信CIS企业形象识别将企业经营活动以及运作此经营活动的企业经营理念或经营哲学等企业文化,运用视觉沟通技术,以视觉化、规范化、系统化的形式,通过传播媒介传达给企业的相关者,包括企业员工、社会大众、政府机关等团体和个人,以塑造良好的企业形象,使他们对企业产生一致的认同和价值感,以赢得社会大众及消费群的肯定,从而达成产品销售的目的,为企业带来更好的经营绩效。

中国移动企业文化理念系统——CI

中国移动通信企业文化的核心内涵是"责任"和"卓越",即要以"正身之德"而"厚民之生",做兼济天下、善尽责任、不断进步的优秀企业公民。

企业价值观:正德厚生 臻于至善。企业的价值观是企业持久和最根本的信仰,是企业及其每一个成员共同的价值追求、价值评价标准和所崇尚的精神。无论对于企业整体还是员工个体,价值观作为一把标尺,时刻衡量着我们自身的存在意义和行为方式。

(一)缘起

在中华民族源远流长的文化长河中,"坤厚载物"的责任感,"健行不息"的自强心,一直是浸染在中国这片土地上最深层的人文精神,并成为中华民族上下五千年生生不息的源泉和强劲动力。

从中国移动人迈出勇敢而坚实的第一步开始,踏实勤勉地承担责任、矢志不渝地追求卓越,就成为永恒不移的两条精神主线,它贯穿于每一步脚踏实地的行迹——搭建无数基站、建成数万公里传输、打造精品网络、提供一流服务、塑造优质品牌……在中国移动点点滴滴的成长、发展、壮大的过程中打下深刻的烙印。透过历史的沉淀,珍惜并传承担当责任的胸怀和追求卓越的精神,是对过往岁月的致礼和历经光荣的继承。

在当今这个日行千里的世界,经济与技术的发展、社会结构与文化的嬗变,使得电信行业面临着竞争日益全球化、技术不断更新、消费市场需求日趋复杂等诸多挑战。拥有承担责任的胸襟和追求卓越的勇气,是时代对中国移动的要求,更是中国移动把握当前机遇,发挥竞争优势,持续保持领先的自主选择。

这也同时意味着,在竞争更加激烈和多元的未来,中国移动必将一如既往地以"俯首甘为孺子牛"的坤厚无私为舵,以"直挂云帆济沧海"的豪迈进取为桨,去承载并实现中国移动基业长青、奉献社会、助力人类文明进步的梦想。从这种意义上说,"正德厚生 臻于至善"正是中国移动内在信仰与精神的最佳体现。

"正德厚生 臻于至善"的价值理念成于千年、相辅相生。"正德厚生 臻于至善"表达言简而意赅,寓意深远而旷达,既传承了中华悠久历史当中"身、国、天下"的深厚文化底蕴,凝聚着中华民族沉积的文明,又彰显了中国移动追求卓越、勇担责任的社会时代精神;既体现了中国移动的独有特质,反映了文化体系的特色核心内涵,又阐释了中国移动的远大信仰,表达了中国移动人的理想和胸襟,融合了中国移动人的现代发展理念,是我们胸中神圣责任感的承载和我们追求卓越情结的传述。

(二)内涵

"正德厚生 臻于至善"既体现了中国移动独有的特质,又阐释了中国移动历来的信仰。"正德厚生 臻于至善"就是要求以人为本打造以"正身之德"承担责任的团队,就是要求成为以"厚民之生"兼济天下、承担社会责任的优秀企业公民,就是要求培养精益求精、不断进取的气质,锻造勇于挑战自我,敢于超越自我的精神。

正德厚生

"正德厚生"语出《尚书·大禹谟》:"德惟善政,政在养民。水、火、金、木、土、谷维修,正德、利用、厚生,惟和,九功惟叙,九叙惟歌",是一种在中华大地上传承千年的人文精神,是一种以"责任"为核心要义的道德情操。

"德"是对个体品性、修养、行为的要求和标准,"正德"是谓"正身之德",指人们的行为要符合道德要求,承担各自的责任和义务,表达了个体对自我的最高要求,充盈着人对自身严格的责任意识。

"生"指社会民生,甚至一切生命,"厚生"则谓"厚民之生",指要尊重、关爱、厚待社会民生及一切生命体,体现的是一种关爱民生、兼及天下的济世情怀。

"正德"强调个体责任和对自我的约束,"厚生"强调社会责任和对社会的奉献。"正德厚生"集成了中国传统文化与中国移动现代的企业精神,从精神层面上体现了中国移动人渴望担负重任的自我定位和选择。

"正德厚生"是中国移动的行为责任规范。中国移动的员工要以"责任"为安身立命的根本。中国移动在全集团倡导承担责任的自觉意识,鼓励承担责任的自觉行为。中国移动将本着负责任的态度处理好自身与用户、政府、合作伙伴、竞争对手、供应商和员工等各利益相关者的关系。这是中国移动作为一个企业通过承担责任对自身价值的彰显。

"正德厚生"是中国移动的社会责任宣言。中国移动事业的发展,是建立在社会总体经济发展的基础上。中国移动将以高度社会责任感,关怀社会民生,关注民众福祉,做一个优秀企业公民,通过各种实际行动回报社会。

中国移动将关注并尽力满足人与社会的合理愿望和切实需求,充分发挥企业优势,分享通信给人类带来的更为丰富便捷的高品质生活,使不断创新的科技成果为整个社会的和谐快速发展提供助力,展现了中国移动长远的眼光和笃实的志向。

臻于至善

"臻于至善"源自《大学》:"大学之道,在明明德,在亲民,在止于至善",是一种古已有之,奉行者甚众的事业理念,是一种以"卓越"为核心要义的境界追求。

"止"是"到达"的意思。"臻"也是"到达"的意思,同时"臻"还有"不断趋向、不断接近"的意思,用"臻"取代"止"表达了一种不断进取,不断超越,永不停息的精神。"至善",即最完善、完美的"理想境界"。"臻于至善"昭示的是一种永不止息、创新超越的"进取"心态,是一种对完善、完美的境界孜孜不倦追求的崇高精神,宣示了中国移动争取成为公认成功典范的自我定位。

"臻于至善"是一种状态,是一种不断完善、不断超越的状态。中国移动"臻于至善"的进程,是一个不断进取、上下求索、开拓创新、自我超越的持续提升过程,最终将引领中国移动成为其他企业学习和追赶的标杆。

"臻于至善"是一种境界,是一种按照事物内在的标准力求达到极致的境界。追求至善至美是中国移动不断提升、不断发展、从做大走向做强的内在驱动。意味着中国移动将以无畏的精神追求完美和极致,不留恋于历史的辉煌,敢于直面未来的竞争,在更大的地域范畴,在无限的技术领域,在更长的时间维度,不断创造历史的辉煌和高度。

"臻于至善"是一种位势,是一种站位领先的气势。它宣示了中国移动在未来通信行业乃至全球产业界的自我定位,那就是要力争在全球企业中站位领先。通过不懈的努力,成为同业乃至所有企业所公认的典范。

"正德厚生 臻于至善"是在中国移动企业发展历程中形成的特色文化的核心,是我们的灵魂,它体现了中国移动"先天下之忧而忧,后天下之乐而乐"的宽阔胸襟和责任意识,和"天行健,君子以自强不息"的进取斗志和卓越精神。

(三)承诺

秉承"正德厚生,臻于至善"的信仰,中国移动以承担责任的胸怀、追求卓越的精神,通过实际行动向客户、股东、员工、合作伙伴、竞争对手、社会公众郑重承诺:

对客户的承诺:做为客户提供卓越品质的移动信息专家。中国移动以创造卓越品质的产品与服务为永恒目标,以客户导向为经营原则。未来用户需求的重心将由"通信产品"延伸到"信息服务",这不仅意味着需求的领域得到拓展,更意味着需求的层次得到深化。中国移动将主动适应新需求、新竞争、新环境,以更加创新的思维,更加高效的流程,去开发更具吸引力的产品、提供更加优质的服务,及时、充分、持续地满足用户多样化、个性化、信息化的需求,以"专家"的精神开创品质卓越的移动信息服务,为人类的生活、学习和工作助力添彩。

对投资者的承诺:做最具价值的创造者。中国移动自创始之日起,就坚持以诚信为本,高度尊重所有投资人的权益,以高度负责的精神对待投资人的委托,信息公正透明,遵纪守法,建立并遵循有效的治理结构。中国移动将努力实现资源的最优配置,创造和保持优良业绩,始终处于行业发展的领先地位,确保企业的保值、增值,回报投资者长远利益,通过增强股东的信心,赢得股东的信任。

对员工的承诺:成为员工实现人生价值的最佳舞台。没有满意的员工,就没有满意的客户;没有人心的凝聚,就没有企业的发展。中国移动始终坚持员工与企业共同成长的管理理念,以人为本的人文主义眼光,充分关注人的价值与差异,以尊重为人力资源管理的基点和核心,最大限度地理解、关爱、信任和提升员工,营造员工合适的发展空间,帮助员工实现自我价值,促进其发挥所长,为企业发展、为社会进步创造更大价值。

对合作伙伴的承诺:成为引领产业和谐发展的核心力量。现代产业竞争已经由企业之间的个体竞争转变为价值链之间的整体竞争,产业价值链的综合实力对企业的竞争优势起着关键的作用。中国移动将建立互惠共赢的商务机制,与价值链各环节的广泛合作,建立紧密互动的沟通机制,巩固和发展产业共同体间健康和谐的伙伴关系,组建业界最为强大、牢固的产业联盟,以卓越的领导力和强烈的责任感推动"无限通信世界"的形成,引领、促进整个行业的健康持续发展。

对同业者的承诺:成为促进良性竞争、推动共同发展的主导运营商。中国移动充分尊重业内同行,遵守竞争规则。中国移动将同业者视为相互促进的产业伙伴,始终本着坚持公平、公正的原则,在电信法律法规和市场规则框架之下,与之展开积极、富有建设性的竞争。通过公平合理的竞争手段及公开透明的沟通解决机制,与同业者共同维护健康的市场秩序,促进市场规范,建立一个公正有序的行业生存和发展的空间,提升行业整体价值,实现同行间的相互促进与和谐发展。

对社会的承诺:做优秀企业公民。"企业公民"是构建社会主义和谐社会的重要组成部分,也是企业基业长青的必要条件。在寻求自我超越、获得辉煌成就的过程中,中国移动始终从全局着想,以促进社会全面、协调和持续的发展为企业行为的依据和目标。中国移动承诺始终争做品格健全、受人尊敬的优秀企业公民,在承担好基本商业责任、确保通信畅通的同时,积极承担社会责任,参与环保、教育等公益事业,以永不停息的事业追求改善人类生活质量,促进科技进步与文化繁荣,服务和谐社会。

企业使命:创无限通信世界,做信息社会栋梁。

中国移动的愿景:成为卓越品质的创造者。

企业经营宗旨:追求客户满意服务。

企业精神:改革创新、只争朝夕、艰苦创业、团队合作。

企业服务理念:沟通从心开始。

实施"新跨越战略":做世界一流企业,实现从优秀到卓越的新跨越。

战略定位:做世界一流企业,成为移动信息专家,成为卓越品质的创造者。

长期目标,成为卓越品质的创造者。

主要途径:打造卓越的运营体系,建设卓越的组织,培育卓越的人才。

重要举措:实施卓越工程,打造"一个中国移动(One CM)"。

中国移动通信行为识别系统——BI

行为系统是动态的识别形势,它规范着企业内部的组织、管理、教育以及社会的一切活动,实际上是企业的运作模式。通过这种运作模式,既实现了企业的经营理念,又产生一种识别作用。即人们可通过企业的行为去识别认知这企业。

中国移动作为国务院直接管理的国有特大型骨干企业,肩负着我国通信业改革和走向世界的重任。企业文化建设必须着力于这一点,积极向外界展示国有企业良好的精神风貌。同时,随着融资渠道的拓宽,大部分子公司已相继在香港和纽约上市。作为境外上市公司,在企业运作上必然与传统的国企不同,这就要求这部分企业的企业文化要与新的企业运作模式要求相适应。例如:中国移动上海公司全力打造"移动世博"。然后松江移动分公司近日开展"迎世博提效行动",着力提升营业厅的服务质量。而且世博会期间,上海移动将在世博园区内搭建一个4G网络,让大家感受4G的技术。加上世博园80个移动信息亭,无处不在提供无线向导。这就是企业的行为识别。

临沂移动公司1999年7月份成立之后,按照集团公司"衔接、起步、腾飞"的工作要求,围绕"创世界一流通信企业"的战略目标,结合实际,根据不同时期的工作重点,实施相应的经营战略。围绕这些经营战略,公司自我加压,每年都有针对性地提出细化的年度目标。广大员工视压力为动力,全力发展业务,从而实现了业务的连年大发展。到2000年底,客户总量达到了30万户;2001年底,客户总量达到了50万户。从公司成立之初的10万到30万,用了一年的时间;从30万到50万用了一年的时间。公司的业务发展很快驶入了快车道,客户总量从公司成立时的全省第7位上升到第5位,取得了值得称道的业绩。临沂移动公司成立以来,通过广泛的宣传、引导和灌输,"创无限通信世界,做信息社会栋梁"的企业使命、"同步于世界先进的个人通信技术,服务于临沂知识经济建设与发展"的企业理念、"改革创新、只争朝夕、艰苦创业、团队合作"的企业精神、"让客户满意是我们不懈的追求"的服务理念、"持续为社会、为企业创造最大价值;做实事,把事做实;企业利益永远高于个人利益;尊重知识、尊重人才、尊重每一个员工价值的实现;企业用人以德为本,高级管理人员须德才兼备;奉献者理应得到相应的回报"的企业价值观,已经深入人心。广大员工在工作中认真实践企业的价值准则,从中涌现出了许许多多的感人事迹。

2001年夏,临沂移动史上规模最大的GSM第八期扩容工程需要新装两台交换机、建立130个基站,而从设备到货到工程竣工只有短短的四个半月。新建的二层应急通信机房内没来得及安装空调,室温高达摄氏37度以上,施工人员冒着高温、上机架、放电缆,个个汗流浃背,但没有人叫苦叫累。女工程师严晓宁孩子生病住院,她只是抽空到医院看了两趟,却没顾得上照看一天。技术员常攀峰在施工时中暑,醒过来后不顾领导的命令和同事的劝阻,又爬到了机架上。正是靠着这种拼搏奉献的精神,确保了工程提前半个月竣工。

而且临沂移动公司按照省公司"管理由'少数人'和'能人'管理向'制度化、流程化'管理转变"的目标,制定了一系列规章制度,小到员工仪容仪表、穿衣戴牌、语言行为、接人待物,大到生产经营、基础管理,都作了明确规定,并汇编成《临沂移动通信公司规章制度汇编》,印发到员工手中。通过制度规范,形成了一套科学合理的管理体系,使公司内部分工明确,工作效率大大提高,树立了上市公司良好的效率形象。

中国移动通信视觉识别系统——VI

图5-7 全球通VI

全球通(GO Tone)是中国移动通信的旗舰品牌,知名度高,品牌形象稳健,拥有众多的高端客户,伴随着中国移动业务的迅猛发展和中国移动全体员工的不懈努力,全球通已经成为国内网络覆盖最广泛、国际漫游国家和地区最多、功能最完善的移动信息服务品牌。这充分体现了"全球通"品牌的核心理念"我能"。"我能"源于"全球通"值得信赖的实力,代表着"全球通"与客户一起不断进取的决心;"我能"是坚忍不拔、超越自我的勇气,是坚持梦想、不懈追求的动力,是自信、乐观和笑看人生的胸怀;"我能"更是这个时代的主旋律,为时代喝彩!

图5-8 动感地带VI

动感地带(M-zone)是中国移动为年轻人群量身定制的移动通信客户品牌,不仅资费灵活,还提供多种创新的个性化服务,给用户带来前所未有的移动通信生活。

"动感地带"(M-zone)是一种流行文化、一种生活方式;

是年轻人的自治区!

"时尚、好玩、探索"就是M-ZONE人的DNA!

在我的地盘,只要我想做,有想法,就行动!一切不在话下!

没错!我就是M-ZONE人!

我讨厌一成不变,痛恨千篇一律。

我爱探索冒险,爱勇敢尝试、到哪都是我的地盘!

爱热闹、爱表达、爱被人关注。

我的朋友遍天下!随时随地分享快乐,够朋友,统统归入"动感地带"(M-ZONE)!

让沟通玩得精彩,让青春闪得灿烂!

图5-9 神州行VI

"神州行"是中国移动通信旗下规模最大、覆盖面最广的品牌,也是我国移动通信市场上客户数量最大的品牌。他以"快捷和实惠"为原则,带着"轻松由我"的主张服务于大众。

"神州行"标志有卡通形象、品牌名称、品牌口号及底色框四部分组成。

标志主要由绿色和黄色构成,绿色代表神州大地,黄色象征阳光普照大地;"轻松由我"作为品牌口号,从功能和情感角度体现品牌利益点,传达出客户的生活追求,同时结合卡通形象,通过生动、活泼的设计营造出轻松、自由的氛围;英文Easy own中Easy代表轻松,own一语双关,代表自己及拥有,体现出"轻松由我"。整体标志亲切、活泼,体现"神州行"给客户带来的轻松、便利和沟通感受。

思考与讨论

思考并讨论中国移动CI、BI和VI三者之间的相互关系。

训练三 广告创意设计

一、实训任务

在教师指导下,按照指定主题和规则,提供真实的企业背景,学生可以通过团队合作的方式开展广告创意的构思和设计,以达到传播企业形象的特定目的。

二、实训要求

第一,掌握广告的概念、种类及特点等基本知识。

第二,掌握广告目标策略、广告信息策略、广告媒体策略及广告效果的测定。

第三,了解广告理性诉求和感性诉求两种方式,并能够在实践中灵活运用。

第四,了解广告创意的相关知识,掌握广告创意设计的一般程序,并能够结合实际情况进行操作。

三、理论指导

(一)广告的概念、种类及特点

广告一词源于拉丁语,有"注意""诱导""大喊大叫"和"广而告之"之意。广告作为一种传递信息的活动,是企业在促销活动中被普遍重视且应用最广的促销方式。市场营销学中的广告是指广告主以促进销售为目的,付出一定的费用,通过特定的媒体传播商品或劳务等有关经济信息的大众传播活动。从广告的概念可以看出:广告是以广大消费者为广告对象的大众传播活动;广告以传播商品或劳务等有关经济信息为其内容;广告是通过特定的媒体来实现的,并且广告主要对使用的媒体支付一定的费用;广告的目的是为了促进商品销售,进而获得较好的经济效益。

根据不同的划分标准,广告有不同的种类。

1. 根据广告的目的划分

(1)商品广告。它是针对商品销售开展的大众传播活动。根据产品所处的不同生命周期,又可以分为报道性广告、劝告性广告和提醒性广告。报道性广告,亦称"开拓性广告"。如:新产品刚上市,通过广告向目标市场介绍该产品的性质、用途、价格等,以求得到市场的认可。劝告性广告,又叫"竞争性广告"。产品进入成熟期,目标市场的竞争对手增多,市场容量趋于饱和,这时的广告以说服为目标,使消费者加深对某种产品的印象,以吸引保守的购买者,使原有的购买者增加使用频率。提醒性广告,也叫"备忘性广告"或"提示性广告",是指对已进入成熟后期或衰退期的产品所进行的广告宣传,目的在于提醒顾客,使其产生惯性需求。

(2)企业广告,又称"商誉广告"。这类广告着重宣传和介绍企业名称、企业精神、企业概况(包括厂史、生产能力、服务项目情况)等有关企业信息,其目的是提高企业的声望、名誉和形象。

(3)公益广告。公益广告是指不以盈利为目的而为社会公众切身利益和社会风尚服务的广告。公益广告是企业或社会团体向消费者阐明它对社会的功能和责任,表明自己追求的不仅仅是从经营中获利,而且还参与如何解决社会问题和环境问题。

2. 根据广告传播的区域来划分

按照广告覆盖面的大小,可以将广告分为国际性广告、全国性广告、区域性广告和地方性广告。

(1)国际性广告是指选择具有国际影响的媒体发布的广告。国际性广告是伴随着国际经济一体化、国际市场的逐渐形成而产生的一种广告。这种广告通常宣传的是国际品牌的产品或企业。例如,美国的万宝路香烟、德国的西门子电器等。

(2)全国性广告是指产品或服务遍及全国,并采用全国性媒体发布的广告。例如,青岛海尔的电冰箱、中粮集团的福临门食用油等在我国中央电视台做的广告。

(3)区域性广告是指将广告诉求对象限定在某个地区,如东南地区、西北地区、华北地区等,通常选择地方性的媒体来发布广告。

(4)地方性广告是指产品或服务只覆盖某地区,并采用该地区媒体发布的广告。这类广告多为零售企业或地方工业企业所发布的广告,广告宣传的重点是诱使人们购买本地区的某一产品。

此外,还有其他一些分类。例如,按广告的艺术形式划分,可分为文字广告、表演广告和演说广告;按广告发布的媒体不同,可分为报纸广告、杂志广告、广播广告、电视广告、因特网广告等。

3. 广告的特点

(1)传播面广。广告是借助大众媒体来传播信息的,它的公众性和普及性赋予广告突出的"广而告之"的优点。广告主可以通过电视、报纸、广播、杂志等大众传媒在短期内迅速将其信息告知众多的目标消费者和社会公众,这是人员推销等其他促销方式无法与之比拟的。

(2)传递速度快。广告是借助大众媒体来传递信息的。大众传媒是一种迅捷的信息传播途径,它能将广告主发行的信息在很短的时间内传达给目标消费者。因此,在现代信息化社会中,广告是一种富有效率的促销方式。

(3)表现力强。广告是一种富有表现力的信息传递方式,它可以借助各种艺术形式、手段与技巧,将一个企业及其产品感情化、性格化、戏剧化,增强其说服力与吸引力。

(4)广告费用支出具有投资的特点。广告费用作为一种投入,其产出是增加了销售利润。广告产出的效益虽不是直接的,但广告促进了销售,在销售扩大带来利润扩大的过程中广告起了重要的作用。广告效果有时产生的虽不是即时效应,但却是一种积累效应。

(二)广告目标策略

企业的广告目标取决于企业市场营销组合的整体战略要求和企业营销管理的不同阶段。要给广告确定具体的目标,归纳起来有以下几种。

1. 以告知为目标

以此为目标的广告主要向市场介绍新产品的问世。目的在于使潜在顾客了解新产品,提高认知,在市场上唤起初步的需求。

2. 以说服为目标

这一广告目标是使消费者和用户不仅知道企业产品的名称,还要使他们了解企业及产品特点。这种广告在产品成长期配合差异性市场策略特别有效。

3. 以增加销售量为目标

以此为目标的广告除了对商品进行详细的介绍外,一般还附有图示、说明价格、信贷条件、购买地点,有时还有广告附表。顾客通过阅读这样的广告,即可以决定是否购买。决定购买后,只需要填写广告附表即可成交。

4. 以提醒为目标

当产品进入成熟期之后,应配合营业推广,采取以提醒为目标的广告。因为,这时市场对此产品已经相当熟悉,没有必要再像投入期那样详细地介绍产品,只要向目标受众提醒它的销售地点和新的附加利益等即可。

(三)广告信息策略

确定了广告目标之后,企业就要设计广告的内容,作出广告信息决策。

1. 广告信息创作

广告信息创作的内容直接依据广告主所追求的目标市场及产品竞争定位策略选择。同时,还要具体研究目标市场不同年龄、不同收入、不同购买动机的人群对广告信息的理解程度,设计几种不同的信息内容,评估、预测潜在市场对不同信息内容的销售反映函数。在此基础上评估、选择最佳的信息表达方式。

2. 广告主题选择

广告主题应根据所推销的商品和不同的广告对象确定。如果广告对象是最终消费者,宣传就应着重强调追求感情动机,这样容易成功;如果是工业用户,就把重点放在追求理性购买动机上。但无论是追求感情动机还是理性购买动机,广告主题最重要的是要强调产品在使用中给买主带来的收益。

企业在确定广告主题时,应注意以下原则:第一,掌握目标市场的社会经济条件所决定的买方利益的综合情况。第二,从目标市场所期望的利益中选择较为重要的因素。第三,选择较为重要的目标市场利益,检查竞争对手是否也在用其广告主题,避免使用竞争者已采用过的广告主题。第四,广告主题应突出,针对性强,以有效吸引目标市场的注意力。

3. 广告信息表达

广告信息的表达方式,一般包括:

(1)生活片断。表现人们在日常生活中正在使用广告中的产品。

(2)生活方式。强调本产品如何适应人们的生活方式。

(3)音乐化。把企业或产品形象用广告歌来表达,歌词反复强调产品名称。

(4)想象与情趣。为产品制造一个能够唤起人们美好联想的气氛与形象。

(5)拟人化。使产品人格化,让其能说话。一些日用品和儿童用品的广告信息经常采用此方法表达。

(6)显示调查证明或科学实验。表明产品符合科学标准,一些家庭保健品常用此方法。

(四)广告媒体策略

为了正确地选择各种广告媒体,实现广告目标,企业在选择媒体之前,必须对媒体的接触度、频率和效果作出决策。接触度是企业必须在一定的时期内使多少人接触广告；频率是企业决定在一定时间内，平均使每人接触多少次广告，频率过多费用太高，频率过少又难以加深受众记忆；效果是指广告显露的效果。

1. 广告媒体的种类

广告媒体的种类很多，主要包括报纸、杂志、电视、广播、户外广告、邮件等。各种媒体接触的听（观）众不同，影响力不同，广告效果也不同。为了实现广告的接触度、频率和效果等目标，应了解各类媒体的主要优缺点，以选择适当的广告媒体。

（1）报纸灵活性高，迅速及时，成本低，地理选择性好，可信度高。主要局限是保存性较差，内容庞杂，易分散注意力，清晰度也较差。

（2）杂志的针对对象明确，收效好，保存率高，阅读率也较好，可采用套色印刷有利于吸引读者注意。局限性是传递信息的延迟性较大，读者范围也有限。

（3）电视是能够把形象、声音与动作结合起来的媒介，能够较好地吸引观众的注意力，在短时间内给人留下深刻的印象。主要局限是成本高、时间短、对象缺乏可选性。

（4）广播传播信息迅速及时，不受场所限制，成本较低。主要局限是速度快不易记忆，无处查阅，没有视觉上的刺激，不易加深印象。

（5）户外媒体的地理位置应选择得当，并合理利用各种美术、造型等艺术手段，使广告鲜明、醒目、美观、简明，从而容易记忆。局限是受空间限制，无法表达复杂的内容。

（6）邮件媒体针对对象明确，选择性好，传播信息迅速及时。但不易生动化、形象化，比较呆板，所涉及的范围也有限。

2. 选择媒体时应考虑的因素

（1）目标市场接触媒体的习惯。例如，对青少年顾客来说，电视广告的效果最好。

（2）产品种类。例如，为妇女服装做广告，选择彩色印刷杂志广告会很有吸引力。

（3）广告信息。选择何种媒体取决于广告信息本身。例如，复杂的技术信息在广播和电视中都难以说清，而选择专业杂志和邮寄广告较为理想。

（4）成本费用。电视广告成本很高，而广播、报纸相对成本较低。

（五）广告效果的测定

广告效果有经济效果和社会效果之分，也有即效性效果与迟效性效果之分，还有促销效果和广告本身效果的分类。本书按促销效果和广告本身效果进行测定。

1. 广告促销效果的测定

广告促销效果，也称"广告的直接经济效果"，它反映广告费用与商品销售量（额）之间的比例关系。广告促销效果的测定是以商品销售量（额）的增减幅度作为衡量标准的。测定方法很多，主要有以下几种：

（1）广告费用占销率法。通过这种方法可以测定出计划期内广告费用对产品销售量（额）的影响。广告费用占销率越小，表明广告促销效果越好；反之则越差。其公式为：

广告费用占销率＝[广告费/销售量(额)]×100％

(2)广告费用增销率法。此法可以测定计划期内广告费用的增减对广告商品销售量(额)的影响。广告费用增销率越大,表明广告促销效果越好;反之则越差。其公式为：

广告费用增销率＝[销售量(额)增长率/广告费用增长率]×100％

(3)单位费用促销法。这种方法可以测定单位广告费用促销商品的数量或金额。单位广告费用促销额(量)越大,表明广告效果越好;反之则越差。其公式为：

单位广告费用促销额(量)＝销售额(量)/广告费用

(4)单位费用增销法。此法可以测定单位广告费用对商品销售的增益程度。单位广告费用增销量(额)越大,表明广告效果越好;反之则越差,其计算公式为：

单位广告费用增销量(额)＝[报告期销售量(额)－基期销售量(额)]/广告费用

(5)弹性系数测定法。此法是通过销售量(额)变动率与广告费用投入量变动率之比值来测定广告促销效果。其公式为：$E=(\triangle S/S)/(\triangle A/A)$。

其中：S——销售量(额)；

$\triangle S$——增加广告费用后的销售增加量(额)；

A——广告费用原有支出额；

$\triangle A$——增加的广告费用支出额；

E——弹性系数,即广告效果。E值越大,表明广告的促销效果越好。

影响产品销售的因素很多,广告只是其中因素之一,单纯以销售量(额)的增减来衡量广告效果是不全面的,因而,上述测定方法只能作为衡量广告效果的参考。当广告促销效果不理想时,也不应轻易否定广告的作用,而应从其他方面来考虑分析。

2. 广告本身效果的测定

广告本身的效果不是以销售数量的大小为衡量标准,而主要是以广告对目标市场消费者所引起的心理效应的大小为标准,这些心理效应包括对商品信息的注意、兴趣等。因此,对广告本身效果应主要测定知名度、注意度、理解度、记忆度、视听率、购买动机等项目。测定方法中,常用的有以下几种：

(1)价值序列法。它是一种事前测定法。其具体做法是邀请若干专家、消费者对事先拟定的几则同一商品的广告进行评价,然后依次排出第一位、第二位、第三位等;排在首位的表明其效果最佳,选其作为可传播的广告。

(2)配对法。它也是一种事前测定法。其具体做法是将针对同一商品设计的不同的两则广告配对,请专家、消费者进行评定,选出其中一例。评定内容包括广告作品的标题、正文、插图、标语、布局等全部内容。

(3)评分法。此法既适合于事前测定,又适合于事后测定。其具体做法是将广告各要素列成表,请专家、消费者逐项评分。得分越高,表明广告自身效果越好。

(4)访查法。这是一种主要适合于事后测定广告效果的方法。其主要做法是通过电话、直接走访等方式征集广告接受者对广告的评价意见,借以评价广告的优劣。

进行广告效果测定,目的不仅仅是为了回答广告投入是否值得的问题,同时也是为今后的广告活动提供借鉴。因此,应当将广告测定的结果与预定的目标进行对比,找出差距,分析原因,以便进行修正。如表 5—6 所示。

表 5—6　广告修正策略表

第一年的目标		市场占有率达到 10%	零售店的配销密度达到 25%	目标市场的知名度达到 50%	营销费用控制在销售额的 50%
6个月	预计	5%	15%	30%	60%
	实际	3%	12%	25%	60%
	修正策略	增加 5%的广告投资。	给经销商更高的毛利和激励,和更多的批发商保持联系。	改进对目标市场的广告诉求。	保持严格的成本控制,尤其是广告费的增加,以及给经销商更高的毛利。
12个月	预计	10%	15%	50%	50%
	实际	8%	15%	60%	60%
	修正策略	知名度虽高。但市场占有率却很低,表示产品绩效不佳。根据深度调查的结果,考虑改进产品。	产品在店头的位置可能是个问题,继续与零售商保持良好关系。	广告必须强调产品的实用性与知名度。	确实找出营销费用最高的项目,建立更严密的控制措施,并注意营销费用的有效性。

(资料来源:傅浙铭,吴晓灵.营销八段:企业广告管理.广州:广东经济出版社,2000.)

(六)广告创意相关知识

1. 广告创意的含义

广告创意是为了达到促进产品或服务销售的目的、实现广告目标,经过创造性思维而获得的独特的"好的主意"或"好的点子"。广告创意是广告作品的灵魂。一部广告作品如果没有很好的创意则会形同枯槁、味同嚼蜡,若有好的创意则形象丰满可爱、秀色可餐。从某种意义上来说,广告创意的优劣决定着广告作品质量的高低。

2. 广告创意与策划的关系

广告策划的主要内容包括广告环境分析、产品研究、消费者行为研究、竞争对手研究、广告目标确定、广告定位、广告创意、广告战略、媒体选择、广告发布时机的确定、广告费用预算、广告效果调查及评估等。广告策划与创意的区别在于策划是宏观战略,而创意是微观战术;策划是广告活动的主体,创意是广告活动的中心;策划是整体程序,创意是局部环节;策划强调系统性,创意突出跳跃性。

3. 广告创意与广告制作设计的关系

俗话说:"玉不琢,不成器。"好的"主意"和"点子"必须借助一定的技术和手段才能得以展现。再好的创意点子如果不能转变成现实形态,那么仅仅只能称之为"幻想"。所以,广告制作设计是完成广告创意的载体。

4. 广告创意与艺术的关系

广告创意应当体现一定的艺术性,但广告又不是纯粹的艺术品。尤其是站在商业广告的角度来看,广告的功能主要应该体现在提醒消费者注意和吸引消费者购买。再好看的商业广告,再具有艺术价值的商业广告,如果不能促进产品的销售,那都是画饼充饥、海中捞月。

5. 广告创意的作用

(1)吸引消费者的注意。好的广告创意善于捕捉消费者的目光,吸引受众眼球,引起大众的强烈关注,而不是简单的哗众取宠。如 Extra 无糖口香糖广告以触目惊心的"牙齿"充当创意的视觉中心,让人不得不联想到如何保护自己的口腔卫生,广告进而向消费者表明 Extra 无糖口香糖是最佳的口腔清洁卫士。如图5-10所示。

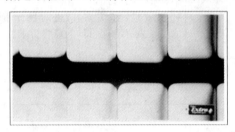

图5-10　Extra 无糖口香糖广告

(2)保持消费者的兴趣。好的广告创意善于长期维持消费者的兴趣,保持消费者的长期偏好。深圳电视台形象推广招贴广告画,运用新娘的红色盖头烘托出深圳电视台电视节目的新意。如图5-11所示。

图5-11　深圳电视台形象推广招贴广告

含蓄是一种技巧,能起到以一当十、言简意赅之功效。对待"新感觉"这一诉求概念,作者深知言语有限、意趣无穷这一道理,巧用新娘的红盖头隐喻电视节目的新意,从而避免了广告中泛滥成灾的那种强加于人的表现样式。

(3)促进消费者行动。好的广告创意易于促进消费者开展现实购买行动。可口可乐的球场平面画,对足球、球网、球场和球迷进行产品形象造型的悖异图形表现,让产品与足球运动之间的密切关系及其价值取向得到张扬,对现场球迷饮用可口可乐有积极的刺激作用。如图5-12所示。

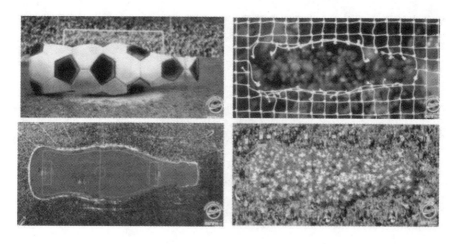

图 5－12　可口可乐的球场广告

6. 成功的广告创意的特征

(1)创意必须切中主题。广告创意实际上来自于广告定位,广告定位又来自于产品定位。产品定位是指凸显企业产品的优点以区别于竞争对手产品的过程,也就是标新立异、鹤立鸡群的过程。商业广告立足于产品,由此产生了广告定位,进而产生了广告主题。广告主题或者说广告的中心思想有没有被体现,也就显得非常重要,这牵涉到广告活动、广告作品的成败。

我们来看一则公益广告的平面设计。"血"字被刻意地隐匿,而民众无偿献血的热情及热血义胆的人格形象将得以提升。创意紧紧围绕主题——鼓励人们进行义务献血。如图 5－13 所示。

图 5－13　义务献血广告

(2)创意必须易于理解。创意如果过于复杂就很可能达不到传播信息的效果,因为受众根本就不懂、不理解。千万不要希望消费者在理解广告作品方面会下很大的功夫,这一点很不现实。

如图 5－14,这幅丝袜的平面广告,简洁明快、重点突出,随着午餐罐头盒盖被掀起,映入眼帘的是一双双穿着丝袜的美腿。消费者一看便知道,丝袜广告真正是秀色可餐。

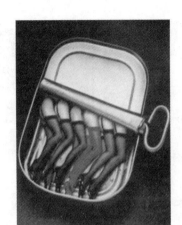

图5-14 丝袜广告

（3）创意必须有独创性。广告创意切忌千篇一律。如果和别人都一样，等于是给别人做广告，那不如不做广告。万宝路的广告设计和形象代言，自产品诞生之日起就没有改变过：草原、骏马、西部牛仔，展开了美国开拓西部的生动画卷，也构建了美国人开拓创新的优秀文化，所以这样的形象极具独创性。如图5-15所示。

图5-15 万宝路香烟广告

（七）广告诉求方式的运用

1. 广告功能诉求的起源及运用

广告诉求方式的基本形式可以分为功能诉求（Unique Selling Proposition，简称USP）和情感诉求（Emotion Selling Proposition，简称ESP）。功能诉求是指广告诉求定位于受众的理智动机，通过真实、准确、公正地传达企业、产品、服务的客观情况，使受众经过概念、判断、推理等思维过程，理智地作出决定。

功能诉求的首创者是世界著名广告人罗瑟·瑞夫斯，他设计的"M&M巧克力，只溶在口,不融在手"的广告语,至今还被传为佳话。1954年,瑞夫斯接受M&M糖果公司的委托,为其生产的巧克力制作创意广告。瑞夫斯通过详细的市场调查后,发现在当时的美国巧克力市场中,只有M&M巧克力有糖衣。原本不起眼的一个产品特征,瑞夫斯却如获至宝——巧克力虽然是大众喜爱的食品,却容易在温暖的环境下融化,影响它纯正的口味,而糖衣能够延缓它的融化。瑞夫斯的构思很快形成:在电视广告中只见到两只手,旁白道:"M&M巧克力,只溶在口,不融在手"。该广告创意体现了产品独特的优点,简单清晰,广告词朗朗上口,很快就变得家喻户晓。

瑞夫斯把这种广告手法定义为"独特销售说辞策略"。独特销售说辞策略是典型的功能诉求,重在突出产品独一无二的功能,对后世产生了深远的影响。许多著名品牌都通过运用该策略达到了抢占消费者心理空间、先入为主的效果。

如宝丽来一次成像照相机的一则广告。根据产品的特点,广告经营者拍摄了一部主题为"一次成像照相机可以做其他照相机做不到的事"的广告片。片中的场景是医院产房的休息室内,一个小男孩想跟随父亲去产房看望刚刚出生的妹妹,但医院规定:除了产妇的丈夫外,其他人一律不许进入产房。男孩的父亲用宝丽来一次成像照相机从产房拍了婴儿的照片后,立即回到休息室,让婴儿的小哥哥看,男孩高兴异常。画外音响起:"为了那些不能共度重大时刻的人。"

再如,美国的宝洁进入中国的洗发水市场时,根据东方人的发质特征,推出了飘柔、潘婷和海飞丝三种主打产品。宝洁清醒地认识到当时的中国洗发水市场发展尚属于早期,便在广告上运用了功能诉求,"飘柔——使头发更加柔顺""潘婷——营养护发、富含维他命原B5""海飞丝——头屑去无踪,秀发更出众"。在市场竞争不激烈、消费者不成熟的状况下,宝洁的功能诉求如入无人之境,先声夺人,在消费者心目中留下了不可磨灭的印象。众多的后来者争相效仿宝洁,让产品去诉求同样的功能,岂知是东施效颦,适得其反。

2. 情感诉求在现代广告中的运用

现代广告一方面依赖于高新技术,另一方面又紧紧抓住人类的情感生活,从而策划出以情感为包装形式的广告作品。未来,情感将成为广告创意诉求的重点,因为情感是没有国界的、全人类共通的语言,富有人情味的广告会为任何国别的人所接受。

情感诉求所传达的情感通常有以下几种:

(1)爱情。其中包括爱情的真挚、坚定、永恒和爱情所赋予人们的幸福、快乐、忧伤等。

爱情是人类生活永恒的主题,自然也就成为商家渲染产品的常用手段。比如,在阿尔卑斯奶糖的电视广告中,背景选择了合家欢乐,一起分享奶糖的场景。奶糖的香浓带来了无限的甜蜜。其乐融融中,一只宠物狗也不甘寂寞,用嘴巴衔起一整篮的奶糖,摇头晃脑地来到心上人的身边。一轮明月之下,两只狗儿亲密地依偎在一起,整个画面充满了温馨与浪漫,不禁让人触景生情。这则广告巧妙地运用了拟人化的动物来突出阿尔卑斯奶糖传递爱情的主题。

(2)亲情。包括家庭之爱及由此带来的幸福、快乐、思念、牵挂等。

如佳洁士牙膏的广告。央视播出的佳洁士牙膏广告,大意是妈妈牙疼,女儿看在眼里急在心里,砸碎心爱的存钱罐,给妈妈买了支佳洁士牙膏。这则广告一改过去与高露洁广告相似的实证风格,采用情感诉求方式,让现代小皇帝以崭新的形象出现,既注重广告的文化导向、提升了广告的文化品位、使受众产生情感上的共鸣,同时又使纯真、可爱的小女孩与佳洁士品牌形象一同在消费者的脑海里打上深深的烙印。

(3)乡情。包括与此相联系的对故乡往事的怀念、对故乡景物的怀念等。

如南方黑芝麻糊广告。广告选择了以主人翁对童年和故土的回忆为主要线索——故乡江南幽深的小巷,穿着朴素的大娘一声亲切悠扬的叫卖声,我们便走进了主人翁的思念:"小时候,每当我听到黑芝麻糊的叫卖声,我就再也忍不住了,一股浓香,一缕温暖,南方黑芝麻糊。"整个广告画面质朴、怀旧,既突出了浓浓的乡情,也暗寓了南方黑芝麻糊的悠久历史和传统工艺,从而挖掘出人们记忆深处的温馨,使得消费者在情感上对该品牌产生强烈的共鸣。

(4)生活情趣。利用日常生活中大部分人都有切身感受的生活情趣来进行诉求,这些情趣包括幽默、悠闲、乐趣等。

在情感诉求类广告中恰当地运用幽默不失为一种广告妙计,它能使人们在令人捧腹的笑声中获得商品的有关信息,从而变成对产品的好感。如莱文·汉特列施密特和毕弗斯梯夫·洪恩广告公司为苏伯鲁汽车制作的广告《你总是伤害它》。伴随着主题歌"你总是伤害你所爱的"便出现了这样一个情景:车顶堆满了野营装备,男人使劲下压后车盖,想把过多的物品塞进去,妻子和丈夫在一片吵架声中"嘭嘭"地甩门。随后,画外音缓缓道出:"人们憎恨他们的车,不好好地使用和保护车。不过,自从1974年以来登记的苏伯鲁轿车的90%仍在街上。"广告的幽默将严肃的推销目的包容在轻松诙谐的喜剧气氛之中,引导人们观看广告,唤起消费大众的热情,从而造成一种自然的传播默契,以达到广告促销的目的。

(5)恐惧。通过描述某些使人不安、担心、恐惧的事件或这些事件发生的可能,以引起受众对广告信息的特别关注,从而达到广告促销的目的。

如央视的一则关于倡导可持续发展、保持生态平衡、节约自然资源的广告,别出心裁地设置了未来的人类拍卖地球残余资源的场景,如拍卖全世界最后一瓶干净的饮用水、全世界最后一瓶干净的空气,其竞标价格惊人。整个广告引起人们对生存环境恶化的担忧,发人深省,意味深长。

(6)个人的其他心理感受。包括满足感、成就感、自豪感、归属感等。

奇瑞自加入上海汽车集团以来,短期内即成为国产轿车十大品牌之一,销售量连年名列前茅。在央视一套,"奇瑞东方之子"闪亮登场,"成功人士的实力座驾,40岁的愿望30岁达成"一语道破"东方之子"为成功人士量身定做的初衷。

以上广告是在帮助媒体受众诠释满足感和成就感,希望引起他们的内心共鸣。

在许多描述归属感的广告中,关于新生代个性化消费的作品尤为引人注目,值得一提。

如麦当劳的"我就喜欢"的售点广告:"我就喜欢"没有一式两份的演绎。它,请你有个人意见,用你最乐意的方式表达自己。用一句"我就喜欢"撑住乐观积极、快乐、有主见、热爱热诚、完全忠于你最喜爱、最独特的人生吧!祝"我"这一代,处处阳光灿烂。我就喜欢!

该广告卖点锁定在新生代一族,生动刻画了个性化、多样化的消费方式和现代化的生活模式,使新生代受众耳目一新、如鱼得水。

随着社会的前进和经济的发展,现代广告的诉求方式也呈现出情理结合、情景交融、功能诉求和情感诉求相结合的趋势。但无论诉求方式和表现形式如何变化,这一切都是为了强调和竞争对手的差异来赢得消费者的青睐,从而更好地为目标市场服务。

四、实训操作

(一)广告调查——没有调查就没有发言权

其一,环境调查。
其二,市场调查。
其三,消费者调查。
其四,产品调查。
其五,竞争对手调查。
其六,广告公司与媒体调查。
其七,广告效果调查。

(二)广告定位——新的传播方法

其一,确定你的商品所处的位置。
其二,占据消费者的头脑。
其三,看待竞争和竞争对手。
其四,使用资金。

(三)广告创意

其一,创意开发的思维状态与策略。
其二,广告创意开发的步骤。
其三,广告创意的确定。

(四)确定表现手段及寻求恰当的表现形式

其一,创意表现方式的确定。
其二,广告设计元素的发现。

五、实训评价

（一）平面广告类

其一，广告创意好，整体效果佳(25分)。
其二，美工好，色彩搭配合理，生动逼真(20分)。
其三，作品突出广告主题，能很好地启发媒体受众，引起共鸣(25分)。
其四，有创新性，构思新颖(20分)。
其五，作品介绍简明扼要，普通话标准，信息丰富，感染力强(10分)。

（二）文案策划类

其一，作品创意好，构思新颖(20分)。
其二，作品注重前期调研和市场分析，可行性强(20分)。
其三，作品突出广告主题，能很好地启发阅读者以引起共鸣(25分)。
其四，作品符合文案策划的格式标准，语句结构合理，易上口，言简意赅(25分)。
其五，作品介绍简明扼要，普通话标准，信息丰富，感染力强(10分)。

（三）动画类

其一，突出广告主题，有新颖性(20分)。
其二，演绎生动，能深刻表达该广告的内涵或主题，能打动人心或者风趣幽默(25分)。
其三，DV剧演员配合默契，有较高的可听性和吸引性，影像流畅；Flash和Powerpoint制作出来的作品画面精美流畅(25分)。
其四，有良好的背景设置，从而能为作品的演绎营造良好的氛围(20分)。
其五，作品介绍简明扼要，普通话标准，信息丰富，感染力强(10分)。

六、实训范例

江小白广告策划案

我是江小白，生活很简单。

——江小白

一、市场分析

（一）营销环境分析

1. 宏观环境分析

（1）总体经济形成。随着我国入世成功，外资对我国的投资不断加大，我国经济前途一片大好。我区居民收入较快增长，全区有60%下岗职工进入了再就业服务中心,并按时足额领到基本生活保障金。从总体经济发展看,我区经济呈现高速发展。

(2)总体的消费态势。欧洲酒行业专家研究机构platolgic作了一份全球白酒的报告,全球白酒消费至2010年已超过1800亿。有潜力至2014年人均白酒将达26%。

我国白酒工业自20世纪90年代高速发展至今,增长速度开始放慢市场竞争激烈,大中白酒企业相互竞争行业利润下降。下降主要原因为一些大品牌如山西汾酒,大举进入我区市场。现在白酒市场以从过去的卖方市场转为买方市场,人民生活水平不断在增加,产品种类多种多样,市场竞争激烈。消费者在消费商品时已经不再是物质上的满足,而重点是心理上的,消费呈现多样化。

(3)产业发展政策。国家早在95期间对大中白酒企业进行鼓励其发展,壮大。

(4)相关政策,法律背景。国家明文规定所有酒瓶必须为b2瓶,以便减少爆瓶伤人。但对于使用b2瓶会使产品成本增高,不利于开拓农村和远销白酒。

(5)市场文化背景。从酒类看,自古就有"南啤北黄"之说,而白酒为大众化。北方人性格粗放、豪爽、宽厚,重感情,谈友情,讲豪情。

2.微观环境因素

(1)市场构成。在包头市,市场上已有山西汾酒、宁城老窖、一品峰、河套酒、骆驼王、牛栏山二锅头等品牌的白酒。

在包头市,市场上对"江小白"构成威胁的主要有汾酒、牛栏山二锅头,潜在威胁的有一品峰、骆驼王、河套酒。

(2)市场构成特征。重庆江小白酒类以青春的名义创新,以青春的名义创意,以青春的名义颠覆,并以可爱的卡通头像和时尚简单的品牌诉求,在年轻消费群体中迅速引爆,现在已经成为成渝两地畅销白酒。

(二)产品分析

1.产品特征分析

不说历史,用创新创造新的历史。

颠覆传统,表达鲜活的当代人文。

回归简单,用心酿造简单的美酒。

图1 语录版江小白

图2 mini 版江小白

图3 风格版江小白

图4 江小白及类似产品一览

2.产品质量分析

采用单一高粱小曲白酒酿造工艺,标准化的工艺技术,稳定的白酒品质。强化原有的口感特征,突出单一高粱酿造的独特高粱香特征,弱化曲香、窖香等传统白酒的所谓厚重感,使产品具有国际化的入口柔和、单纯甜润、不上头不口干、醉酒慢、醒酒快的显著特点。

且由于单一高粱酿造的单纯酒体和稳定品质,江小白具备了作为调味基础酒的先天优势,可根据个人喜好,冰镇冰饮、加入冰块口感更佳,亦可与瓶装冰红茶、绿茶、红牛、王老吉、柠檬、橙汁、苏打水等混合调制充满个性与创意的"小白鸡尾酒",全新口感体验,全新时尚感觉。

图 5　江小白加鲜奶

图 6　江小白加冰红茶

3. 产品价格见下表

表 1　重庆江小白价格表(部分)

体积(ml)	100ml	300ml	125ml
度数(°)	45度	45度	45度
价格(元)	20元	45元	25元

4. 外观与包装

江小白语录的个性化创新包装获得实用新型专利;在包装上,江小白也完全抛弃了传统的酒类产品风格,采用磨砂瓶身,主打蓝白色调的简单包装,开创使用个性化包装风格——江小白语录:"吃着火锅唱着歌,喝着小白划着拳,我是文艺小青年""有的时候,我们说错话,我们做错事,是因为受了江小白的诱惑"。

5. 目标市场定位

以青春创意吸引消费者,以品质口感留住消费者。

江小白酒是简单、时尚的青春型小瓶白酒,主要针对向往简单生活、不过度消费但喜欢精致时尚的80后、90后群体及内心依然青春的70后、60后群体,江小白属于中高档次的小瓶白酒。

6. 品牌形象

"我是江小白"酒是江小白酒业推出的时尚新品45度小瓶白酒。它是一款富含时尚青春气息,符合80后、90后年轻人口味的颠覆性白酒产品。传统酒企千篇一律地做高端、做尊贵,给消费者一种居高临下的感觉;千篇一律地诉求历史,脱离了鲜活的当代人文;产品表现奢侈豪华,过度包装;离消费者的需求越来越远。传统有其精华也有其糟粕,与其在文化上与消费者渐行渐远,不如颠覆行业规则,直面当代消费者的需求,研究消费者的体验。正是在这种背景下,江小白青春小酒以颠覆者的姿态面世。

"我是江小白",将卡通形象与白酒产品紧紧结合在一起。"江小白,男,外形英俊,生日是出生那天,保质期是永久的。主要功能是增加勇气,提高自信心。性格特征是简单、文艺。优点是便于携带,拿得出手。缺点是魅力太大,能瞬间秒杀清纯女和文艺男"。

(三)消费者分析

(1)分析消费者总体。现有消费者消费本产品的目的是宴会上制造气氛和交际等的需要。

(2)消费者一般在朋友聚会和生意宴会上使用本产品比较多。

(3)大多数消费者,在饮酒时都能以酒为话题,由此看来我们可以注入很多的故事,提高文化品味。

A. 适合本产品消费群的构成。

消费群体年龄为:80后、90后。

收入状况为:1500及1500以上(元/月)。

性别:无限制。

文化程度:应以中等文化水平(大专,本科)。

购买动机:所需。

B. 对于这个价值,比较能符合他们的身份。

C. 本产品符合他们的各种需要。

购买数量:在数量上一次购买并不是很高,但是在购买频率上应该为很频繁。

购买时间:随性,随心。

D. 现有消费者态度。

1. 包头消费者对本产品认识还比较低。

2. 对本产品的指名购买程度并不是很高。

3. 对本产品使用以后,有较好的评价。

(四)企业和竞争对于竞争状况分析。

1. 企业在竞争中所处地位

"我是江小白"是由它的创始人陶石泉先生带领着一批有着青春梦想的80后、90后创意人才开发的一款青春小酒。"江小白"团队并不是传统意义上的酒企,而更像是一家文化创意公司,"江小白"卖的也不是酒,而是一种有表达的青春态度。陶石泉,被业界及消费者戏称为"江小白之父"。在创立"我是江小白"品牌之前曾任职国内大型酒业集团,从事酒业生产与行销方面的专业工作,拥有丰富的行业经验和敏锐的品牌创新意识。在他的带领下,江小白酒类营销团队形成了"好想法、快行动、很坚持"的简单企业文化。

2. 企业的竞争对手

竞争对手为:山西汾酒,牛栏山二锅头,河套,一品峰,骆驼王。

3. 竞争对手的基本情况

河套具有很强的地区性,对包头一带市场占有率很高,它的总体战略为做强,做大。

汾酒是全国白酒第一品牌,从总体看,汾酒优势为它有强大的品牌。

牛栏山二锅头则以其低廉的价格和温和的口味迎合普通受众,深受包头人民欢迎。

二、广告策略

(一)市场定位

以包头市为主,以昆区、青山、东河等逐渐向周边地区推广。各种活动的开展重点为昆区。

(二)产品预期定位

中高档,主要针对向往简单生活,不过度消费但喜欢精致时尚的80后、90后群体及内心依然青春的70后、60后群体。

(三)广告定位(分电视、pop和报纸)

以求塑造自强、自信、追求成功、永不言败的男性人格特性。此为电视广告。在报纸广告多以软文形式出现。pop则体现身份的象征和品味的象征。

(四)广告对象定位

80后、90后

(五)广告计划

1. 广告目标

80后、90后;经过四大媒体的广告,力争在3个月的时间内,在包头市三区内消费者心目中,初步建立起江小白酒的知名度与美誉度。

2. 广告手段

我们的做法是：在电视、报纸、pop、公关促销等多种手段。与此同时注重"临门一脚"的短期就能见效的终端 pop 促销、针对经销商，以专业杂志广告、新闻报道支持，销售激励为主要手段。

3. 江小白包头市场推广方案（战略规划）

结合市场变化，我们做出市场推广方案

大致计划如下：

市场推广方案表：

第一阶段：市场预热期 2014 年 8 月 1 日——8 月 15 日

第二阶段：市场升温期 2014 年 8 月 16 日——8 月 31 日

第三阶段：市场炽热期 2014 年 9 月 1 日——10 月 15 日

第四阶段：市场降温期 2014 年 10 月 16 日——10 月 30 日

电视广告：创业艰辛成功美味 一篇

广告(pop)和海报发布江小白酒系列 ab 两篇，如图 7、图 8 所示：

图 7 江小白酒系列 a 篇　　　　图 8 江小白酒系列 b 篇

平面广告、报纸、软文："青春江小白你真的时尚吗？喝酒知性格"。

公关、渠道战：江小白酒管理论坛"我是江小白，生活很简单"烟火大会。

集江小白酒广告语：小白酒有奖竞赛问卷。

广播：英雄的渴望。

附推广计划中媒体的选择

第一阶段：主要宣传载体为：新晚报、晨报、包头日报。

第二阶段：主要宣传载体为：新晚报、包头日报、包头娱乐频道。

第三阶段：主要宣传载体为：新晚报、包头日报、包头法制频道、包头娱乐频道。

广告推广分期说明

(1)市场预热期(2014年8月1日—8月15日),主要是吸引对鄂尔多斯敬酒的注意,初步树立产品形象,引导消费者了解纯粮酿制成的白酒。

(2)市场升温期(2014年8月16日—8月31日),主要是依＊盛夏的东风,深度引导消费者,塑造对产品的信赖感与好感。

(3)市场炽热期(2014年9月1日—10月15日),主要针对盛夏过后,各公司聚会,谈生意,加强白领的宣传,以各种软性活动,维持产品热度,为再次销售高潮作准备,树立完整的产品形象。

(4)行销建议

为了配合消费者的消费习惯,对小白酒的造势所以必行有以下工作开展:

A. 为了进一步激励酒店,推广小白酒,除在酒店安放pop外还开展"好酒喝到口,背投拿到手"的公关促销活动。凡在8月到9月间销出5000瓶小白酒的酒店,可以得到一台东芝9990元背投彩电一台。

B. 举行"江小白——策划大师讨论会",请一些知名商界人士来讲他的OEC管理,请陶石泉讲他创江小白的经历,看他是如何把一个几个人企业发展成今天的公司。从中吸引知名企业家和公司主管人员,使他们对江小白酒有一定了解。在该次活动中也能塑造成功人＝江小白酒的品牌形象。

C. 在一些报纸上登出征集小白酒广告语,如前5位,可以每人得5000元,这样可用最底廉的方式,非信息传播给消费者。

D. 在包头市报纸上刊登小白酒有奖问卷,以便更多的市民了解小白酒。

E. 对包头市各大酒店,进行渠道战。如分销商销量达1000箱奖励摩托车一台,600箱奖DVD一台,400箱奖"印有江小白羽绒服"10份。进行对各酒店的激励。

(六)广告表现

1. 电视广告表现主题:创业艰辛成功美味

诉求重点:依据江小白的独特特征,来塑造小白酒独特的成功品味。

电视广告角本

创业坚辛成功美味

摄影 地点(场景)画面语言

8秒 办公室 三个年轻、身穿西服手拿着文件面对着面,背对着观众,其中一人,将文件递到另一人面前:"总经理,这是我门发现包头市场存在市场空白点,这是我们的战略规划。"

2秒 镜头切换到文件上《开发包头市场方案》无声。

9秒 办公室 三个年轻人,背对着观众,总经理把文件扔到办公桌上:"你们是有闯劲,是公司里的人才。但你们想我把文件送到总部,总部与我们竞争怎么办?"

5秒 办公室 三个年轻人，背对着观众，拿走文件。"你们是人才，我给你们放几天假，去玩吧。"

6秒 三个人转身，将文件抛上天，有手撕愤怒的假面具。

2秒 字幕创业艰辛，成功美味，我是江小白，生活很简单。

2. 电视广告表现主题：主要为提醒，诉求重点应是高贵品味

如将15秒拆成为2次，一次在电视某热点节目前放一半，而另一半在节目后放。

电视广告角本b，场景在一个高贵的酒店，服务员推上了一个载酒车，内装有汾酒，有江小白、河套、牛栏山二锅头，另一个广告是在节目后，场景是客人全到，其中有一个客人喝的是江小白。

三、广告活动的效果预测和监控

通过市场调查发现大多数白酒企业的的销量是靠广告来拉动的。因此，大多数白酒企业比较重视广告环节，想通过其成功的广告来打开市场，提升品牌的美誉度和知名度，从而在市场上拥有一席之地。

广告效果主要表现在三个方面，即心理效果、经济效果和社会效果。

心理效果预测

预计通过江小白的广告宣传使公众对江小白有更深的了解，加深了对江小白酒的印象和好感。江小白品牌的知晓度大大增加，并且部分消费者已经对小白产生了品牌偏好，消费者对小白的关注不仅会增加小白的知名度，更重要的是会产生品牌的传播效应，增加品牌的影响力，从而大大提高了小白品牌的知名度和美誉度。

经济效果预测

广告经济效果预测是对整个广告运动的一次全面检阅，它涉及广告从发布开始对于产品的品牌提升和销售促进所起的作用究竟有多大，带来的经济效益究竟如火如何等等，以使企业对发布的广告有一个清醒的认识，并根据预测结果，调整广告策略，让企业的有限资源得到最大的利用。

江小白通过此次一系列的广告活动将取得良好的经济效益，有效促进产品销售，达到销售目标，为小白在市场竞争中占据更多的空间。

社会效果预测

广告的社会影响十分深远，大卫·波特曾说："现在广告的社会影响可以与具有悠久传统的教会及学校相匹敌。广告主宰着宣传工具，它在公众标准中起着巨大的作用。"

小白通过倡导新的消费观念以及消费方式也将会引导消费者的消费行为，使消费逐渐接受并且形成新的消费观念和消费方式。

结束语

目前,包头市中高端白酒还有很大的发展空间,江小白广告挖掘企业文化并主抓消费者的感情因素,它的进入为包头白酒市场注入了一股活力,青春的活力!

每一个等待都很精彩,因为是有你与我同在,每一次喜悦喜出望外,让我们一起喝个开怀……

训练四 分销策略设计

一、实训任务

第一,要求学生把分销策略理论运用于营销实践,联系有关项目或资料,为某一产品开拓销售渠道,设计具体的"分销计划方案"。

第二,要求学生依据分销策略要求,根据市场需求状况,分析竞争对手的分销策略,选择最佳的分销渠道,对分销计划的"长度""宽度""成员"等方案进行设计。

第三,要求学生通过"分销计划方案"实训项目,更好地理解分销策略的重要作用,掌握分销计划方案设计的基本技能。

二、实训要求

第一,要求教师对"分销计划方案设计"在市场营销活动中的应用价值给予说明,调动学生开展课业操作的积极性。

第二,要求教师对分销计划的"长度""宽度""成员"这三种方案设计的操作步骤、设计思路和设计方法进行具体的指导。

第三,要求学生根据市场开发项目的有关资料及市场信息资料,为项目开发指向的分销渠道进行设计,完成"分销计划方案"的设计任务。

第四,要求教师提供"分销计划方案设计"实训范例,供学生操作时参考。

三、理论指导

(一)分销渠道的含义与职能

在市场营销理论中,有两个与渠道有关的术语经常不加区分地交替使用,这就是市场营销渠道和分销渠道。

市场营销渠道是指配合起来生产、分销和消费某一生产者的产品和服务的所有企业和个人。也就是说,市场营销渠道包括参与某个产品供产销过程的所有有关企业和个人,如供应商、生产者、商人中间商、代理中间商、辅助商以及最终消费者或用户等。

分销渠道通常指促使某种产品和服务顺利地经由市场交换过程转移给消费者使用的一整套相互依存的组织。其成员包括产品(服务)从生产者向消费者转移过程中,取得这种产品和服务的所有权或帮助实现所有权转移的所有企业和个人。因此,分销渠道包括商人中间商(因为他们帮助转移所有权),还包括处于渠道起点和终点的生产者、中间商和最终消费者或用户,但不包括供应商和辅助商。

分销渠道对产品从生产者转移到消费者所必须完成的工作加以组织,其目的在于消除产品(或服务)与使用者之间的分离。分销渠道的主要职能包括:

1. 研究
收集拟订计划和进行交换所必需的信息。

2. 促销
进行关于所供应物品的说服性沟通。

3. 接洽
寻找可能的购买者并与之进行沟通。

4. 谈判
为了转移所供物品的所有权,就其价格及有关条件达成最后协议。

5. 订货
分销渠道成员向制造商进行有购买意图的沟通行为。

6. 配合
使所供应的物品符合购买者需要,包括分类、分等、装配、包装等活动。

7. 物流
组织产品的运输、储存。

8. 融资
为补偿渠道工作的成本费用而取得或支出资金。

9. 风险承担
承担与渠道工作有关的风险。

10. 付款
买方通过银行或其他金融机构向销售者支付账款。

11. 所有权转移帮助
所有权从一个组织或个人向其他组织或个人的实际转移。

12. 服务
渠道提供的附加服务支持,如信用、交货、安装、修理等。

(二)分销渠道的类型

1. 分销渠道的层次
分销渠道可根据其渠道层次的数目来进行分类。在产品从生产者转移到消费者的过程中,任何一个对产品拥有所有权或负有推销责任的机构都可视为一个渠道层次。生产者和消费者也参与了将产品及其所有权转移到消费领域的工作,因此也被列入每一类渠道中。但是,市场营销学以中间机构层次的数目来表述渠道的长度(图5-18)。

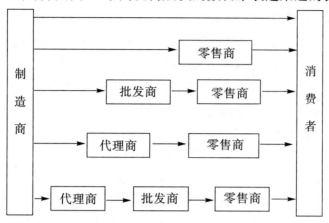

图5-18 销售渠道的长度

2. 分销渠道的宽度

分销渠道的宽度是指渠道中的每个层次使用的同种类型中间商的数目,它与分销策略密切相关。企业的分销策略通常分为三种,即密集分销、选择分销和独家分销。

(1)密集分销是指制造商尽可能通过大量负责的、适当的批发商和零售商推销产品。消费品中的便利品和产业用品中的供应品通常采取密集分销,从而使广大消费者和用户能随地买到。

(2)选择分销是指制造商在某一地区仅仅通过少数精心挑选的、最合适的中间商推销产品,选择分销适用于所有产品。相对而言,消费品中的选购品和特殊品较宜采用选择分销方式。

(3)独家分销是指制造商在某一地区仅选择一家中间商推销产品。通常双方协商签订独家经销合同,规定经销商不得经营竞争者产品,以便控制经销商的业务经营,调动其经营积极性。

(三)分销渠道的设计

要设计一个有效的渠道系统,必须经过以下步骤:

1. 分析顾客需要的服务产出水平

设计渠道的第一步是要了解消费者在目标市场购买什么商品、在什么地方购买、为何购买、何时购买和如何买。营销人员必须了解目标顾客需要的服务产出水平——人们购买一个产品时想要的和期望的服务类型和水平。

通常,渠道可提供以下服务产出:

(1)批量大小——批量是分销渠道在购买过程中提供给顾客的单位数量。

(2)等候时间——顾客等待收到货物的平均时间。顾客一般喜欢快速交货渠道,而快速服务要求较高的服务水平。

(3)空间便利——空间便利是渠道为顾客购买提供的方便程度。

(4)产品齐全——顾客一般喜欢较多的花式品种,以获得更多的选择机会。

2. 确定渠道目标与限制

如前所述,渠道设计问题的中心环节是确定到达目标市场的最佳途径。每一生产者都必须在顾客、产品、中间商、竞争者、企业政策和环境等构成的限制条件下,确定渠道目标。所谓"渠道目标",是企业预期能达到的客户服务水平(何时、何处、如何对目标顾客提供产品和实现服务)以及中间商应执行的职能等。

3. 明确各种渠道备选方案

确定渠道的目标与限制之后,是明确各主要渠道的备选方案。各渠道的备选方案涉及两个基本问题:一是中间商的类型与数目;二是渠道成员的特定任务。

4. 评估各种可能的渠道备选方案

每一渠道备选方案都是产品送达最后顾客的可能路线。生产者要解决的问题就是从那些似乎很合理但又相互排斥的备选方案中选择最能满足企业长期目标的一种。因此,生产者必须对各种可能的渠道备选方案进行评估。其评估标准有三个,即经济性、控制性和适应性。

(1)经济性标准。企业是追求利润的,因此,三项标准中,经济性标准最为重要。这可以用许多企业经常遇到的一个决策问题来说明,即"应使用自己的推销力量,还是使用销售代理商"。假设某企业希望其产品在某一地区取得大批零售商的支持,有两种方案可供选择:一是向该地区营业处派出 10 名销售人员,除了给付基本工资外,还根据推销业绩给付佣金;二是利用该地区已和零售店建立密切联系的销售代理商,由代理商派出 30 名推销员,推销员的报酬按佣金制支付。这两种方案可能导致不同的销售收入和成本。判别一个方案好坏的标准,不应只是其能否导致较高的销售额或较低的成本、费用,而是其能否取得最大化的利润。

(2)控制性标准。使用代理商无疑会增加控制问题。因为代理商是一个独立的企业,它所关心的是自己如何取得最大利润,所以可能不愿与相邻地区同一委托人的代理商合作,也可能只注重访问那些与其推销产品有关的顾客,而忽略对委托人来说很重要的顾客。代理商的推销员同样可能无心了解与委托人产品相关的技术细节,也很难正确、认真对待委托人的促销资料。这些都是企业在权衡自己对代理商的控制力度时应考虑到的问题。

(3)适应性标准。评估各渠道备选方案时,还要考虑自身是否具有适应环境变化的能力。每个渠道方案都会有规定的期限,某一制造商决定利用销售代理商推销产品时,可能要签订 5 年合同。在这段时间内,即使采用其他销售方式会更有效,制造商也不得任意取消销售代理商的代理资格。因此,一个涉及长期承诺的渠道方案,只有在经济性和控制性方面都很优越的条件下才能予以考虑。

四、实训操作

(一)分销渠道"长度"设计

根据具体情况选择分销渠道,即根据产品因素、市场状况、中间商情况、企业本身条件、宏观环境因素来选择渠道的"长"或"短"。具体方案设计如下:

1."最短渠道"方案

生产者→消费者。

此方案中,公司直接把产品销售给消费者,有利于商品的快速销售;有利于了解市场,促进产销沟通;有利于提供售后服务、节省流通费用以及控制商品价格。不足之处是:企业在产品销售上需要花费一定的物力、人力、财力;销售范围受到较大限制,影响产品的销售量。

最短渠道是工业用品分销采取的主要模式,在消费品市场中这种模式有扩大的趋势。最短渠道的形式有厂商直销产品、派员上门推销、邮寄销售、电话销售、电视销售及网上销售等。

2."短渠道"方案

生产者→零售商→消费者。

这是通过零售商完成销售的渠道方案。一般来说,销售批量大、市场比较集中或技术复杂、价格较高的产品适合采取本策略。短渠道可以使商品迅速到达消费者手中;减少商品损耗,便于做好售后服务;节省流通费用,降低产品价格。但不足之处是:企业面对众多的零售商,其购销业务会非常繁忙。需要注意的是,采用此方案需要对零售业现状进行分析、评估,然后再作决策。

3."长渠道"方案

生产者→批发商→零售商→消费者;

生产者→代理商→批发商→零售商→消费者。

此方案是采用2~3个中间商完成销售。一般来说,销售量较大、市场范围广、技术不是很复杂、价格较低的产品宜采用长渠道策略。长渠道可以使生产者充分利用各类中间商的优势来扩大销售,但也会增加流通费用和消费者的负担。采用"长渠道"方案,需要对批发商或代理商的状况进行分析,以便选择合理的分销渠道。

4."多模式"方案

一般来说,企业都会同时选择多种分销渠道。在多种分销渠道模式中,无论是制造商,还是零售商、批发商或代理商,在产品销售中都有各自的优势和劣势。这种模式要求对各种分销渠道进行比较,充分利用最有优势的渠道模式作为企业的主要分销渠道,并使其他渠道与之配合。

(二)分销渠道的"宽度"设计

设计分销渠道还要设计渠道的"宽度",也就是确定渠道中同一层次中间商的数目,以明确分销面的大小。在确定中间商数目时,需要根据产品、市场、中间商和企业的具体情况,考虑采用广泛性分销策略、选择性分销策略还是独家分销策略,以设计相应的方案。

1."宽渠道"方案

此方案适用于广泛性分销策略。方案要求企业尽可能多地选择中间商,通过多家中间商形成广泛的分销面,迅速地把产品推入流通领域,使消费者随时随地都能买到产品,从而提高产品的销售效率。该方案的不足之处是:每个层次的同类中间商较多,生产者与中间商的关系比较松散,不利于加强合作。

2."窄渠道"方案

此方案适用于选择性分销策略。方案要求企业在某一区域目标市场中选择一些中间商来销售自己的产品,被选择的中间商在当地市场上应有一定的地位和声誉。这种渠道有利于制造商借助中间商的信誉和形象提升产品的销售能力,其不足之处在于:这样的中间商往往要求较高,索取的销售折扣会较大,从而使制造商开发市场的费用较高。

3."最窄渠道"方案

此方案适用于独家分销策略。方案要求企业在某一区域目标市场中只选择一家中间商销售其产品,被选择的中间商一般在当地极有声望且居于市场领先地位。此方案的设计目的是借助中间商的良好形象和优势,迅速提高其产品知名度,同时避免假冒伪劣产品对厂商的冲击。采用独家分销策略,厂商一般要给中间商较大的促销支持,中间商也会因为能获得独家分销的利益而通力合作。在该方案的销售过程中,运货、结算手续将大为简化,从而便于销售管理,也便于信息反馈。该方案的不足之处在于:产品销售的市场面较狭窄,市场占有率低,消费者购买不便,经营风险也较大。

(三)分销渠道的"成员"选择

1.渠道成员的评估因素

在选择渠道成员时,需要对有关中间商成员进行评估。具体的评估因素有:合法经营资格、目标市场定位、地理位置、营销策略、销售能力、服务水平、储运能力、财务状况、企业形象和管理水平等。

2.渠道成员的选择要求

在进行渠道成员评估的基础上,应该根据最优化原则选择商家,选择最有实力、最善于销售、最守信誉的中间商作为自己企业的合作伙伴,本着双赢的原则,把分销渠道网络落在实处。当然,最优化原则是相对于产品、企业的自身条件而言的。

五、实训评价

"分销计划方案设计"实训项目,总分100分,实训评价标准及评价分值如表5—7所示。

表5—7 分销计划方案设计评价标准及其评价分值

评价指标	方案设计评估标准(70%)	方案分析评估标准(30%)	评价成绩
渠道长度设计 ∑30	能够从产品、市场、企业条件、环境状况出发,设计合理、有效的分销渠道方案; 方案内容具体、有针对性、具有可行性。(没有达到的酌情扣分)	方案分析能够紧扣主题,分析全面、正确,条理清楚。(没有达到的酌情扣分)	
渠道宽度设计 ∑30			
渠道成员设计 ∑40			

六、实训范例

TCL集团:构建深广兼容的分销渠道

TCL集团于1981年靠一个小仓库和5000元贷款起家,1999年发展成为拥有100多亿元总资产,销售收入、出口创汇分别达到150亿元、2.4亿美元,在中国电子行业雄居三强的企业集团。该集团前10年集中生产经营通讯产品,占据了电话机市场龙头地位;后10年进军家电、电工市场,在十分激烈的竞争中,年均销售增长率持续超过50%。进入新世纪以后,集团策划了新的目标:用10年时间,使公司从传统的电子企业向以"3C"整合为核心、信息产业为主导的互联网接入设备主流供应商转移,销售规模达到1500亿元,进入世界500强企业行列。

集团决策者觉得需要全面审视公司的经营观念、分销战略与策略管理问题,应总结过去的经验。多年来,集团一直将市场视为企业的生命,提出并奉行"为顾客创造价值"的核心观念,赢得了宽广的市场空间。公司不断推出适合市场需要的新产品,严格把好每一个产品和部件的质量关,并十分重视建立覆盖全国的分销服务网络,为顾客提供了优质高效的购买和保障服务。显然,经营产品的扩展,必须与营销渠道建设结合起来。这是一条重要经验。

TCL在连续不断的市场大战中主动认识和培育市场,逐渐形成了"有计划的市场推广""服务营销"和"区域市场发展策略"等市场拓展新理念,建立了覆盖全国的营销网络,发展自己的核心竞争力。到1998年底,TCL已在全国建立了28家分公司,130个经营部(不包括县级经营机构),还有几十个通讯产品、电工产品的专卖店,销售人员3000多人。这个网络既销售王牌彩电,也销售集团内的多种产品,1998年的销售额达到50多亿元。为了进一步开拓国际市场,除利用在香港、美国原有子公司外,近年来集团又成立了"国际事业本部",积极策划在东欧、东南亚设立自己的销售网点。

建立营销网络加快了TCL集团的发展步伐。TCL坚持经营变革与管理创新,不断推进企业产权制度改革。集团通过授权经营,落实了企业经营风险责任机制和利益激励机制。尤其是进入20世纪90年代以来,TCL抓住机遇,通过灵活机动的资本运营机制,先后兼并了香港陆氏彩电、河南美乐电视机、内蒙古彩虹电视机、金科集团和翰林汇软件公司,并与美国Lotus Pacific合作,进入了信息网络终端产品和信息服务领域。TCL投资创办了爱思科微电子集成电路公司,介入了通讯系统设备制造、移动电话和锂离子电池等高科技领域。TCL已开始的产业结构调整,目标是使公司由传统家电产品制造商向互联网设备的主流厂商转变。集团领导层对这个转变充满信心,其中一个理由是营销网络为这个转变的实现提供了有力的保证。

经过多年苦心经营,TCL的营销网络已建立了能及时发现市场、开拓市场、保障服务质量、有效进行品牌推广,并灵活适应市场变化的机制。20世纪90年代初TCL王牌彩电名列"三甲",营销网络功不可没。在1996年彩电市场降价竞争中,迅速作出统一行动,调整价格,加强促销,不仅稳定公司的销售,而且争取到市场第一给人留下深刻印象。集团在主导产品战略转移的同时,同步营造营销渠道网络,使之成为公司扩大经营、提高竞争优势的重要战略组成部分。第一,集团强制推行"项目计划市场推广战略"。要求所有项目必须制定详尽的市场推广战略,自觉、主动地认识市场、培育市场和占有市场。第二,导入"区域市场推广战略"。将国内市场划分为7大区域,按"大区销售中心—分公司—经营部—基层办事处"模式构建区域分销网络,禁止跨区违规操作,规范市场开发管理。第三,实施"深耕细作"策略。按各区域网络做细经营管理,开展"千店工程",将销售网遍布广大城乡。第四,实施营销网、服务网"双网络"拓展,产品品牌、服务品牌"双品牌"经营计划。将原售后服务部改组成"用户服务中心"并相对独立运作;建立客户档案,主动回访;在一些城市装配维修生产线,配合公司配件供应中心,提高服务效率;严格履行"三月包换、三年免费维修、中心城市上门服务"的承诺。第五,提高网络的兼容性。以家电营销服务网络为基础,整合家电网、电工网和通讯产品网,方便顾客,降低成本。

TCL强大的营销网络吸引了国内外一些公司上门要求合作。健伍、NEC分别找上门来要求TCL代理其音响、手机。TCL营销网络不仅是TCL产品的"市场高速公路",而且成了TCL最重要的一块无形资产。

面向21世纪,TCL提出了创世界级中国企业的宏伟蓝图。为实现这一目标,TCL将加快海外市场拓展步伐,加大研究开发力度,以一流管理、一流产品、一流服务和一流队伍,向用户提供最好的产品、最好的服务,塑造出中国最好的品牌,在家电、通讯、信息和电工四大支柱产业赢得国内同行业的领先优势。

思考讨论题

1. TCL的快速成长与其分销网络的构建有何联系?
2. 为实现新的目标,TCL分销系统还有哪些可以改进之处?

训练五　模拟商务谈判

一、实训任务

第一,要求学生把商务谈判理论运用于实践,了解商务谈判的作用、主要任务,模拟商务谈判。

第二,要求学生依据教师提供的标的信息和要求,提出各种假设,根据自己的谈判立场、观点、风格等进行模拟谈判。

第三,要求学生通过"模拟商务谈判"实训项目,更好地掌握进行商务谈判的技巧和方法。

二、实训要求

第一,要求教师对"商务谈判"在市场营销活动中的实践应用价值给予说明,调动学生参加实训操作的积极性。

第二,要求教师为学生讲解"模拟商务谈判"实训的步骤、内容及要求。

1. 第一阶段(准备阶段)

该阶段的工作是在课余时间进行的,主要工作有:

(1)分组。

(2)抽签决定谈判的甲、乙方及谈判顺序。

(3)学生根据模拟商务谈判的资料及要求进行准备。准备工作有:各组组长负责召集小组会议,研讨谈判资料,策划谈判总体方案;进行人员分工,确定各议题的主谈判人与辅谈判人,各自根据自己的分工,进一步搜集与议题有关的信息情报(如经济、技术、财务、制度、法规信息等),策划所负责议题的具体谈判方案;各小组第二次集中,研讨每人具体议题的谈判方案,提出修改意见,然后汇总各自的方案,修订并整合出谈判总体实施方案。

2. 第二阶段(模拟谈判阶段)

该阶段的工作和要求主要有:

(1)要求尽可能按照谈判厅的要求布置谈判教室,如谈判桌、台布、花饰、水杯和欢迎标语的布置等。要求双方谈判人员穿戴整齐、得体,以渲染谈判气氛,提高仿真度。

(2)由指定方(发邀方、主场谈判方)的谈判小组组长主持谈判。

(3)根据教师给定的谈判议题和各自策划的谈判方案展开谈判。

(4)根据教师临场前给出的补充资料,调整谈判方案。

(5)谈判时间限定为1.5小时。

(6)谈判过程中教师要在现场作适当指导,但不能过度干涉。

(7)需按谈判过程及要求逐一展开。在谈判过程中,各成员要认真严肃,努力扮演好自己所担当的角色,言谈举止需符合谈判的气氛,以确保仿真程度。

(8)谈判过程记录与结果认定。在谈判过程中,各方均要作记录,对未谈成的项目需另外行文写出说明,并注明未达成一致的原因,由双方组长签字认定;对谈成的项目,双方需签订协议书,并由双方组长签字认定。以上达成议题的确认书、成功谈判的协议书、未达成一致议题的说明以及双方的谈判实施方案,在模拟谈判结束后,需交给指导教师。

(9)模拟谈判结束后,双方各选出一名代表,解密己方的谈判方案,并谈谈对模拟谈判的体会。指导教师要对谈判过程及结果进行讲评。

3. 第三阶段(谈判报告的撰写和成绩评定阶段)

该阶段的工作主要在课余时间完成:

(1)每个谈判小组按相关要求撰写模拟谈判报告并上交,以作为模拟谈判活动成绩评定的依据。

(2)指导教师根据各谈判小组及其个人在模拟谈判活动中的表现、小组评分及模拟谈判报告,给出每个谈判小组的成绩。

(3)要求学生了解谈判标的的有关资料和信息,为"模拟商务谈判"实训项目设计谈判计划书。

(4)要求教师提供"模拟商务谈判"实训案例,供学生参考。

三、理论指导

(一)谈判概述

谈判是人际交往过程中一项广泛且十分重要的沟通活动,大到国家与国家之间政治、经济、军事、文化的相互往来,小到企业之间的联系与合作都离不开谈判。即使在组织内部,也需要通过谈判,就某些目标同别人进行商讨或使别人接受某个方案。

1. 谈判的目标与结果

谈判是一种目标很明确的行为:进行谈判是为了满足需要,建立和改善关系。谈判也是一个协调行为的过程,它的直接目标就是最终达成协议、寻求解决方案。谈判双方各自的具体目标往往是不同的,还有可能是对立的。双方都希望通过谈判达到自己的目标,但实际上往往会有多种结果,如表5-8所示。

表 5—8　谈判的不同结果

双赢	一赢一输	两败
双方都获得好处	只有一方获得好处	双方都没有获得好处
强调双向沟通	坚持各自立场	坚持各自立场
双方都有灵活性	一方有灵活性，另一方没有	双方都没有灵活性
着眼于解决问题	着眼于短期利益	各自坚持不能让对方获利
维护长期关系	损害长期关系	损害长期关系

尽管谈判中双方都想达到自己的目标，但是使双方都能获得好的结果才是谈判应该追求的目标，即谈判的目的是达成协议，而不是一方战胜另一方。在谈判过程中，双方要不断调整自己的行为和态度，作出必要的让步，而且能理解对方的要求。这样，谈判才可能取得成功，最终达成双方都较满意的协议，双方长期的合作关系也能够得以建立。

2. 谈判的影响力

通常我们把影响和改变他人心理和行为的能力称为"影响力"。与行政力相比，它更为复杂，具有多面性，而且不能直接发生变化。影响力由多种元素构成，效果也是多方面的，它包含的元素涉及人际关系、被信任程度以及专业知识与技能等诸多方面。人们一般会从以下几个方面感知谈判的影响力。

(1)权力和职务。权力大、职位高会提高影响力，但应明确有影响的人不一定必须有高级行政职务。

(2)人际关系。良好的人际关系有助于形成较高的影响力。某些人由于害怕破坏与你的友好关系，所以有时候不得不接受你的观点和做法，接受你对他们的影响。

(3)社会压力。影响力有时候来自所属群体的需要。由于人们分属不同组织，一般不会反对其所在组织的文化，所以在这种社会压力下，他们就容易接受别人的影响。

(4)说服力。人们一般容易接受符合逻辑的论断，被符合逻辑的论断说服并作出某些事情。

此外，还可以采用其他方法提高影响力，如广泛建立良好的人际关系；增加专业知识和技能；注意沟通的方法和技巧；寻求共同的兴趣、利益和好处；正确提问并注意倾听；合乎逻辑地表达思想、见解和观点。

3. 谈判的基础工作

一项谈判能否取得成功，不仅取决于谈判时的沟通情况，还有赖于谈判前充分、细致的基础准备工作。可以说，任何一项成功的谈判都是建立在良好的准备工作基础之上的。

(1)确认谈判的必要性和需求。在开始准备谈判之前首先要确认这项谈判是否是必要的。如果存在以下情况，则可以考虑不采用谈判的方式。

其一，自己从中得不到任何想要的东西。

其二，时机不当。一定要清楚这是不是可以谈判的时候。例如，正在裁员时，绝不能要求涨工资。

其三,有其他更有效的方法可以达到自己的目标。

除了确认谈判的必要性之外,开始谈判之前还必须清楚自己的问题和需求,这样才能够做到顾全大局。对此,需要做到:

其一,明确问题所在,也就是问题是什么。

其二,准确无误地分析意图,也就是自己需要什么,真正关心的是什么。

其三,明确希望寻求的最好结果是什么,也就是想达到什么目标。

其四,确认能作出的最大让步是什么,也就是至少达到何种程度可以接受。

确定了谈判的必要性和需求就可以开始研究如何进行谈判、需要做哪些具体的准备工作。

(2)研究和搜集信息。谈判需要研究和搜集的信息主要包括两个方面。

①有关人员的情况。尽量了解被说服人员和谈判对手的情况,包括以下几个方面:

其一,他们的兴趣和爱好或者最爱谈论的话题和论调;他们希望被人们如何看待(比较强硬和果敢、足智多谋、心胸开阔)。

其二,他们是不是易于理解和接受事实。

其三,通常情况下,他们在遇到新思想和见解时的反应和态度如何。

其四,当前他们正在关注和思考的问题。

了解了对方人员的以上情况以后,我们可以考虑:

其一,自己的建议对他们有什么好处。

其二,自己应该采用什么样的方式方法。

其三,双方的共同利益。

其四,可能的反对意见。

②相关的事实和数据。在谈判中,你必须为你的观点和建议搜集相关的事实和论据,包括准备在谈判中使用的材料等。如果能够把它们整理成书面材料、流程图等,这些事实和论据就会更有说服力。对此你需要:

其一,认真搜集和研究对你有帮助的事实;

其二,尽量运用实例和数据说明当前的问题和情况;

其三,用实例和数据证明你的理由和观点。

(3)赢得人们的支持。赢得大家的支持无比重要。因为,不同的人看问题有不同的角度,而集体的智慧可以弥补个人思维的缺陷,所以,为了使你最终能够说服别人,在试图解决问题以前必须获得人们的支持。你可以尽量争取有关人员的帮助,听取他们的意见和想法,从而消除观点、论据中的隐患,使之无懈可击。

(4)规划谈判进程。当确定了自己的问题和需求、通过调查研究获得了信息和数据并赢得了支持以后,就需要开始规划谈判行动的框架。规划一个行动至少要建立一个框架,并选定切入点。把需要参考的要点写下来,事先把这些要点融会贯通,才能做到胸有成竹。下面提供的是谈判的一个简要步骤。

①Identify：提出问题和共同的基础。在开场白中，要一下子抓住对方的兴趣并说明对他的益处。例如："我有一个想法，能解决我们双方的问题……"或者"我们面临着共同的问题……"。

②Declare：宣布自己的观点和见解，说明希望解决的问题、背景情况以及为什么采取这个解决办法。例如："我认为解决途径是……"或者"我所关心的是……"。

③Explain：解释你的建议，举出事实和数据说明它对对方的益处。

④Ask for：征求和解答对方的不同意见，并逐一加以解释和处理。

⑤Summarize：简要总结，确认对方已经理解，以便落实以后的行动。

当然，上面只是谈判中的一个大致步骤。有些步骤需要反复进行才能达到目的。针对谈判或者被说服对象的不同，我们需要采用的手段也是不一样的，如表5—9所示。

表5—9 谈判对象的类型和说服手段

类型	魅力型	思考型	怀疑型	谨慎型	控制型
关键特征	激情奔放、发号施令、形象思维。	逻辑思维、坚韧不拔、学识丰富。	反复查问、节外生枝、难以掌握。	认真负责、小心谨慎、经济头脑。	逻辑思维、不动感情、注重细节。
说服手段	注重结果、形象生动、聚焦重点。	证据有力、规划周到、叙述全面。	恪守信用、说明得到有威望和有影响的人的保证与支持。	经过验证，方法有效，有成功先例。	程序规范、专家论证、推心置腹。

(二)商务谈判概述

1. 商务谈判的定义

商务谈判指交易的双方为了协调双方的经济关系，满足各自的需求，围绕涉及双方利益的交易条件，彼此通过交流信息、磋商而达到交易目的的行为与过程。

2. 商务谈判的构成要素

商务谈判是一个有机联系的整体。一般来说，商务谈判由4个基本要素构成，即谈判主体、谈判客体、谈判议题、谈判时间。

(1)谈判主体。谈判主体就是参加谈判活动的双方。谈判主体的构成非常广泛，可以是自然人，也可以是组织或团体。谈判主体又可以分为关系主体和行为主体两种。关系主体指有资格参加谈判，并能承担谈判后果的自然人或组织、实体等。关系主体必须是谈判关系的构成者，必须有行为能力和谈判资格，能承担责任。行为主体指通过自己的行为来完成谈判任务的人。行为主体必须是参加谈判的自然人，能通过自己的行为来直接完成谈判任务。

(2)谈判客体。谈判客体是相对于谈判主体而言的，指谈判主体所要了解并企图去影响、说服的一方。谈判客体可以是一个自然人，也可以是两个或两个以上的团体；可以只代表个人利益，也可以代表集体乃至国家的利益。

(3)谈判议题。谈判议题指谈判双方共同关心并在谈判中所要协商解决的问题。它是谈判的主要内容，也是谈判主体利益要求的体现。谈判的议题主要有：商品的基本条款、装运条款、保险条款、支付条款、争议与索赔条款等。

(4)谈判时间。谈判时间适当与否对谈判能否取得成功影响颇大。因此，谈判者在进行谈判决策时，不能对谈判时间的选择掉以轻心。一般而言，应以获得最佳谈判效果作为选择谈判时间的基准。

谈判时间对谈判主体的心理影响是不同的。如果对谈判时间进行严格的限制，将会给谈判主体造成很大的心理压力，谈判双方就要针对紧张的谈判时间限制来安排谈判人员，选择谈判策略。反之，谈判策略就会不同。另外，谈判中的时间因素对谈判者选择与把握谈判时机等方面也有影响。

(三)商务谈判准备

1. 明确谈判的目标

商务谈判准备的第一步就是要明确谈判的目标。谈判的目标一般有三个层次：最优期望目标、中等目标、最低目标。

(1)最优期望目标。最优期望目标是指对谈判方最有利的理想目标，即在满足己方利益之外还有一个增加值。

(2)中等目标。中等目标是比较实际的、有实现可能的谈判目标，在特定力量对比下能最大限度地满足己方的利益。要正确地选择、制定洽谈目标，应使目标具有一定的弹性，可以规定一个浮动的界限。在实际商务洽谈中，只要环境允许，谈判方要力争实现这一目标，不要轻易放弃。

(3)最低目标。最低目标是商务洽谈中必须保证达到的最基本目标，它是洽谈成功的最低界限。如：最低成交价格、分期付款的次数与期望、交货期限等。只有实现了这一目标，谈判方才能获得一定的利益。显然，最低目标是一个下限目标，是宁愿谈判破裂也不能放弃的要求或立场，因此又称为"底线"或"底盘"。

2. 信息准备

全面、准确、及时的信息是制定谈判策略的依据。信息准备就是根据谈判的需要，搜集、整理、分析、筛选各种与谈判有关的信息资料。信息准备工作既需要在商务谈判开始前开展，也需要在谈判过程中进行。

信息准备的内容主要有：

(1)己方信息准备。己方信息是指谈判者所代表的组织及己方谈判人员的相关信息，主要包括以下内容：

①经济实力评价。主要是对诸如财务状况、销售状况、资产价值、产品及服务的市场定位、产品竞争情况、企业经营管理水平等指标的评价。

②商务谈判项目的可行性分析。

③商务谈判的目标定位及相应的策略定位。

④谈判人员的整体评价。主要是对谈判人员的构成结构、知识结构、心理素质、谈判经历及成败记录、人际交往及谈判能力等方面的评价。

⑤己方所拥有的各种相关资料的准备状况。主要指相关资料的齐全程度,对核心情报的把握程度,谈判人员对相关资料的熟悉程度等。

(2)对方信息准备。

①对方经济实力和资信评价。主要包括对对方财务状况、资本构成、商务信誉、履约能力、销售及盈利情况、经营管理状况、产品及服务的知名度与美誉度等情况的评价。

②谈判对手的真正需求。如对方的谈判诚意、谈判动机、谈判目标、可能提出的要求及条件、可能接受的最低条件等。

③对方谈判人员的实力情况。主要指对方谈判人员的组成情况、谈判作风、心理素质、性格特征、个人经历、爱好、人际交往及谈判能力、谈判经历及成败记录等。

④谈判对手的谈判时限。指对方所规定的谈判时间及谈判的最后期限。

⑤对方所掌握的信息情况。主要指对方所拥有的信息资料、可能掌握的核心机密、对方对我方的了解程度等。

(3)市场信息准备。市场信息是指与谈判内容有关的市场方面的信息资料。它包括:

①市场总体状况。指与谈判内容相关的国内外市场的总体情况,如地理位置、运输条件、市场辐射情况、市场容量及潜力等。

②商品需求情况。指的是与谈判相关的商品的市场销售量、销售价格、预期的商品市场生命周期、营销的策略、措施及其效果等。

③市场竞争情况。主要包括竞争者的构成、竞争格局、竞争对手的数量及规模、竞争对手的经济实力、竞争对手的营销能力、竞争对手的产品特征及其知名度与美誉度等。

④环境信息。指的是与谈判相关的宏观环境方面的信息资料,主要包括政治状况、经济状况、科技环境、法律制度、社会文化等。

3. 人员准备

商务谈判不是一个人所能完成的,往往要以一定的组织形式作保证,因此,需要成立谈判小组,并做好谈判团队的配备、管理等方面的工作。

(1)谈判人员的专业知识构成。在一般的商务谈判中,所需的专业知识大体上可以概括为有关工程技术方面的知识、有关合同权利义务等法律方面的知识以及有关价格、货运、保险、支付、商检、报关、语言翻译等方面的知识。

(2)谈判队员的分工。当挑选了合适的人员组成谈判团队后,就必须在成员之间根据谈判的内容、要求以及个人的专长做适当的分工,以明确各自的职责,并在谈判的过程中相互协调与配合,取得预期的谈判效果。

4. 场地安排

(1)场地的布置。场地的布置主要包括座位的安排、谈判设备的摆设。谈判场地的布置是否得当是检验谈判人员素质的标准之一。对大型的正规商务谈判而言,如果己方连谈判会场及座位的安排都不符合要求和惯例,就会让对方怀疑己方对本次谈判的重视程度、诚意乃至谈判者的素质,导致对方占尽心理优势,甚至使己方变得非常被动,最终影响谈判的效果。

(2)安排座位,如图5—19所示。

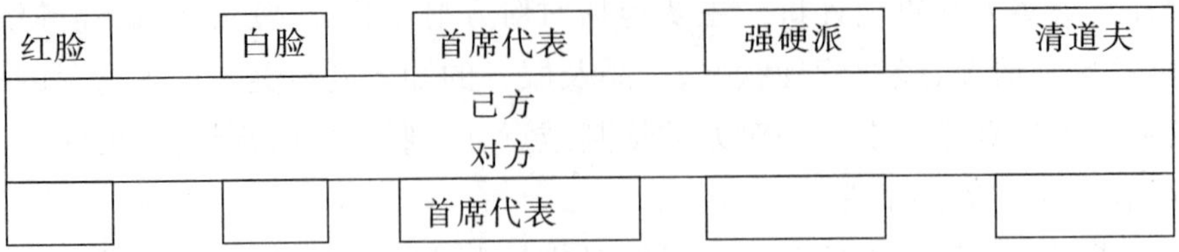

红脸	白脸	首席代表	强硬派	清道夫
		己方		
		对方		
		首席代表		

图5-19 谈判的座位安排

说明:

①首席代表坐在中间,团结所有队友;

②白脸紧挨着首席代表,形成友好、随和的结盟;

③强硬派与清道夫相邻,彼此间的谈判技能可以相互补充;

④红脸坐在桌尾,与其他队员分开;

⑤清道夫坐桌尾,可以看到谈判对手的反应。

5. 模拟谈判

在谈判实践中,为了更好地预见谈判情况,检查谈判准备过程中存在的漏洞,常常需要采取模拟谈判的方法。

(四)商务谈判策略

1. 避免争论的策略

在谈判开局阶段,建立积极、融洽、和谐的谈判气氛对谈判效果的影响非常重大。然而,谈判双方为了谋求各自的利益,不可避免地会在一些问题上产生分歧。分歧出现以后,谈判双方应尽可能地避免争论,并采取下列态度进行协商。

(1)冷静地倾听对方的意见。在谈判中,"听"往往比"讲"更重要。在倾听的过程中,即使对方讲出不中听或对己方不利的话,也不要立即打断对方或者进行反驳。最好的方法是让他陈述完毕之后,先表示同意对方意见,承认自己在某些方面的疏忽,然后对对方的意见进行重新讨论。这样,在重新讨论问题时,双方就能心平气和地进行交流,从而使谈判达成比较满意的结果。

例如,在一次关于建材销售价格的谈判中,买方甲提出:"你方的水泥售价太高,不降价无法达成协议。"对此,卖方乙不是立刻进行讨价还价,而是首先表示歉意,对甲方说道:"我们也认为价格订得高了些,但由于它成本高,所以报价时只考虑了它的生产成本和赢利指标,而忽略了你们的承受能力,这是我们的疏忽。对此,我们表示歉意。大家谁也不会为了亏本来谈判。因此,我们愿意就价格问题专门进行协商。"这样,对方就会认为你方有诚意继续开展合作,从而在重新讨论价格问题时将显得十分宽容与大度。

(2)婉转地提出不同意见。谈判中,当不同意对方的意见时,切忌直接提出否定对方的意见,以免使对方产生抵触情绪。最好的方法是先同意对方的意见,然后再作探索性的提议。

(3)当产生的分歧使谈判无法继续时,应马上休会。实践证明,休会策略不仅可以避免出现僵持局面和争论的发生,还可以使双方保持冷静,调整思绪,平心静气地考虑双方的意见,最终达到顺利解决问题的目的。

2. 抛砖引玉策略

所谓"抛砖引玉策略"就是在谈判过程中,一方主动地摆出各种问题,但不提出解决问题的办法,而是让对方去提出解决问题的办法。这种策略,一方面,可以达到尊重对方的目的,使对方感觉到自己是谈判的主角和中心;另一方面,又可摸清对方的底细,取得主动。但这种策略在谈判出现分歧时或对方表现出自私自利、寸利必争的时候并不适用。

3. 留有余地策略

此种策略要求谈判人员对所要陈述的内容应留有余地,以备讨价还价之用。在实际谈判中,不管你是否留有余地,对方总是认为你会留一手,你的报价即便是分文不赚,对方也会认为你会赚一大笔,总要与你讨价还价。不作出让步,对方就会不满意。同样,对方提出的任何要求,即使能百分百地满足对方,也不要一口承诺,要让对方觉得你是作了让步后才满足他的要求的。这样可以增加己方要求对方在其他方面作出让步的筹码。

一般来说,此种策略适用于应对自私狡猾、见利忘义的谈判对手,以及在不了解对手或开诚布公失效的情况。

4. 避实就虚策略

该策略是指己方为了达到某种目的和需要,有意识地将洽谈的议题引导到无关紧要的问题上以故作声势,从而转移对方的注意力,实现己方的谈判目标。具体做法是:在无关紧要的事情上纠缠不休,或在对于自己不成问题的问题上大作文章,分散对方对自己真正要解决的问题的注意力,从而在对方失去警觉的情况下顺利实现自己的谈判意图。

5. 沉默策略

谈判开始就保持沉默,迫使对方发言。沉默策略是处于被动地位的谈判者常用的一种策略。这种策略主要是给对方造成压力,使之失去冷静,不知所措,甚至乱了方寸,发言时就有可能言不由衷,泄露出其想急于获得的信息。同时,还会干扰对方的谈判计划,从而达到削弱对方力量的目的。

6. 情感沟通策略

如果与对方直接谈判的希望不大,就应采取迂回策略,即先通过其他途径接近对方,彼此了解,联络感情。情感沟通之后,再进行谈判。实践证明,在谈判中运用感情因素去影响对手是一种可取的策略。

灵活运用该策略的方法有很多,可以有意识地利用空闲时间主动与谈判对手聊天、娱乐、馈赠小礼品、帮助解决私人的疑难问题等。

7. 最后期限策略

从心理学角度来讲,人们对得到的东西并不十分珍惜,而对要失去的可能本来在他看来并不重要的东西却会看得很重要。在谈判双方各抒己见、争执不下时,处于主动谈判地位的一方可以利用人们的这种心理定势,提出解决问题的最后期限和解决条件。期限能给对方造成压力,使对方产生如不迅速作出决定将会失去机会的感觉。因而,最后期限压力会迫使对方快速作出决策。一旦对手接受了这个最后期限,谈判就会很快地顺利结束。

(五)商务谈判的技巧

1. 入题技巧

谈判双方刚进入谈判场所时,难免会感到拘谨。尤其是谈判新手,在重要谈判中,往往会产生忐忑不安的心理。为此,必须讲究谈判的入题技巧,采用恰当的方法入题。

(1)迂回入题。为避免谈判时单刀直入、过于直露而影响谈判的融洽气氛,谈判时可以采用迂回入题的方法,如先从题外话开始寒暄,或从介绍己方谈判人员入题,或从"自谦"入题,或从介绍本企业的生产、经营、财务状况入题等。

(2)先谈细节,后谈原则性问题。围绕谈判的主题,先从谈判的细节问题入题,待各项细节问题谈妥之后,再达成原则性的协议。

(3)先谈一般原则,后谈细节问题。一些大型的经贸谈判,由于要谈判的问题千头万绪,所以双方的高级谈判人员不可能介入全部谈判中,往往要分成若干等级,进行多次谈判,这就需要采取先谈原则、再谈细节问题的谈判方法。只有双方就原则问题达成一致,细节问题才能有谈判依据。

(4)从具体议题入手。大型商务谈判,总是由具体的一次次谈判组成。在具体的每一次谈判会议上,双方可以首先确定本次会议的商谈议题,然后从这一具体议题入手进行谈判。

2. 阐述技巧

(1)开场阐述。谈判人入题后,接着便是双方进行开场阐述,这是谈判中的一个重要环节。在开场阐述时应做到:

①开宗明义,明确此次谈判的议题。

②表明谈判的基本立场及其应得到的谈判利益。

③认真倾听并归纳对方的开场阐述。

④若双方在开场阐述上分歧较大,不要立即与对方争论。

⑤开场阐述应简明扼要,坚持原则,而非进行具体、详细的说明。

(2)让对方先谈。优势谈判理论认为,谈判时应让对方先开出条件。因此,商务谈判中,要想为己方争取到尽可能大的利益空间,一定要让对方首先说出条件,使己方占据主动地位。

(3)坦诚相见。坦诚相见,开诚布公,透露出动机及假设,可以获得对方的好感。但坦诚相见是有限度的,并不是将一切都说出来,而应以既赢得对方信赖又不使自己陷于被动、丧失利益为准。

(4)注意正确使用语言。在运用语言方面要做到:
①准确易懂,简明扼要,具有条理性。
②富有弹性,不走极端。
③发言紧扣主题。
④注意语调、语速、声音、停顿和重复。
⑤使用解围用语。例如:"真遗憾,只差一步就成功了!""就快要达到目标了,真可惜!""行百里者半九十,最后阶段是最难的啊!""这样做,肯定对双方都不利!""再这样拖延下去,只怕最后结果不妙!""我相信,无论如何,双方都不希望前功尽弃!""既然事已至此,懊恼也没有用,还是让我们再做一次努力吧!"

(5)不以否定性的语言结束谈判。从人的听觉习惯考察,在某一场合所听到的第一句话与最后一句话常常能给人留下深刻的印象。故在谈判中,不要以否定性的语言来结束谈判,以免造成对方的不愉快。在谈判终了时,最好给谈判对手以正面的评价,并可稳健、中肯地把谈过的议题予以归纳。

3. 提问技巧

(1)提问的类型。

①封闭式提问。在一定范围内引出肯定或否定答复的提问。如:"您是否认为售后服务没有改进的可能?"

②开放式提问。开放式提问是指在广泛的领域内引出广泛答复的提问。如:"您对当前市场销售状况有什么看法?"

③婉转式提问。婉转式提问是在没有摸清对方虚实的情况下,采用婉转的语气或方法在适宜的场所或时机向对方提问。如:"这种产品的功能还不错吧? 您能评价一下吗?"

④澄清式提问。澄清式提问是指针对对方的答复重新措辞,使对方证实或补充原先答复的一种提问。如:"您刚才说对目前正在进行的这宗生意可以做取舍,这是不是说您将作为全权代表与我方进行谈判呢?"

⑤探索式提问。探索式提问是针对谈判对手的答复要求引申、举例、说明的一种提问。如:"我们想增加购货量,您能否在价格上更优惠些?"

⑥借助式提问。借助式提问是借助权威人士的观点和意见影响谈判对手的一种提

问。如:"我们请教了营销专家史密斯先生,对该产品的价格有了较多的了解,请您考虑是否把价格再降低一些?"

(2)提问的时机。

①在对方发言完毕后提问;

②在对方发言停顿、间歇时提问;

③在自己发言前后提问;

④在谈判议程规定的辩论时间提问。

(3)提问的注意事项。

①提问的速度要适中,既使对方听明白,又不使其感到拖沓、冗长;

②注意对方心境,在适当的时候提出相应的问题;

③提问后给对方足够的答复时间;

④提问应尽量保持问题的连续性。

(4)答复技巧。答复技巧是商务谈判技巧中的重要组成部分。一个谈判者谈判水平的高低在很大程度上取决于其答复问题的能力。商务谈判中,正确的答复往往并不是最好的答复。答复的艺术在于知道在一定条件下该怎么答复,哪些该说,哪些不该说,而不在于答复的正确与否。所以,答复谈判对方的问题也必须运用一定的技巧。应做到:

①不要彻底答复对方的提问。例如,对方对产品价格非常关心,急于直接询问该产品的价格。此时,我方应该首先避开对方的注意力和所提问题的焦点,作如下答复:"我相信产品的价格会令你满意的,请允许我先把这种产品的几种性能作一个说明。我相信你们会对这种产品感兴趣的。"

②不要确切答复对方的提问。在谈判中,对于很难答复或不便确切答复的问题可采取含糊其辞、模棱两可的方法作答,也可利用反问方式转移重点。例如,当对方询问是否可以将产品价格再压低一些时,可作如下答复:"价格确实是大家非常关心的问题。不过,我方产品的质量和我们的售后服务是一流的。"或"是的,我想您一定会提出这一问题的,我会考虑您提出的问题。不过,请允许我先问您一个问题,可以吗?"

四、实训操作

一次完整的商务谈判应包括谈判准备、正式谈判与结束谈判三个阶段。

1. 谈判准备

谈判准备过程如图5—20所示。

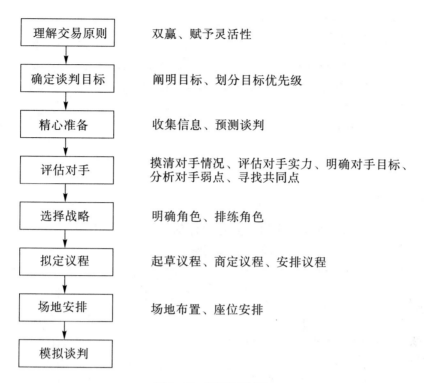

图 5-20　谈判准备过程

2. 正式谈判

正式谈判过程如图 5-21 所示。

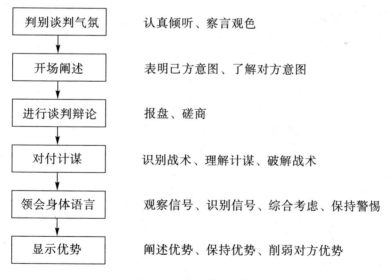

图 5-21　正式谈判过程

3. 谈判结束

结束谈判过程如图 5-22 所示。

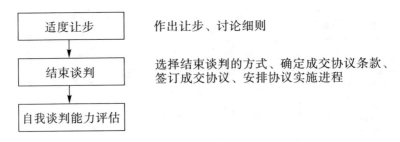

图 5-22 结束谈判过程

五、实训评价

为了能在谈判中取得成功,谈判各方必须评估自己的谈判能力。

表 5-10 谈判能力评估表

序号	表述	分值选项(分)			
		1	2	3	4
1	作为谈判小组的一员,我能胜任				
2	在谈判之前我先研究对手				
3	在设计谈判策略之前我要阅读背景资料				
4	我非常清楚对手的主要目标				
5	我选择适合自己目标的谈判策略				
6	我的谈判策略能使我取得预期的谈判目标				
7	对于谈判,我态度灵活				
8	我认为谈判是双方获利的机会				
9	进入谈判,我愿意达成满意的协议				
10	逻辑清晰、条理清楚地表达己方观点				
11	我有意识地运用身体语言与对方交流				
12	我会避免暴露己方的弱点				
13	在谈判的任何时候,我都保持礼貌				
14	我提出的最后期限合乎实际,并由谈判对方认可				
15	我用直觉来帮助自己理解对方的策略				
16	我能客观地看问题,并能从对方的角度看问题				
17	我知道如何引导对方提出报价				
18	我会避免首先提出报价				
19	通过一系列有条件的报价,我在达成一致意见上取得进步				
20	我把表露感情仅作为策略的一部分				
21	我会定期地总结谈判中已经取得的进步				
22	我有策略地运用拖延来让自己有时间思考				
23	当谈判陷入僵局时,我会引入第三方作为打破僵局的有效途径				
24	我一步步地接近最后目标				
25	在任何可能的时候,我宁愿谈判的各方都是赢家				
26	我保证任何条款都由各方签署同意				
	合计				

注:选项 1 为"从不",2 为"有时",3 为"经常",4 为"总是"。

分值为25～52分,表示"谈判能力差,需学会使用并明白谈判成功所需的基本战略、战术";

分值在53～83分,表示"有一定的谈判能力,但某些地方有待提高";

分值为84～104分,表示"谈判能力相当优秀"。

六、实训范例

范例一 广东龙的集团与广百电器公司就"入场费、场地租金和支付方式"的谈判

甲方:广东龙的集团公司

乙方:广百电器公司

甲方背景资料:

广东龙的集团有限公司创立于1999年,位于珠江三角洲腹地——广东省中山市,是一家以精品家电为核心,业务跨电子科技、照明、贸易、进出口、医疗器材等行业的大型企业集团公司。龙的集团属下有16家子公司,员工近4000人,资产近8个亿,年销售额20多个亿。

在经营发展中,龙的集团始终以市场为导向,以质量求生存,以求实创新为信条,视产品为企业生命,严把质量关、销售关、售后服务关。迄今,龙的集团建设了遍布全国的3000多家销售终端网点,100多家售后服务网点,产品赢得了广泛的社会认可。同时,龙的产品畅销海内外,尤其在北美、欧洲、日本、中东等国家和地区久享盛誉,面向未来,龙的将秉承以人为本的一贯作风,在"国产精品小家电第一品牌"的目标统领下,精益求精制造领先的精品家电产品,为消费者创造精致生活境界,实现"轻松生活,轻松享受"的理想。同时,在实现国内近景的前提下,通过产业多元化、发展规模化、运作专业化的经营,进一步完善管理模式,建设先进企业文化,形成自我核心竞争力,在不同的领域保持稳健、高速的增长,把龙的集团创建成为世界级的中国企业。

乙方背景资料:

广百电器公司(以下简称广百)是广百股份有限公司的子公司,以电器专业连锁发展模式,通过家电零售终端的集中采购、统一配送,建立一个集品牌代理、连锁零售、安装维修服务于一体的大型电器零售企业。是广州市最有实力的电器公司之一,具有16年大型电器商场的综合营销经验,电器经营品种1万多种,拥有300多个国内外知名品牌的客户资源,是中外电器客商在广州地区必争的合作伙伴,在消费者当中有着良好的口碑。在市内乃至国内都享有良好的信誉和知名度。

广百遵循中高档、时尚化和紧贴时代进步潮流的定位,以家庭为消费对象,实施"一站式"配套经营,实现市场的差异化经营,打造"最有价值的销售平台"。

谈判说明:

为了进入广百百货,广东龙的集团公司已经与广百进行了几次磋商,并且就龙的集团公司产品摆放的区域、送货方式(货直接由龙的送往广百各个卖场仓库)达

成了初步协议。这次广东龙的集团公司与广百电器公司将谈到最核心的入场费、场地租金和支付方式等重要问题,其他更细的问题并不在此次谈判的范畴之内。

谈判内容:

1. 入场费(参考价:30~60万元)

2. 场地租金(参考价:每月350~550元)

3. 支付方式(参考值:30~60天回款一次)

谈判目的:

双方取得合作,达到双赢。

范例二 美菱公司与东兴公司之间的谈判

买方:东兴公司

卖方:美菱公司

最近几年我国国内GD类布料的服装市场迅猛发展,各名牌服装生产厂家都不同程度地面临此类新型布料短缺的局面。位居国内三大服装品牌之一的东兴公司,就是主要生产GD类布料服装,并且占有国内GD类布料服装市场三分之一的份额,因此其GD布料来源短缺问题就更加严重。GD新型布料颇受消费者欢迎,但生产技术含量高,印花染色工艺复杂,目前国内只有三家公司可以生产优质GD产品,但他们的生产安排早已被几家服装生产厂家挤满。由于多种原因,也难以从国外找到GD布料货源。

2007年初,在GD布料供应最紧缺的时候,东兴公司与国内生产GD布料的美菱公司签订了购货合同。按照合同,美菱公司向东兴公司提供30万米不同季节穿着的符合质量标准的GD布料,平均分三批分别于当年4月30日、8月31日和10月31日之前交货;若延期交货,美菱公司将赔偿对方损失,赔偿事宜到时再商议。

2007年春季,国内很多地方出现了FD型肺炎疫情,美菱公司印染车间有2名高级技术人员被诊断为FD疑似病例,该车间大多数人被隔离20余天,生产几乎处于停顿状态。虽然4月底很快恢复正常生产,但美菱公司已经无法按合同规定日期向东兴公司交货,至5月5日也只能交货2万米,全部交完至少要到5月20日。东兴公司因此遭受巨大损失。5月10日,东兴公司决定实施索赔条款,并正式向美菱公司提出600万元的索赔要求。

一周后,美菱公司派出由主管生产的副总经理到东兴公司就索偿问题进行交涉。交涉时,美菱公司方认为,严重的FD疫情属于"不可抗力",因此延迟交货不能使用处罚条款。但东兴公司对此有不同意见,并坚持要求对方赔偿巨大损失。由于初步交涉不能达成一致意见,双方同意三天后进行正式谈判。

谈判双方的关系很微妙:东兴公司既希望拿到巨额赔偿金,又希望早日拿到布料,以便尽可能满足客户要求,也不愿失去美菱公司这一合作伙伴;美菱公司虽然不愿赔偿,不愿让公司信誉受损,也不愿失去东兴公司这一实力较强的大客户。因此,如何务实且富有成效地解决索赔问题,摆在了双方谈判小组面前。

谈判目标:

1. 解决赔偿问题;
2. 维护双方长期合作关系。

第六章 营销综合模拟实验

内容简介

市场营销是一门注重实践的课程,在前面的章节中,我们从不同方面介绍了市场营销相关理论基础以及实践操作基础,本章为营销模拟实验篇,较为全面系统地整合了市场营销的相关策略,用模拟平台软件的形式带大家更近距离接触市场营销环境。本章从高校市场营销专业的培养目标出发,以深化市场营销理论知识为目标,旨在培养学生对所学专业知识的综合运用。市场营销模拟平台软件可以让市场营销知识的学习者在一个虚拟的模拟现实的商业环境中,运用所学知识运营自己的企业,这种在实践中学习的方法已经被证实是最为有效的教学方法之一,同时也增加了人们学习市场营销的兴趣。

训练一 市场营销综合模拟实验

一、实训任务

(一)4P 营销技能的运用

4P 营销理论被归结为四个基本策略的组合,即产品(Product)、价格(Price)、渠道(Place)、宣传(Promotion),由于这四个词的英文字头都是 P,再加上策略(Strategy),所以简称为"4Ps"。4P 理论是市场营销的重要理论基础,后面有关市场营销的各种理论和策略都是建立在 4P 营销理论的基础上来叙述的,包括今天很多的新兴理论也都是从 4P 理论演变过来的。

本实验主要运作内容是 4P 理念的相关知识,学生从最简单的 4P 理论着手,熟练掌握 4P 理论在实践中的运用。通过本实验的训练,学生能够了解本系统的设计规则和整体思路,学习和掌握操作流程。实验数据根据实验目的而设计,其目的是让学生明确4P营销理论的产品策略、宣传策略、价格策略和渠道策略的决策依据,理解各个策略之间的相互关联和相互制约关系。

(二)产品销售模式的组合训练

产品销售是公司实现利润的主要途径,营销最终都是为销售服务的,学生首先应该掌握销售的多种模式。销售产品不一定要搞得很复杂,销售计划主要取决于你销售的产品、销售对象和销售方法。除此之外,你还需要专注于产品的细节和顾客。随着销售计划的展开,你需要注意不断变化的趋势、顾客的需求和期望。只有注意到这些变化,你才能调整销售计划,保证产品的销量。销售产品是一项较为综合的工作,决定其成功与否的因素有很多,所以我们需要在实际操作过程中理解对销售过程策略的把握。

本实验的训练目的是,让学生学会在系统中以渠道合作、市场交易、招投标三种方式进行产品销售,领会和掌握三种销售模式的区别,并尽力实现产品直接销售利润最大化的组合模式。为强调销售模式的训练,学生在本实验中的重点是学习和计算渠道合作、市场交易、招投标三种销售模式,并用表格统计各种销售模式的利润,最终寻求三种销售模式的最佳组合,以实现直接销售利润最大化。

(三)资本收益最大化训练

公司的运营和管理,是一门综合性较强的工作,在实际的操作过程中,我们常常会顾此失彼,应接不暇,我们常犯的一个错误就是一味追求销售额,却忽略了收益。资本收益最大化是指企业利润总额和全部资本之比最大,它反映了资本投入与产出之间的比例关系。资本收益最大化是企业财务管理的最终目标,是一种长期的、稳定的、真实的和不损害社会利益的资本收益,也就是体现"科学发展观"的资本收益。这要求我们在运营过程中要随时关注企业的财务状况,严格把握每一笔收支。

通过本实验的训练,让学生在总资本固定并有限的情况下,合理分配资金在市场和销售环节,实验要求学生在寻求最大市场份额与实际销售数量与以最小投入获得最大利润之间寻找平衡点,从资本的角度学习如果使资本收益最大化。市场投入与产品销售是市场营销的主要要素,从资金的角度来分析就是要二者平衡投入,达到最佳结合点,使资本收益率最大化。但现实与理论之间有很大差距,基本没办法找到资本收益率最大化的二者投入最佳结合点,学生可通过不断试错和不断调整的方法寻找较佳结合点。

(四)战略性营销分析与应用

每一种经营都是根据某种战略来进行的。战略是公司前进的方向,是公司经营的蓝图,公司依此建立客户的忠诚度,赢得一个相对其竞争对手持续的竞争优势。战略的目的在于建立公司在市场中的地位,成功地同竞争对手进行竞争,满足客户的需求,获得卓越的公司业绩。所有的营销决策都是战略性的。每个公司都必须根据自己在行业中的市场地位以及它的市场目标、市场机会和可利用资源确定一个最有意义的营销战略。营销战略和营销计划是整个公司总体战略制定和规划的核心所在。

为让学生学习和制定完整的营销战略,并在实验过程中不断完善,本实验让学生在进行市场调查和市场分析的基础上,制定整体营销战略,再合理分配资金到市场投入与产品销售环节,寻求资本收益最大化。

(五)实验软件介绍

近年来,我国高等院校经管类学科都越来越重视相关模拟实验室的建设,譬如金融、财会、外贸、电子商务等专业模拟实验室的建立,帮助经济管理类的学生可以像理工科学生一样通过实验来巩固自己所学知识,做到真正理论结合实际。模拟实验软件既能加深学习者对抽象理论知识的理解,增强感性认识和应用,同时也能提高实际动手能力和创造能力。营销模拟教学软件带来的好处有:

(1)帮助学生系统地实践、体验和学习市场营销方法体系,灵活运用市场营销相关策略以及制定具体营销计划。

(2)相对于传统的课堂讲授方法来说,营销模拟教学软件可以极大地激发学生的学习兴趣和热情。

(3)因为实验是在一个虚拟的环境中,学生不必承担后果。

(4)在模拟环境中,让学生切实感受到竞争与合作的精神。

(5)在现实生活中需要耗费几年的决策过程可以压缩在几个星期甚至于几天来完成,能够很快得到学生的反馈信息。

(6)在很大程度上减轻教师的授课负担,同时达到事半功倍的效果。

总的来说,本实验的目标就是结合我国的市场营销学科发展,建设一个可以很好地同营销专业教学计划和特点结合的、真实有效的市场营销专业,模拟教学软件平台。

(六)市场营销模拟平台演练

本章所提供的市场营销实验软件操作界面较为简单,市场环境及竞争状况可由任课教师后台控制,为了充分调动每一个学生的积极性,同时方便教师考核评价,本实验以个人为单位成立自己的公司,全班同学组成完整的市场环境,大家生产和销售同一种类产品,互相同时存在竞争和合作关系。

本实验主要包括战略分析和实战营销两个部分,具体实验内容如下:第一年至第四年的模拟平台运营;STP报告的填写;SWOT分析报告的填写;市场环境调查报告的填写;竞争战略分析报告的填写。

(七)撰写实训报告

在完成上述任务的基础上,撰写市场营销模拟平台实训报告。实训报告的书写是一项重要的基本技能训练,它不仅是对每次实验的总结,更重要的是它可以培养和训练学生的逻辑归纳能力、综合分析能力和文字表达能力,是科学论文写作的基础。因此,参加实验的每位学生,均应及时认真地书写实验报告。要求内容实事求是,分析全面具体,文字简练通顺,誊写清楚整洁。

二、实训要求

市场营销模拟平台实验旨在培养学生理论联系实践,解决实际问题的能力,要求每个学生必须参与模拟训练,并能结合学生经营成果进行综合分析,以体验式教学或感悟式教学的方式让学生形成市场营销本质的认知和理解。以学生动手实践为主,教师讲授、指导、点评为辅。具体要求如下:

(1)通过演示,让学生熟悉系统操作规则,掌握系统整体思路和操作流程。

(2)通过演示与操作,使学生更好地理解和掌握4P营销理论,并能熟练的在系统中运用,面对不同的情况能够随机应变,灵活转变产品策略、价格策略、渠道策略和促销策略。

(3)通过演示与操作,使学生掌握渠道合作、市场交易、招投标三种销售模式,并且能够计算三种销售模式的直接销售利润。

(4)通过演示与操作,使学生熟悉和掌握以下内容:①熟悉市场营销模拟平台系统操作规则,掌握系统整体思路和操作流程;②能够熟练模拟企业第一年至第四年的运营;③能够根据模拟的市场环境撰写STP报告、SWOT分析报告、市场环境调查报告和竞争战略性报告;④学会在现有的市场环境下进行合理的竞争与合作,从而提高同学们的市场营销实践能力。

三、理论指导

(一)系统设计整体思路

本系统主要包括战略分析和实战营销两个部分。

战略分析包括:战略管理的基本知识、基本原理,熟悉基本的战略分析、制定、实施等方法和工具,并形成系统的知识体系,锻炼学生以战略的思维模式,灵活运用所学的战略理论和工具,形成基本的战略管理的分析能力。

实战营销部分:系统将全国市场分为华南、华北、华中、华东、东北、西北、西南七大片区。公司之间互相竞争,学生制定自己的市场开拓计划,学生需要寻求最大市场份额和实际销售数量之间的最佳平衡点;寻求在产品策略、宣传策略等方面最小投入让市场份额达到最大的最优策略组合。在销售途径方面,系统提供了与渠道合作、交易洽谈和招投标的方式,增加实验的竞争性和互动性。软件模拟销售价格、市场需求数量、品牌知名度、产品档次等量化数据,最终把营销策略量化为现金流和利润率。

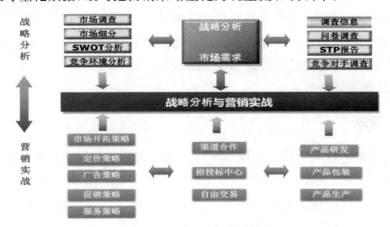

图6-1 系统设计整体思路图

(二)4P 相关知识点介绍

在使用系统之前,学生需要了解 4P 在系统中的基本应用,以及应用在哪些模块中。

1. 产品策略

产品策略指企业制定经营战略时,首先要明确企业能提供什么样的产品和服务去满足消费者的要求,这是制定竞争战略的基础。通过产品策略,学生可以实现产品档次的提升,产品的包装,以及完成产品生产过程。

(1)产品档次:学生在提高产品档次时,需要考虑市场对不同档次产品的需求量,产品档次的提升需要花费大量的资金,如果在第一年内就提升产品档次,可能会造成总资本短缺,营销力度投入受到限制。建议先用低档产品打入市场,在占领一部分市场之后,再进行中高档产品的研发投入。研发投入及购买技术都可提升产品档次,产品档次的提升增加了产品的销售渠道及参加招投标的机会。

(2)产品生产:直接影响传真机的生产成本因素有:产品包装和固定成本。产品包装分为:普通包装、精美包装、豪华包装。每种包装有不同的成本;例如,传真机的固定成本为 700 元,系统会根据所选择固定成本、包装和总资本自动计算当前情况下最大生产能力。

系统设置每年生产的次数为十次,根据市场的需求以及自身资金的情况,学生要合理的安排生产周期以及每次生产的数量。每次生产大量的产品,会导致流动资金的大量占用,而影响资金周转或营销力度;而生产数量过少,又会失去销售机会。所以,学生需要合理的安排生产周期以及每次生产的数量。

2. 宣传策略

宣传策略的目的在系统中主要体现为提升品牌知名度,除了知名度以外,宣传也可以提升市场份额。我们先了解品牌知名度的提升。

（1）品牌知名度：品牌知名度是一个数值，提升品牌知名度需要通过广告宣传来实现。系统提供了常用的宣传方式，包括电视、网络、户外、直邮、纸面等方式。

提升品牌知名度的目的：在渠道销售和参加招投标的过程中，每个渠道和每个标书，都会有对品牌知名度的要求，而且数值不一样。只有大于等于要求的数值，才有可能与之合作。

影响品牌知名度提升的因素：每项广告都有自己的宣传有效度，宣传有效度体现了这个广告的宣传效果，宣传有效度以数值的方式呈现，所以，宣传有效度的大小直接影响品牌知名度。

合理的提高品牌知名度：系统设计品牌知名度可以累加，就是说如果将大量资金投入到广告宣传上，品牌知名度的值会非常大，虽然能与所有的渠道合作，但却造成资本大量流失，无力生产发货，造成信用等级下降甚至破产的结果。那么，怎么才能将品牌知名度提升到符合渠道和标书要求却不浪费呢？

第一，首先确定自己都要与哪些渠道合作，参加哪些招投标，了解他们对品牌知名度的要求。

第二，在明确合作对象对品牌知名度的要求后，选择相应的媒体，根据媒体宣传有效度的大小，输入合理的投放数量。以电视广告为例，其收费方式是5/秒为一个单位，如果输入数值为6，那么实际广告时间为30秒。作为电视广告，学生应该了解实际中，一般电视广告的投放时间，合理投放，而不是盲目输入投放数量。

第三，一般情况下，一次广告投放并不能满足合作对象对知名度的要求，学生可以试探性的投入，使最终品牌知名度略大于合作对象的要求即可。

（2）市场份额：市场份额的提高也是通过广告宣传实现的，在广告生效的同时，市场份额数量会同时递增，其关系为：品牌知名度每提高0.1，市场份额增加20000（基数后台可做调整）。随着品牌知名度的逐步提高，这个转换机制有如下规律：

品牌知名度0.1～0.5按照市场份额转换基数直接转换

品牌知名度0.5～1.0按照市场份额转换基数的80％进行转换

品牌知名度1.0以上按照市场份额转换基数的120％进行转换

3. 价格策略

在价格策略中，学生需要对自己营销的区域进行不同档次产品的定价，在定价时，系统根据渠道对价格要求给出定价范围防止学生盲目定价。

（1）定价：（建议定价范围）来源于渠道的价格范围，商场和超市有对价格的最低要求和最高要求，学生需要先了解渠道的价格，确定自己本年度要和哪些渠道合作，之后再合理定价。定价的高低直接影响销量和销售利润，学生可根据自己的营销战略规划和市场状况采用价格适中的满意策略。

（2）降价：对已经定价的区域，学生可以进行价格的下调，要注意，下调幅度是按照百分数计算的，学生需要计算之后，得出要下调的比例。

4. 销售策略

系统提供了渠道合作、招投标、交易洽谈三种销售模式。

(1)渠道合作：渠道分为商场和超市，每个区域都有不同的渠道分布。了解渠道的需求确定目标订单。

超市渠道 | 商场渠道 | 历史合作渠道

合作失败，你的区域定价大于最大进货价格！

华南地区 | 华中地区 | 华北地区 | 华东地区 | 西南地区 | 西北地区 | 东北地区

渠道名称	年销售量	当前可销售量	管理费用	价格要求	品牌要求	信用要求	产品档次	操作
家乐福	18020件	17020件	0.80件/元	≤ 21.00元	≥ 0.1430	≥A	低档	1家 已发送合作意向
WALMART	23100件	22100件	1.10件/元	≤ 20.00元	≥ 0.1400	≥A	低档	申请合作
华润超市	18550件	17550件	1.20件/元	≤ 19.60元	≥ 0.1300	≥A	低档	申请合作
新一家超市	13890件	12890件	0.90件/元	≤ 20.80元	≥ 0.1200	≥A	低档	申请合作
好又多超市	14030件	13030件	1.10件/元	≤ 21.60元	≥ 0.1220	≥A	低档	申请合作
好又多超市	15100件	14100件	0.80件/元	≤ 35.00元	≥ 0.3300	≥A	高档	申请合作
新一家超市	16000件	15000件	1.00件/元	≤ 34.50元	≥ 0.3000	≥A	高档	申请合作

图 6－2 华南地区超市需求表

图 6—2 是华南区域超市的需求，每个超市的属性都所包括年销售数量、管理费用、价格要求、品牌要求、产品档次、渠道销量。其中，渠道销量是指此超市还可以销售的产品数量，学生合作的订单数量每次小于等于渠道销量的四分之一。管理费用是按照单个产品计算的，根据合作的数量，需要缴纳相应的管理费用。定价低于等于渠道进货价格、品牌知名度高于等于渠道要求，信用等级高于等于渠道要求，学生市场份额数量等于大于订单数量，以上情况下学生有权利提出渠道合作意向。

最终每次订单的成交与否取决于订单数量、市场份额、品牌知名度、价格等因素，只有一个公司可以获得订单。

商场的要求同超市。

(2)招投标：标书是由老师在后台自动导入。影响中标的因素有市场开拓度、品牌知名度、价格。老师会在后台设置这三个因素的权重。在竞争的前提下，谁最接近这三者的权重数值，中标的机率就最大。

三者权重设置如下图：

标题	市场开拓度所占百分比	产品价格所占百分比	产品品牌知名度所占百分比	操作
104号标的	20	50	30	修改

图 6－3 中标因素权重设置图

学生需要查看标书内容，确定是否参与投标，图 6—4 为华南地区的标书内容：

标书详情

标书详细内容

标题	103号标的	发布公司名称	广州佳辉招标公司
联系电话	1231234	地址	广州市天河区天河北路233号中信广场
产品名称	传真机	区域	华南地区
品牌知名度	0.1230	产品档次	低档
采购数量	3000	信用等级	AA
投标保证金	200.00	标书价格	300.00
履标保证金	200.00	违约罚款	200.00
付款日期	2001年	投标截止日期	2000年

图6-4 标书内容

在了解标书的评分标准以及招标的详细信息后，学生需要对要参与的招标信息进行营销策略的调整，如果参与的招标不在自己的营销内，需要对该招标信息的所在区域进行市场开拓、品牌提升等操作，而且是否能中标还要取决其他厂商经营情况。所以是否参与招投标需要综合考虑。

(3)交易洽谈：学生在此发布商品的买卖信息。系统设置交易洽谈模块，主要目的在于让各厂商进行资金的周转。学生在营销时候，会出现以下情况：

①营销成本投入过大，导致无力生产，虽然与渠道等合作成功，但却出现不能按时发货的局面，这时需要发布求购信息，低价买进其他厂商的产品。

②厂商生产数量过大，导致库存积压，因为大量资金用于生产，已经无力投入营销费用，所以，需要通过交易洽谈卖出现有产品，进行资金回笼。用回笼的资金进行营销投入。

(三)销售模式讲解

在系统中产品销售模式总共分为三种：渠道销售、招投标销售以及在自由交易市场销售。

1. 渠道销售

渠道销售：是系统中销售产品的主要方式。渠道分为超市和商场两种。系统将中国分为七大区域：华东、华南、华中、华北、东北、西北、西南，各区域的渠道每年对低、中、高档次的产品都有固定的需求量，学生需要进行竞争才能获得将产品销售给渠道的机会，以达到销售利润最大化。与渠道合作，根据销售产品的数量支付相应的管理费用。

影响与渠道成功合作的五大因素：市场开拓区域、产品定价、品牌知名度、市场份额、信用等级。

市场开拓区域：学生在与渠道合作前根据销售策略选择一个或多个销售区域进行市场开拓，未开拓区域无法进行后期的营销活动。

产品定价：在系统的定价策略中对该区域的高中低三个档次的产品进行定价。系统给出了相应的参考价位，每年有一次调整价格的机会。定价过高将会失去与部份渠道合作的机会，定价过低将降低销售利润。因此进行定价时需先对渠道进行调查分析，对所有的渠道要求的定价与之对应可实现的利润进行加权计算,确定能实现销售利润最大化的价位,随着市场竞争的激烈再适当调整价格。

品牌知名度:在广告策略中进行广告宣传以提高品牌知名度。市场对不同档次的产品品牌知名度要求不同,在与渠道合作前根据目标渠道的产品知名度要求制订公司的宣传策略。

市场份额:通过市场开拓和广告宣传可以获得相应的市场份额,在有一定市场份额的基础上可以通过促销策略提高市场份额数。学生在各区域的市场份额为整个实验的总市场份额,当市场份额不够时则无法跟渠道合作。

在公司现有的市场份额,品牌知名度的下,学生可以通过调查得到目标渠道记录调查表。填写表6-1要求如下:

学生定价≤最大进货价

学生品牌≥渠道品牌要求

学生信用等级≥渠道信用等级要求

满足以上条件的渠道订单可统计为目标渠道。

表6-1 目标渠道分析表

表头	姓名:		学号:		公司名称:		实验年度:	
序号	区域	渠道名称	需求量	最大进货价	品牌要求	产品档次	管理费	信用等级要求
1								
2								
3								
4								
备注	需求量=渠道年销售量÷4 当渠道销售量<(渠道年销售÷4)时:需求量=渠道销售量							

渠道销售的详细流程如图6-5:

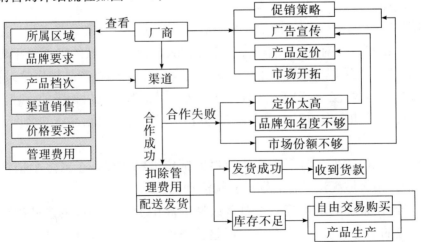

图6-5 渠道销售流程图

渠道销售利润率计算方式如下：

$$渠道销售利润率=\frac{(产品定价-生产成本-销售管理费)\times 订单量}{(产品定价-销售管理费)\times 订单量}\times 100\%$$

2. 招投标

由老师端发布各区域的采购标书。

标书详情主要包括了：产品的档次、所属区域、品牌知名度、信用等级、采购数量、投标日期、付款日期、标书价格、投标保证金、违约罚款、履约保证金。学生可以实时关注招标公告，根据学生公司的资金及战略状况选择是否有必要进行投标。

招投标的详细流程如图6-6：

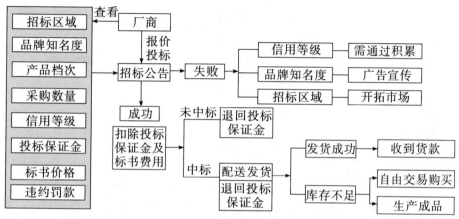

图6-6 招标销售流程图

由上述招标流程图可以看出，影响招投标的主要因素是：信用等级、品牌知名度以及所在区域。招投标是实现销售另一种重要的方式，虽然其销售的利润大，但由于操作周期长、竞争性强，因此学生在进行投标时需考虑以下几点企业经营状况，然后确定是否有能力进行招投标。

（1）了解招标采购的数量，对应企业目前最大的产能是否能够满足标书的要求，一旦中标后无法履标，实验第二年公司信用等级降低一级，同时也进行相应的违约罚款。

（2）在信用等级、品牌知名度以及市场开拓区域中有任意一个不符合要求的情况下，学生是无法参与投标的。因为竞争激烈无法确定是否会中标，初期阶段尽量避免为了投标而再去进行开拓和宣传。

（3）了解招标采购的数量，在企业的生产次数已用完的情况下，且不确定是否能从自由交易市场以合适的价格买到相应数量的产品的情况下投标，一旦中标后无法履标产生违约，在降低企业的信用等级的同时也进行相应的违约罚款。

在确定进行投标后需要进行投标报价，系统限制投标价格不能高于成本价格的10倍。学生需根据市场的情况进行报价。

老师在后台进行开标，开标前可以口头提示学生。老师可以选择开某个标或者进行批量开标。

系统通过三个方面进行评标,评标百分比在标书发布之前老师可以修改。

评标标准为:品牌知名度、投标价格以及市场开拓度

在进行投标报价时,若要减轻实验难度,老师可以公开标书的评分标准,学生再根据企业的品牌知名度、市场开拓度选择合适的价格进行投标,以便学生能达到最大中标可能性同时获得更大的利润。

中标之后销售利润率计算方式如下

$$竞标销售利润率 = \frac{(投标价-生产成本) \times 订单量 - 标书价格}{投标价 \times 订单量} \times 100\%$$

根据以上情况,学生填写表6-2:

表6-2 投标情况记录表

姓名:		学号:		公司名称:		实验年度:	
标书名称	采购数量		投标单价	购买标书价格	生产成本	销售利润	是否中标
备注	只计算销售产品的利润						

(4)自由交易市场:在自由交易市场,学生获得订单但没有生产能力的话,可以在交易中心发布采购产品信息;学生有产品但没有订单,可以发布销售产品信息。通过交易平台,学生可以体验在线洽谈及签订买卖合同的过程。

自由交易销售利润计算方式如下:

自由交易销售利润=(合同价-生产成本)×交易数量

表6-3 自由交易情况记录表

姓名:		学号:	公司名称:	实验年度:		
序号	公司名称	交易数量	产品档次	交易价格	生产成本	销售利润
1						
2						
3						
4						
备注	只计算销售产品的利润					

通过对三种销售模式的讲解,以下是对三种销售模式进行对比分析:

渠道销售:由于风险低、资金周转快、能最快的体现销售额且竞争力相对适中,是学生最初进入市场最佳的销售模式。而且渠道的需求量相对稳定,初期可以在渠道销售中积累经验和资本。

招投标:招投标实现的销售利润高,但竞争力最强,学生在具备了一定实力的情况

下可以进行招投标,用于提高销售利润和体现企业实力。招投标产生的销量不占用市场份额。

自由交易市场:自由交易市场是没有竞争和风险的辅助性销售模式,不占用市场份额,且不会产生其它的销售费用。用于在学生与学生之间进行互动交易,对品牌、区域等都没有限制。主要作用为学生经营的公司之间解决库存积压以及资金的周转等问题。通常出现以下几种情况可通过自由交易市场解决问题:

(1)因生产次数已用完,并且库存不足的情况下,可通过自由市场以相对适中的价格购买产品后再去销售给渠道或进行履标。

(2)当企业生产过多,造成库存积压,需要资金周转时,可在自由交易市场将产品卖给有需要的厂家,以解决资金周转问题。

(3)在中标过程中,需要高档次的产品进行履标时,而本身投入大量资金进行研发时可在自由交易中购买其它公司的高档次的产品进行履标。

(4)在企业前期的市场开拓以及研发投入过多导致资金紧缺时可通过自由交易市场购买其它公司的产品进行销售。

(四)学生操作指导

第一步:学生注册等待老师审批。

学生在初次使用时,需要先注册一个帐号经过老师在后台审核后方可登陆。

点击界面的"注册"进入学生注册界面。

填写用户名时最好不要用中文、标点符号,推荐用英文、字母、数字。

学生名字:要求学生在注册时填写自己的真实姓名,以便实验时老师在后台打分!

选择班级:注册时要注意选择自己所在的班级进行注册,否则老师找不到该学生。

密码、学生名字后还可以选择学生所在班级和希望扮演的经营角色,注意:学生注册的用户名不能与老师或者系统管理员的用户名相同,否则系统会提示名字重复无法注册。如图6-7所示。

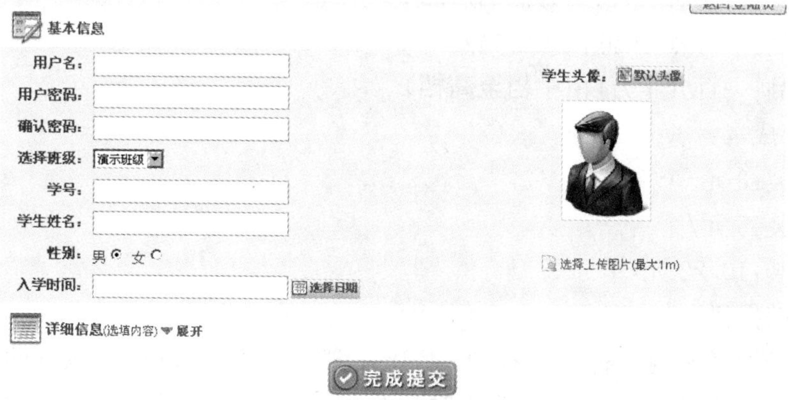

图6-7 学生注册界面

点击"注册"后系统会有提示,表明注册成功,按"确定",老师在后台审核后即可使用本软件了。

第二步:注册公司,完成产品策略、宣传策略、价格策略、产品销售几大营销主要环节的实践练习。在了解了 4P 在系统中的应用之后,在本次实验中,学生应将 4P 营销技能运用到产品销售的营销实战中。注册信息填写完整点击提交后,会显示注册信息,学生点击"进入模拟平台"界面,进入实验操作。操作界面如下图:

图 6-8　实验操作主界面

产品策略操作

(1)不同档次的传真机生产成本如下:

低档产品:固定成本 700 元+包装费用 3 元=703 元

中档产品:固定成本 700 元+包装费用 5 元=705 元

高档产品:固定成本 700 元+包装费用 10.22 元=710.22 元

(2)不同档次产品所需的研发费用:

低档产品:无需研发,初始为低档产品

中档产品:二百万(由低档至中档)

高档产品:一百九十万(由中档至高档)

(3)包装成本:

普通包装:3 元/个

精美包装:5 元/个

豪华包装:10.22 元/个

促销策略操作

在所营销的区域内进行广告投放,提升品牌知名度,并在必要的时期进行促销活动,扩大市场份额数量。操作时注意每项广告投入的宣传有效度和合作渠道的品牌知名度的大小。

价格策略操作

对所营销的区域进行不同档次产品的定价,定价之前要先了解渠道的价格范围,系统已经给出不同档次的价格范围,根据渠道要求、竞争情况、利润情况等合理定价调价。

渠道策略操作

超市和商场是系统提供的两大销售渠道,上文我们已经讲到与渠道合作的方法。学生根据自己的营销决策,决定跟哪个渠道合作。

四、实训操作

(一)认识市场营销模拟平台软件

主要以幻灯片投影的形式让学生熟悉市场营销模拟平台软件和其操作原理,具体操作步骤如下:(1)老师指导学生进入软件并投影软件首页界面;(2)老师介绍软件首页上各菜单的功能及使用方法,提醒学生注意自己的初始状态;(3)老师讲解本实验的规则和评分办法,将任务下达每一位同学。

学生进入系统后,先创建公司名称,选择公司区域,给自己的产品起名。首先需要确定目标市场,选中之后就会跳到市场开拓页面。实验的时间长度是由老师决定的,这时学生需要知道老师设定的实验是几年,很多市场都是1年、2年甚至是3年后才生效的。

(二)市场营销模拟平台经营规则演示操作

主要以幻灯片投影的形式让学生熟悉市场营销模拟平台的市场规则、企业运营规则和公司竞争评比规则,具体演示和操作步骤如下:

(1)投影一:带领同学们进行软件注册,选择相应的班级进入本实验,提醒同学们注意信息的统一填写,方便实验结果的统计。

(2)投影二:演示和操作市场开拓,进入实验之后大家的运行状态和初始资金都是一样的,同学们首先要做的就是开拓市场,选择拟将进入的市场并进行开拓,本实验只针对国内市场,并划分为东北、华北、华东、华中、华南、西南和西北等7个市场;市场的开拓程度从两个方面来衡量,分别是市场开拓度和品牌知名度,随着投入的增加,这两个数值也会相应增加。

(3)投影三:操作与演示产品的生产与包装,产品分为低档、中档和高档,第一年大家只能生产低档产品,从第二年开始,随着研发投入的增加可生产中档或高档产品。

(4)投影四:演示和操作产品的销售,产品的销售渠道有三种,教师分别向学生演示三种销售渠道的操作方法;学生可以选择和超市商场等渠道进行合作,在满足条件的情况下这些渠道才会同意合作意向,否则申请会被驳回;另外学生可以参加招投标,标书的发布与开标是由老师控制的;最后学生可通过自由交易市场进行产品买卖,买方与卖方均由本班同学组成,合作事宜均可协商。

(5)投影五——演示实验评分的标准和构成,学生的实战排名得分受四个指标影响,分别是现金、固定资产、销售额和销售利润;得分计算公式如下:

现金+资产=(本公司现金+资产)/(最大现金+资产)×(本公司现金+固定资产百分比)

销售额的分=本公司销售额/最大销售额×销售额百分比

利润得分=公司利润/最大利润×利润百分比

(三)学生报告的填写

除了上述由系统自动生成的实验结果评分,本实验的最终评分还包括四份实验报告的填写,这一部分的要求学生在线填写,教师评分,如图6-9所示:

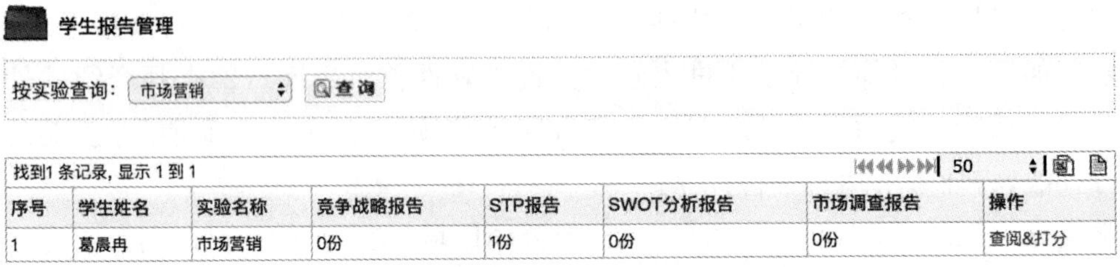

图6-9 在线填写4份报告

(1)市场调查报告:通过对市场信息调查,问卷调查、竞争对手调查的结果,学生撰写市场调查报告,并提交给老师,作为综合得分的依据之一。其中市场信息调查是学生对所要进入行业背景的了解,通过对消费者属性及政府政策的调查得出不同地区,不同收入,不同年龄段的消费者对产品属性的偏好。

在竞争对手调查中,可以看到竞争对手在不同区域内的品牌知名度,市场开拓度及市场份额,这个信息对学生在公司运营中是非常有利的,通过了解这些信息,学生可以避开竞争对手多的市场份额高的区域,选择竞争相对较弱公司优势较明显的区域。而且学生在实验过程中,可以随时查看竞争对手信息,随时调整自己的经营策略。

(2)STP报告:学生根据调查报告,对其中的某一项数据进行细分,设计自己的细分笔记和STP报告。市场细分是从区别消费者的不同需求出发,以消费者的需求差异为出发点,根据消费者购买行为的差异性,把消费者总体市场划分为许多类似购买群体的细分市场,其目的是使学生选择和确定目标市场,实施有限的市场营销组合,从而以最少,最省的营销费用取得最佳的经营成果。细分完市场后,学生选择要进入的一个或多个细分市场,然后建立在市场上传播该产品的关键特征与利益。

(3)SWOT分析报告:SWOT分析根据细分笔记来填写SWOT分析内容,分析得出公司目前所处的优势,劣势,机会和威胁。学生在后期运营实战中需要扬长避短,把握机会,避开威胁。

(4)竞争战略报告:根据市场调查报告、STP报告和SWOT分析报告,以及调查结果,学生制定自己的竞争战略报告,为后期的营销实战提供指导思想。

(四)市场营销模拟平台实训操作

教师组织全班同学统一分配任务,卖同一种类产品,设定每课时为一年,共模拟经营四年。系统可查看每年度实验成绩,但以最后一个实验年度成绩为最终考试成绩,老师可根据系统评分结合学生课堂表现调整分数,确定最终综合评分。实验结束后让前三名和后三名的学生分别上台分享经验和分析不足。表6-4是实验结束后,系统自动输出的实验评分和排名。

表6-4 学生操作结果评分表

序号	学生	公司	STP评分	SWOT评分	市场调查评分	竞争战略评分	营销结果评分	综合评分
1	张××	久雨科技有限责任公司	100	100	100	100	16	83.2
2	李××	阿里二大爷股份有限公司	100	100	100	100	16	83.2
3	马××	最牛的公司	100	100	100	100	14	82.8
4	高××	火星人电话机	100	100	100	100	13	82.6
5	曹××	小葵花	100	100	100	100	13	82.6
6	陈××	魁拔有限公司	100	100	100	100	12	82.4
7	陈××	灵灵通电话有限公司	100	100	100	100	10	82
8	陈××	e	100	100	100	100	10	82
9	刘××	天宇信息科技有限责任公司	100	100	100	100	10	82
10	管××	千纸鹤电话机	100	100	100	100	9	81.8
11	刘××	gugu电子科技有限责任公司	100	100	100	100	9	81.8
12	薛××	优三国游戏公司	100	100	100	100	9	81.8
13	王××	Great有限责任公司	100	100	100	100	9	81.8
14	陆××	天都云通	100	100	100	100	9	81.8
15	翁××	喂喂喂信息科技有限责任公司	100	100	100	100	8	81.6
16	王××	买的起苹果信息有限责任公司	100	100	100	100	8	81.6
17	谢××	神秘电话	100	100	100	100	8	81.6
18	杨××	隐身怪科技有限公司	100	100	100	100	8	81.6
19	程××	杰牌电话机销售公司	100	100	100	100	8	81.6
20	郁××	章鱼爸爸的电话机公司	100	100	100	100	7	81.4
21	黄××	R.集团	100	100	100	100	7	81.4
22	许××	霹雳无敌科技信息有限公司	100	100	100	100	7	81.4
23	俞××	四一信息科技有限责任公司	100	100	100	100	7	81.4
24	吴××	芭娜娜有限责任公司	100	100	100	100	7	81.4
25	韩××	亭战电话机	100	100	100	100	7	81.4
26	郑××	好JUN公司	100	100	100	100	7	81.4
27	赵××	ZH公司	100	100	100	100	7	81.4
28	蔡××	思美琪有限公司	100	100	100	100	7	81.4
29	李××	管管	100	100	100	100	6	81.2

(五)撰写实训报告

在上述工作的基础上,每位同学完成实训报告的撰写,并提交个人岗位心得。

五、实训评价

实验结束后系统会自动生成每位同学的成绩,同时以个人为单位上交实训报告。其中,系统评分占50%,实训报告成绩占50%,加权得到个人实训成绩。评分等级为优、良、中、及格、不及格。

每位学生填写实训报告,内容包括:(1)实训项目;(2)实训目的;(3)实训内容;(4)运营心得和技巧;(5)个人小结。

由指导教师和小组长组成项目评审组,评定实训最终成绩,并由指导教师填写。

评定标准

按优秀、良好、中等、及格、不及格五等评定:

(1)优秀:按时完成实训课程所规定的操作程序,认真填写实训报告书,报告格式规范,内容充实,资料、数据真实,文字准确,语言流畅,创意新颖,有现实意义,符合计划书格式规范。

(2)良好:按时完成所规定的技能操作程序,认真地填写实训报告书,报告格式规范,内容充实,资料、数据真实,语言流畅。

(3)中等:完成实训课程所规定的技能操作程序,能较认真的填写实训报告书,报告格式规范,内容基本充实,资料、数据真实。

(4)及格:基本完成实训课程所规定的技能操作程序,有较完整的操作资料存档;填写实训报告书,营销总结报告格式规范。

(5)不及格:没有完成实训课程所规定的操作程序;报告格式不符合基本规范,抄袭严重。

六、实训范例

(一)封面设计

市场营销模拟平台分析报告

专业班级:	
姓名:	
学号:	
公司名称:	
指导教师:	
实训时间:	

年　　月　　日

(二)实验原理

使用市场营销模拟软件模拟从研发到销售的全过程,并评比经营状况。了解市场营销的工作及工作内容,初步使我们形成一个基本的营销理念,了解和掌握市场营销的基本概念,运用市场营销的相关知识进行实际的操作,提高学生推销自己和推销产品的能力。实验使学生掌握市场营销计划制定的方法,初步将理论与实践结合,制定出可实施的营销计划。

此软件以营销理论模型为基础,以情景模拟为手段,可以让我们在复杂的模拟现实环境中演练学到的各种理论知识,充分体验企业从市场调查、竞争企业分析、营销战略制定到具体的营销战术的决策组织的全部过程,熟悉和了解各种市场调查工具的应用。通过本次模拟实验,我们真正从市场营销战略的高度考虑问题,并且在模拟的过程中不断地分析市场环境、分析对手的策略、然后组织实施和修正自己的营销策略,从中获益匪浅。

(三)表格填写

表6-5 产品策略表—产品生产记录表

序号	生产数量	产品档次	生产成本
1			
2			
3			
4			
5			
6			
7			
8			
合计	各档次产品年配货总量: 各档次产品年库存量: 生产利用率(生产次数÷10):		

表6-6 促销策略记录表

序号	区域	原市场开拓度值	品牌知名度	原市场份额数	促销项目	促销投入资金	促销后市场份额数
1							
2							
3							
4							
5							
6							

表6-7 宣传策略表

序号	投放媒体名称	宣传有效度	投放数量	投放总金额	提升品牌知名度
1					
2					
3					
4					
5					
6					
7					
8					
合计	年度宣传总费用： 年品牌知名度值：				

表6-8 价格策略记录表

区域	产品档次	原定价	销量	调整价格	销售
	低				
	中				
	高				
	低				
	中				
	高				
备注	依次记录目标区域价格策略				

表6-9 合作渠道汇总表

区域	渠道名称	产品档次	销售数量	管理费用	销售额

（四）综合分析

经营成果简介（企业在对抗模拟期间取得的主要成果，如综合排名、市场地位、产品研发、产能等）

表 6-10 主要指标完成情况分析表(分年度)

经营目标	年度计划(赢利、权益、五力分析等)
	完成情况
	差异分析
产品与市场	年度计划(产品与市场开发、产品赢利等)
	完成情况
	差异分析
市场竞争策略	年度计划(各市场、各产品广告投放及销售目标,广告投入产出比、综合市场占有率、产品市场占有率等)
	完成情况
	差异分析
成本费用	年度计划(各项成本费用发生额及销售比例)
	完成情况
	差异分析

表 6-11 利润表

项目	上年数	本年数
销售收入		
直接成本		
毛利		
综合费用		
财务收入/支出		
其他收入/支出		

表 6-12 资产负债表

资产	期初数	期末数	负债和所有者权益	期初数	期末数
流动资产:			负债:		
现金			长期负债		
在制品			应付账款		
成品			应交税金		
流动资产合计			负债合计		
固定资产:			所有者权益:		
机器与设备			利润留存		
在产品			年度净利		
固定资产合计			所有者权益合计		
资产总计			负债和所有者权益总计		

(五)总结与感悟

要点记录
第一季度：_____
第二季度：_____
第三季度：_____
第四季度：_____
年底小结：_____
_____

经过模拟经营，我主要有以下几点体会：

参考文献

[1] 卢泰宏,朱翊敏. 实效促销 SP[M]. 北京:清华大学出版社,2003.

[2] 傅慧芬. 当代营销学案例集[M]. 北京:对外经济贸易大学出版社,2001.

[3] 周培玉. 商务策划管理教程[M]. 北京:中国经济出版社,2006.

[4] 郭国庆,钱明辉. 市场营销学通论(第四版)[M]. 北京:中国人民大学出版社,2011.

[5] 郭国庆,汪晓凡. 市场营销学通论(第四版)[M]. 北京:中国人民大学出版社,2009.

[6] 郭国庆. 营销理论发展史[M]. 北京:中国人民大学出版社,2009.

[7] 菲利普·科特勒著,梅汝和,梅清豪,周安柱译,《营销管理》(第十版),北京:中国人民大学出版社,2001.

[8] 李仇辉,项巨力. 市场营销学[M]. 上海:立信会计出版社,2006:352—353.

[9] 梁士伦,李懋. 市场营销学[M]. 武汉:武汉理工大学出版社,2006:363—364.

[10] 韩光军. 现代广告学(第二版)[M]. 北京:首都经济贸易大学出版社,2000:182—183.

[11] 傅浙铭,吴晓灵. 营销八段:企业广告管理[M]. 广州:广东经济出版社,2000:187—188.

[12] 郑明珍. 现代公共关系学[M]. 合肥:安徽人民出版社,2004:129—130.

[13] 叶万春,宋先道. 市场营销案例荟萃[M]. 武汉:武汉工业大学出版社,1999:230—231.

[14] 吴健安,郭国庆,钟育赣. 市场营销学(第三版)[M]. 北京:高等教育出版社,2007.

[15] 李志敏. 跟大师学营销[M]. 北京:中国经济出版社,2004.

[16] 罗绍明. 市场营销实训教程[M]. 北京:对外经济贸易大学出版社,2006.

[17] 王妙,冯伟国. 市场营销学实训(实践课业指导)[M]. 上海:复旦大学出版社,2007.

[18] 傅慧芬. 当代营销学案例集[M]. 北京:对外经济贸易大学出版社,2001.

[19] 周培玉. 商务策划管理教程[M]. 北京:中国经济出版社,2006.

[20]郭国庆,钱明辉.市场营销学通论(第四版)[M].北京:中国人民大学出版社,2011.

[21]郭国庆,汪晓凡.市场营销学通论(第四版)[M].北京:中国人民大学出版社,2009.

[22]郭国庆.营销理论发展史[M].北京:中国人民大学出版社,2009.

[23]菲利普·科特勒著,梅汝和,梅清豪,周安柱译,《营销管理》(第十版)[M].北京:中国人民大学出版社,2001.

[24]陈子清,喻昊.市场营销实训教程[M].武汉:华中科技大学出版社,2006:1—9.

[25]罗农.市场营销实训[M].北京:对外经济大学出版社,2005:1—14.

[26]刘志迎.现代市场营销学[M].合肥:安徽人民出版社,2008:1—15.

[27]陈贤群.熊猫他爸的消费者分析[J].中国洗涤化妆品周报,2008,62.

[28]谢琳洁.SPSS软件在高校教学质量影响因素调查分析中的应用[J].安徽农业科学,2010,38(1):541—543.

[29]吴杨,王涛.统计学[M].合肥:中国科技大学出版社,2008.

[30]郝渊晓.市场营销调研[M].北京:科学出版社,2010:12—23.

[31]吴健安.市场营销学(第四版)[M].北京:高等教育出版社,2011:155—170.

[32]李勇,钱大可,翁胜斌.市场营销专业实验(实训)指导教程[M].北京:高等教育出版社,2012:55—57.

[33]刘莉,尚会英,陶晓波.市场营销管理实训教程[M].北京:清华大学出版社、北京交通大学出版社,2010:70—82.

[34]王妙,冯伟国.市场营销学实训[M].上海:复旦大学出版社,2006:126—135.

[35]吴宪和,任毅沁.市场营销实验实训教程[M].南京:东南大学出版社,2007:104—123.

[36]张雁白.营销模拟实验教程[M].北京:中国经济出版社,2010:51—54.

[37]李海琼.市场营销实训教程[M].北京:清华大学出版社,2005:143—158.

[38]吴宪和,任毅沁[M].南京:东南大学出版社,2007:104—112.

[39]KarenHolems,Corinne Leech(天向互动教育中心编译).个人与团队管理(第2版)[M].北京:清华大学出版社,2008:183—207.

[40]吴健安,郭国庆,钟育赣.市场营销学(第三版)[M].北京:高等教育出版社,2007:342—371.

[41]吴姗娜.市场营销策划[M].北京:北京理工大学出版社,2010:167—175.

[42]董新春,谢芳,涂宇胜.市场营销策划实务[M].北京:北京理工大学出版社,2010:238—254.

后 记

在长期的市场营销实践教学中,我们深切地感受到,系统全面地学习市场营销技能对于学生奔赴职场开创事业有至关重要的基础性作用,而且目前适用于应用型本科院校学生,实验和实训相结合,能够覆盖市场营销实践全貌的教材甚少。安徽大学出版社为安徽省高校联盟相关教师的学术交流和探讨提供了良好的平台,本教材在这样的时代背景和知识交汇下呼之而出。

本教材由王亮、陈兆荣担任主编,王敏、张保花、王翠翠担任副主编,王亮总体策划,提出了教材编写体例及编写原则,王亮、陈兆荣共同统校全书。撰稿分工如下:王亮执笔第一章、第四章、前言及后记,陈兆荣执笔第三章,王敏执笔第五章的训练一和训练三,张保花执笔第五章的训练二和训练四,陈忠明执笔第五章的训练五,王翠翠执笔第二章的训练一和训练二,华欢欢执笔第二章的训练三,葛晨冉执笔第六章。

在编写过程中,我们参阅了大量的相关著作、教材和案例资料,谨向这些作者、译者表示由衷的感谢。希望我们出版的这本书能得到大学生和其他读者的喜爱,书中的不足之处,还请各界人士多多批评指正。

编 者
2019 年 10 月